CURSO DE HISTÓRIA DAS RELAÇÕES INTERNACIONAIS

2ª EDIÇÃO

Freitas Bastos Editora

Copyright © 2023 by Beatriz Rodrigues Bessa Mattos, Bernardo Kocher, Celso Thompson, Christiane, Itabaiana Martins Romeo, Deimo de Oliveira Torres Arguelhes, Eduardo Rizzatti Salomão, Gilberto de Souza Vianna, Giovanni Latfalla, Glauber Cardoso Carvalho, Iberê Moreno, José Luiz Niemeyer dos Santos Filho, Leonardo Paz Neves, Lier Pires Ferreira, Luiz Felipe Brandão Osório, Marcelo da Costa Maciel, Mariana Bernussi, Pablo de Rezende Saturnino Braga, Pedro H. Villas Bôas Castelo Branco, Renato Salgado Mendes, Ricardo Basilio Weber, Victor Yamasaki Bernardo

Todos os direitos reservados e protegidos pela Lei 9.610, de 19.2.1998. É proibida a reprodução total ou parcial, por quaisquer meios, bem como a produção de apostilas, sem autorização prévia, por escrito, da Editora. Direitos exclusivos da edição e distribuição em língua portuguesa:
Maria Augusta Delgado Livraria, Distribuidora e Editora

Direção Editorial: Isaac D. Abulafia
Gerência Editorial: Marisol Soto
Diagramação e Capa: Madalena Araújo

Dados Internacionais de Catalogação na Publicação (CIP) de acordo com ISBD

C335	Curso de História das Relações Internacionais / Lier Pires Ferreira, Renato Salgado Mendes, Ricardo Basílio Weber. - 2. Ed. - Rio de Janeiro, RJ : Freitas Bastos, 2023.
	352 p. : 15,5cm x 23cm.
	ISBN: 978-65-5675-261-7
	1. Relações Internacionais. 2. História. I. Ferreira, Lier Pires. II. Mendes, Renato Salgado. III. Weber, Ricardo Basílio. IV. Título.
2023-327	CDD 327
	CDU 327

Elaborado por Vagner Rodolfo da Silva - CRB-8/9410

Índice para catálogo sistemático:
1. Relações Internacionais 327
2. Relações Internacionais 327

Freitas Bastos Editora
atendimento@freitasbastos.com
www.freitasbastos.com

CURSO DE HISTÓRIA DAS RELAÇÕES INTERNACIONAIS

Organizadores
Lier Pires Ferreira
Renato Salgado Mendes
Ricardo Basílio Weber

Autores
Beatriz Rodrigues Bessa Mattos
Bernardo Kocher
Celso Thompson
Christiane Itabaiana Martins Romeo
Delmo de Oliveira Torres Arguelhes
Eduardo Rizzatti Salomão
Gilberto de Souza Vianna
Giovanni Latfalla
Glauber Cardoso Carvalho
Iberê Moreno
José Luiz Niemeyer dos Santos Filho
Leonardo Paz Neves
Lier Pires Ferreira
Luiz Felipe Brandão Osório
Marcelo da Costa Maciel
Mariana Bernussi
Pablo de Rezende Saturnino Braga
Pedro H. Villas Bôas Castelo Branco
Renato Salgado Mendes
Ricardo Basilio Weber
Victor Yamasaki Bernardo

Freitas Bastos Editora

APRESENTAÇÃO

O campo das Relações Internacionais se caracteriza epistemologicamente como uma das áreas do saber mais complexas e sofisticadas, dada a relevância e singularidade do seu objeto: a organização sociopolítica prevalecente, que determina as possibilidades de interação entre os seres humanos, em escala planetária. Isso engloba as problemáticas da paz e da guerra, da cooperação ou do conflito, do progresso ou do obscurantismo, da ciência ou dos fundamentalismos, dentre tantas outras. Natural, portanto, que muitos dos maiores talentos intelectuais do passado e do presente tenham se dedicado a pensá-lo sistematicamente, a partir de múltiplas perspectivas.

Essa diversidade faz parte da natureza da disciplina, pois ao se erigir em campo de saber, as Relações Internacionais sempre tiveram de se haver com as forças políticas, implicadas na problemática pela qual esse conhecimento foi gestado. Em outras palavras, o pensamento sobre as Relações Internacionais não pode excluir o caráter político desse conhecimento, onde diferentes perspectivas representam, também, diferentes formulações e soluções para determinados problemas, mais favoráveis ou menos, a certos *players* e seus interesses na política internacional.

Não obstante, também convivemos com ambições teóricas da produção de um conhecimento geral sobre as Relações Internacionais, muito mais alinhadas ao positivismo, para quem o papel de uma teoria deveria consistir em "explicar" e "prever" o comportamento dos Estados, a partir da identificação de regularidades e padrões desse comportamento.

Em ambos os casos, a História das Relações Internacionais desempenha um papel fundamental para o desenvolvimento do nosso campo de estudo. A própria narrativa clássica da evolução da disciplina, a partir de uma sucessão de grandes "debates" entre correntes divergentes, ilustra como a observação dos eventos do passado e sua relação com o presente garantem uma base sólida para a emergência ou construção epistêmica da racionalidade sobre o fenômeno das Relações Internacionais.[1]

O próprio conceito de "História" merece uma breve reflexão. O trabalho do historiador é descrever, em toda a sua complexidade, um determinado evento circunscrito no tempo. Da mesma forma, quando se pensa na história de algo necessariamente se parte do pressuposto da existência deste algo. Quando se estuda, por exemplo, a "história do Brasil", se busca no passado elementos que auxiliem na compreensão do Brasil que conhecemos. Ou seja, o passado é lido teleologicamente, como função do que existe hoje. Como sabemos que o Brasil existe, vamos ao passado em busca dos fatores que fazem do Brasil o que ele é hoje. Mas a existência do Brasil, ou de qualquer outro país, é contingente, e as coisas poderiam ter ocorrido de forma alternativa.

A História das Relações Internacionais – por não ser a história de um ator social, mas de uma forma de comportamento humano –, não busca no passado o mundo como se configura politicamente hoje. Ela procura como, em qual contexto, em busca do quê ocorreram os fatos que se revelaram fundamentais para compreendermos como as pessoas se comportam na dimensão

---

[1] O que não chega a ser surpreendente. Como ensinou o filósofo da ciência Imre Lakatos, "o progresso na teoria da racionalidade científica é marcado por descobertas de novos fatos históricos, pela reconstrução de um crescente conjunto de história impregnada de valor como sendo algo racional". (LAKATOS, Imre. *History of Science and Its Rational Reconstructions*. In: PSA: Proceedings of the Biennial Meeting of the Philosophy of Science Association, 1970, p. 118).

internacional. Ou seja, ela não nos ensina apenas como chegamos aqui – embora também o faça –, mas busca apresentar certas regularidades que nos permitam pensar sistematicamente acerca de situações assemelhadas que venham a ocorrer.

Assim considerando, cabe perguntar: o que é História das Relações Internacionais? Uma das mais influentes descrições desta área acadêmica é classificá-la como o estudo das "forças profundas" que envolvem as questões internacionais, como descreveu um dos criadores desta disciplina, Pierre Renouvin:

> *As condições geográficas, os movimentos demográficos, os interesses econômicos e financeiros, os traços da mentalidade coletiva, as grandes correntes sentimentais, essas as forças profundas que formaram o quadro das relações entre os grupos humanos e, em grande parte, lhes determinaram o caráter. (RENOUVIN e DUROSELLE, 1967, p. 6)*

A própria inevitável multidimensionalidade das Relações Internacionais torna impossível a compreensão deste fenômeno sem que se leve em consideração a passagem do tempo, o encadeamento de ações e reações. Compreender os momentos mais relevantes do passado não tem como função apenas fornecer uma "cultura geral" a futuros profissionais cujas áreas de atuação exijam conhecimento do campo internacional, uma habilidade opcional. Na verdade, trata-se de um conhecimento obrigatório para compreender não apenas os eventos pretéritos, mas os acontecimentos atuais.

Apesar da fundamental importância da História das Relações Internacionais, percebemos que existe uma lacuna nessa literatura de Relações Internacionais no Brasil. Não há livros publicados recentemente, por autores brasileiros, que busquem auxiliar estudantes de graduação a buscar de forma organizada, acessível e concisa os principais acontecimentos que marcam a História das Relações Internacionais. Este livro vem preencher este espaço.

A trajetória é iniciada, nos dois primeiros capítulos, com a formação das primeiras unidades políticas na Antiguidade, como o Antigo Egito, o intensamente influente mundo grego e a formação de Roma, com a construção do seu império. Em seguida, é apresentado o período da Renascença, quando surgiram alguns dos artefatos mais duradouros das Relações Internacionais, como o *Stato* e a prática do equilíbrio de poder.

A traumática experiência das Guerras Religiosas dos séculos XVI e XVII foi abordada nos capítulos 3 e 4. A Reforma e suas consequências para as relações entre unidades políticas inaugurou um período turbulento nas Relações Internacionais. O maior desses conflitos, a Guerra dos Trinta Anos (1618-1648), encerrar-se-á com um dos mais relevantes eventos políticos da história, a Paz de Vestfália (1648), ponto essencial para a compreensão do mundo dividido em Estados soberanos e independentes que vemos hoje. No capítulo 5, o Tratado de Utrecht (1713) inaugura um dos mais importantes elementos das relações entre países nos últimos três séculos: o princípio do reconhecimento internacional dos Estados.

As grandes revoluções ocorridas entre os séculos XVII e XIX impulsionaram, modificaram e constrangeram, intensificando as relações entre os Estados. No capítulo 6, são trazidas a Revolução Industrial e suas consequências, assim como as revoluções políticas Inglesa, Americana e Francesa. A reação ao projeto revolucionário, seu avanço continental, e a derrota final francesa nas Guerras Napoleônicas moldaram o mundo do apogeu das grandes potências europeias do século XIX. Este período, iniciado com o Congresso de Viena (1815) e a criação do Concerto Europeu, está descrito no capítulo 7.

O século XIX assistirá à modificação do cenário internacional com a criação de novos Estados e a consolidação de ideias que terão consequências sentidas até hoje. No capítulo 8, o leitor encontrará os processos que levaram à criação da Alemanha e da Itália, momentos que modificaram a estrutura de balança de poder entre as potências europeias. Foi também no século XIX que dois conceitos angariaram grande força, e que são apresentados no capítulo 9: o imperialismo, que, de modo traumático, alastrou-se por grande parte do planeta, deixou marcas nas sociedades que viveram sob esta forma de opressão; e o nacionalismo, cuja força de atração modificou a relação entre Estados e população, gerando o apoio popular às guerras mundiais subsequentes, que influencia e alimenta crises políticas em diversas sociedades até hoje.

O desmantelamento do Concerto Europeu e a construção de duas alianças contrárias será responsável pela primeira grande corrida armamentista, levando o mundo à Primeira Guerra Mundial, descrita no capítulo 10. A maior guerra de todos os tempos até então motivou o mais abrangente conjunto de tratados de paz, que levaram à construção do mundo do Entre-Guerras, abordado no capítulo 11. Regimes políticos extremistas chegaram ao poder nas duas décadas entre os dois conflitos mundiais. No capítulo 12, veremos como nazistas e fascistas assumiram o comando da Alemanha e da Itália, respectivamente, e a ascensão do regime stalinista na União Soviética.

A importância da Segunda Guerra Mundial, para se compreender o mundo das décadas seguintes, não pode ser exagerada. Não apenas foi a maior guerra de todos os tempos, mas também encerrou o maior crime de todos, o Holocausto. Ela será motivo de atenção no capítulo 13. As consequências imediatas da guerra, com a emergência do cenário da Guerra Fria, que durará quase cinco décadas, serão tratadas no capítulo 14, que também descreve o período da descolonização de vastas áreas do planeta, com foco na África e na Ásia.

Os dois últimos capítulos tratam já dos eventos deste século, o século XXI. A possibilidade de um sistema internacional multilateral, depois da bipolaridade da Guerra Fria ter acabado, junto com a União Soviética, esgotou-se na virada do milênio. Como veremos no capítulo 15, os ataques terroristas aos Estados Unidos iniciam o período da "Guerra ao Terror", que irá esfacelar o multilateralismo dos anos 1990. Por fim, são avaliados cenários baseados no mundo de hoje, como a ascensão da China e a nova assertividade da Rússia.

Presente em toda a obra está a preocupação de contextualizar os efeitos e descrever a participação do Brasil e de países latino-americanos nos eventos mencionados. Esperamos contribuir para o estudo da História das Relações Internacionais, na esperança de que conhecendo melhor o passado, possamos construir um futuro sem a repetição dos terríveis erros já cometidos.

Rio de Janeiro, junho de 2022.

Os Organizadores

PREFÁCIO

WILLIAMS GONÇALVES[1]

O interesse dos estudantes brasileiros pelo conhecimento das relações internacionais tem crescido continuadamente. A partir da última década do século passado os cursos universitários dedicados às relações internacionais foram progressivamente se espalhando pelo país, tanto em nível de graduação como em nível de pós-graduação, ao mesmo tempo em que oportunidades de trabalho foram se abrindo no mercado e absorvendo os graduados e pós-graduados nessa especialidade. Essa tendência, decerto, apresenta-se como consequência da globalização e da inserção do Brasil como ator relevante das mais candentes questões que mobilizam esse mundo globalizado.

Acompanha esse crescimento uma produção cada vez mais numerosa e mais qualificada sobre a participação do Brasil nas Relações Internacionais. A cada dia surgem novos livros sobre as Relações Internacionais do Brasil em suas diferentes dimensões. A participação dos representantes brasileiros nos diferentes foros internacionais, bem como estudos sobre a política brasileira no contexto regional tornam-se cada vez mais comuns. Todos esses frutos da pesquisa acadêmica tornam possível, por assim dizer, um conhecimento sempre mais amplo e profundo do país.

Esse é, sem dúvida, um estado de conhecimento das Relações Internacionais do país inegavelmente muito animador. Porém, não há como deixar de registrar, em meio a essa produção tão

---

[1] Professor Titular de Relações Internacionais da UERJ

buliçosa, a existência de uma lacuna. Lacuna essa que consiste na escassez de publicações destinadas à História das Relações Internacionais.

Aceitei de bom grado a gentileza do convite para prefaciar este livro por entender que se trata de importante iniciativa que vem preencher a lacuna por nós aludida. Evidentemente que outros livros de estudiosos brasileiros com essa temática já foram publicados. Jamais passaria pela nossa cabeça esquecer ou desmerecer importantes publicações de estudiosos brasileiros. Porém, o número de publicações é insuficiente. São necessárias mais publicações. Não apenas porque o número de jovens universitários interessados nas relações internacionais é cada vez maior, mas também porque se faz necessário variedade de temas e de interpretações.

No Brasil e em muitos outros países do mundo, o estudo das Relações Internacionais sofre esmagadora influência do que se produz nas universidades dos Estados Unidos. Em virtude das características das universidades daquele país e da inscrição da disciplina na tradição departamental no seu mundo universitário e, por último, mas não menos importante, em virtude dos objetivos perseguidos pelo Estado norte-americano no sistema internacional de poder, os estudiosos de suas universidades e de seus centros de pesquisa atribuem importância muito grande à discussão teórica. Como efeito de seu poder hegemônico, essa abundante produção teórica é acompanhada em todo mundo com acentuada atenção, condicionando em grande medida seus próprios estudos sobre as Relações Internacionais. É tão comum se atribuir tanta importância às polêmicas teóricas que se passam nos Estados Unidos que, não raro, as divergências entre as diferentes correntes teóricas recebem mais atenção do que as análises que são capazes de produzir, como também a grande ambição dos estudiosos periféricos é publicar no seu idioma e nas suas revistas para obter reconhecimento internacional, como se o que é de interesse e de valor para os norte-americanos o fosse igualmente para todos os demais.

Ao se deparar com nossa crítica a essa dependência cultural, o leitor pode se perguntar: mas o que tem isso a ver com o livro que ora se apresenta? A resposta é: muita coisa. Para iniciar nossos esclarecimentos faz-se necessário, antes de tudo, reconhecer que a História é a matéria prima da reflexão sobre as Relações Internacionais. Sem o conhecimento da História a reflexão sobre as Relações Internacionais cai no vazio. Sem História das Relações Internacionais não há reflexão consequente sobre as Relações Internacionais.

Admitindo-se que a História das Relações Internacionais seja, de fato, indispensável para o estudo das Relações Internacionais, duas importantes questões se nos oferecem: Primeira, o que distingue uma História das Relações Internacionais das demais formas de fazer História? Segunda: por que é importante produzir estudos de História das Relações Internacionais?

Em resposta à primeira questão, podemos dizer que a História das Relações Internacionais se distingue das demais especialidades de produção histórica por centrar sua atenção no impacto que as relações entre os Estados geram sobre o sistema internacional de poder. Ela se dedica, por assim dizer, a identificar e a acompanhar a evolução das contradições que separam os Estados protagonistas das Relações Internacionais. E, não menos importante, como os demais Estados se adaptam ou contestam os projetos de poder das grandes potências. A História das Relações Internacionais examina, para realizar tal acompanhamento, as relações econômicas, compreendendo relações comerciais e fluxos de investimento. Acompanha também as articulações políticas entre os Estados, o que inclui a criação de instituições internacionais e de blocos regionais, e as formações ideológicas de que se revestem esses projetos.

A resposta à primeira destaca um aspecto que é necessário esclarecer, que é o seguinte: a História das Relações Internacionais é, afinal, apenas a história das relações entre as grandes potências? O esclarecimento desse aspecto da primeira resposta introduz, na verdade, a resposta à segunda questão, que é aquela que diz respeito à importância da produção de estudos de História das Relações Internacionais.

Por considerarmos que o traço definidor do processo histórico no âmbito das relações internacionais é o comportamento daqueles Estados que provocam impacto no sistema internacional de poder, devemos admitir que a História das Relações Internacionais tem, em grande medida, as grandes potências como protagonistas. É inegável. Mas isso não deve significar que a história se apresenta de modo igual para todos. Os acontecimentos são sempre os mesmos, mas as perguntas que o historiador lança são diferentes. Isto porque a História não é formada por um bloco de acontecimentos. A História é, sim, escrita a partir das questões que os historiadores lançam ao passado em função da problemática na qual eles se inscrevem no presente. O que significa que a cada pergunta o passado responde de maneira diferente.

Além disso, a problemática na qual o historiador está envolvido o leva a explorar aspectos e ângulos analiticamente novos cujas respostas consistirão em novas respostas. Os acontecimentos que causaram a Segunda Guerra Mundial serão sempre os mesmos, porém determinados aspectos desses acontecimentos podem, por exemplo, assemelhar-se a acontecimentos da atualidade, levando o historiador a abordar a questão de uma maneira que ainda não havia sido pensada. As razões pelas quais a Rússia interpretou a expansão da OTAN até sua fronteira como ameaça à sua segurança podem ser entendidas a partir de suas relações pretéritas com os Estados Unidos e a OTAN. A ascensão da China à condição de superpotência na atualidade decerto faz com que o historiador veja seu passado de maneira diferente que vinha se fazendo, lançando-se em busca de novas explicações para essa sua mudança de status internacional.

Como espero ter deixado evidente, não existe uma História das Relações Internacionais escrita de uma vez para sempre. Ela está continuamente se renovando, revelando aspectos antes não esmiuçados e, consequentemente, apresentando interpretações novas.

Em vista disso, a História das Relações Internacionais é estudo indispensável para o vigor da área das Relações Internacionais. Quanto mais estudos dessa natureza houver, mais possibilidades de conhecimento se abrem. Sendo assim, devemos saudar este estudo coordenado por Lier Pires Ferreira, Renato Salgado Mendes e Ricardo Basílio Weber, que abrange longo período histórico, ao mesmo tempo em que atualiza publicações anteriores com temas da época presente. Os autores dos dezessete capítulos e os organizadores deste volume prestam grande serviço à comunidade acadêmica, especialmente aos estudantes da área, ao contribuir para reduzir a lacuna de publicações dessa especialidade, pois não há dúvida que todos têm ao seu dispor um livro de grande valia para seus estudos.

Rio de Janeiro, 03 de julho de 2022.

SUMÁRIO

CAPÍTULO 1
DA FORMAÇÃO DO ESTADO ANTIGO À
QUEDA DE ROMA: A GÊNESE DAS RELAÇÕES
ENTRE ESTADOS   23

1. A formação do Estado antigo: na margem dos
   grandes rios, a gênese das noções de
   diplomacia e relações internacionais 25
2. A diplomacia no Egito antigo e no seu entorno
   estratégico 27
3. O reino de Israel e suas redes de comércio 29
4. Grécia e Roma: o surgimento dos
   impérios cosmopolitas 29
5. Considerações finais 38

CAPÍTULO 2
RENASCENÇA   43

1. O surgimento do Stato 48
2. A profissionalização da guerra 53
3. Equilíbrio de poder e os primórdios de um
   sistema internacional 56
4. Considerações finais 58

CAPÍTULO 3
REFORMA E HEGEMONIA: A CISÃO DO
"SAGRADO" E A ASCENSÃO DO "PROFANO"
PODER DO ESTADO   61

1. A Reforma Protestante 62
2. As consequências políticas das reformas religiosas 67
3. Guerras religiosas: o "mal" em nome de Deus 70

4. Coalizão anti-hegemônica além da religião 72
5. Considerações Finais 76

CAPÍTULO 4
A PAZ DE VESTFÁLIA E SUAS IMPLICAÇÕES PARA AS RELAÇÕES INTERNACIONAIS   79

1. Contexto Histórico 81
2. A Construção Intelectual e o Papel de Richelieu 85
3. O Corolário Conceitual da Paz de Vestfália 89
4. Críticas ao Sistema de Vestfália 91
5. Considerações Finais: O Sistema de Vestfália e o Conceito de Soberania na Perspectiva Contemporânea 93

CAPÍTULO 5
TRATADO DE UTRECHT: ESBOÇOS DA CONSTITUIÇÃO DO SISTEMA INTERNACIONAL CONTEMPORÂNEO   97

1. O contexto da Paz de Utrecht 100
2. As disposições do Tratado 103
3. Os efeitos de Utrecht e a ordem vindoura 107
4. Considerações finais 110

CAPÍTULO 6
A ERA DAS REVOLUÇÕES   115

1. As Revoluções Inglesas 117
2. A Revolução Americana 121
3. A Revolução Francesa 123
4. A Reação Política 129

CAPÍTULO 7
O CONGRESSO DE VIENA
E O CONCERTO EUROPEU   133

   1. O Congresso de Viena..137

   2. As ameaças ao Concerto Europeu e as Guerras de
      Reajuste do Equilíbrio (1848-1871).....................144

   3. Considerações Finais..148

CAPÍTULO 8
OS PROCESSOS DE UNIFICAÇÃO
ITALIANA E ALEMÃ   153

   1. O Processo de Unificação Alemão
      ou Pangermanismo...157

   2. O Processo de Unificação Italiana..............................163

   3. Considerações Finais..167

CAPÍTULO 9
A ERA DO NACIONALISMO
E DO IMPERIALISMO   171

   1. Nacionalismo..171

   2. Imperialismo 179

   3. Considerações finais..187

CAPÍTULO 10
A PRIMEIRA GUERRA MUNDIAL   189

   1. O desmantelamento do Concerto Europeu..................190

   2. Corrida Armamentista..197

   3. A Grande Guerra..201

   4. A América Latina e o Brasil na
      Primeira Grande Guerra..203

   5. Considerações Finais..206

CAPÍTULO 11
O ENTRE-GUERRAS — 209

1. Contexto geral pós-Primeira Guerra 210
2. Os tratados que encerram a Primeira Guerra Mundial 213
3. A crise da década de 1930 218
4. Considerações finais 225

CAPÍTULO 12
A ASCENSÃO DO NAZIFASCISMO E DO STALINISMO — 229

1. A ascensão do fascismo na Itália 230
2. A ascensão do nazismo na Alemanha 232
3. Descrição dos elementos essenciais da ideologia nazifascista 234
4. A ascensão do stalinismo na União Soviética 237
5. Descrição dos elementos essenciais do marxismo-leninismo e stalinismo 241
6. Outras expressões do autoritarismo: Portugal, Espanha e América Latina 242
7. Considerações Finais 245

CAPÍTULO 13
A SEGUNDA GUERRA MUNDIAL — 247

1. Três visões de mundo: democracia limitada, nazifascismo e comunismo de Estado 247
2. Aliança contingente entre Estados democráticos e a URSS de Stálin 252
3. A guerra total 259
4. Totalitarismo e Holocausto 260
5. O Brasil e a América Latina: debates e participações 262

CAPÍTULO 14
GUERRA FRIA E DESCOLONIZAÇÃO 265

1. A política internacional depois do recurso da bomba atômica 267
2. A Descolonização 270
3. Doutrina Truman e Contenção 273
4. Muro de Berlim e Crise dos Mísseis 276
5. A Détente 277
6. Anos 1980 e a "Segunda Guerra Fria" ... 279
7. Queda do Muro e desmantelamento da União Soviética 281
8. Considerações Finais 282

CAPÍTULO 15
A (DES)ORDEM INTERNACIONAL
PÓS-GUERRA FRIA 287

1. O fim da Guerra Fria e a nova ordem internacional: a profecia do "Fim da História" 288
2. Os anos 1990 291
3. O 11 de Setembro e o choque 293
4. A crise financeira de 2008 296
5. O ciberespaço, a Primavera Árabe e a Guerra da Síria 299
6. Considerações finais 302

CAPÍTULO 16
O "EIXO-SUL" NO CONTEXTO ATUAL
DAS RELAÇÕES INTERNACIONAIS 307

1. Sul global como categoria 309
2. A miragem de uma América integrada ... 313
3. A África e suas reconexões globais ... 317
4. A Oceania periférica e sua abertura para a Ásia ... 320

CAPÍTULO 17
PROJEÇÕES DO PRESENTE-FUTURO OU A
HISTÓRIA DO "TEMPO PRESENTE"   327
    1. O DECLÍNIO DOS EUA?..329
    2. A NOVA ASSERTIVIDADE DA RÚSSIA DE PUTIN........332
    3. QUAL CHINA?..334
    4. A UNIÃO EUROPEIA E O PAPEL DA OTAN
       NO PÓS-GUERRA FRIA 337
    5. CONSIDERAÇÕES FINAIS...340

ORGANIZADORES   345

AUTORES   346

CAPÍTULO 1
DA FORMAÇÃO DO ESTADO ANTIGO À QUEDA DE ROMA: A GÊNESE DAS RELAÇÕES ENTRE ESTADOS

EDUARDO RIZZATTI SALOMÃO [2]
GILBERTO DE SOUZA VIANNA [3]

Quando os primeiros agrupamentos humanos se sedentarizaram, surgiu a necessidade de estabelecer aliança e comércio com outras comunidades. Davam-se, aí, os primeiros passos nas relações político-sociais a ganhar complexidade quando da constituição das cidades-estado, reinos e impérios. Para melhor compreender os acontecimentos ligados às relações humanas no tocante à gênese do que hoje se nomeia relações internacionais, é essencial analisar a criação e consolidação do Estado antigo.

Este capítulo irá apreciar o percurso da formação desta expressão do Estado, tendo por objeto as relações entre os agrupamentos humanos da Antiguidade a estabelecer relações de poder e comercias. As ideias expressas neste texto seguiram as reflexões de Lucien Febvre, lembrando que, ao fim e ao cabo, "há simplesmente a

---

[2] Doutor em História Social pela UnB (2012). Membro do Corpo Permanente da ESG. Professor de História do Quadro Complementar de Oficiais do Exército Brasileiro.

[3] Pesquisador associado e professor visitante no IESP-UERJ. Pós-doutor em História Política pela UERJ (2021). Doutor em História Social pela UFRJ (2019). Mestre em História da Educação pela UFPR (2001). Membro do Corpo Permanente e Adjunto do Centro de Estudos Estratégicos Cordeiro de Farias da ESG.

história, na sua Unidade". Essa história que o autor define como o estudo cientificamente conduzido das atividades e das criações dos homens, de uma humanidade criadora a forjar novas condições de existência, sendo o agente dessas mudanças.

A afirmação de Febvre é a expressão que tomamos para enfatizar que a abordagem total é um valioso instrumento para a compreensão do passado sob o olhar do presente, no propósito de apreciar a gama de relações humanas em seu conjunto. Trata-se de um esforço de síntese, de oferecer uma visão panorâmica que se dispõe a exercer papel introdutório a guiar o leitor interessado em compreender a importância da Antiguidade na construção do arcabouço das práticas e conceitos das relações políticas entre os povos. Nessa tarefa, é necessário lançar o olhar no nascimento do Estado em sua forma inicial de organização, ou seja, o "Estado antigo".

O Estado em sua forma arcaica resulta da sedentarização e da necessidade de se estabelecer uma rede de aliança e defesa. E a diplomacia é o instrumento que vai realizar esse encontro. Charles Tilly identifica três formas distintas de organização que interagem: cidades, estados e redes de confiança, e situa a formação do Estado no Oriente Médio:

> *E o Estado? Um estado é uma estrutura de poder que envolve quatro elementos distintivos: 1) meios de coerção concentrados principais, especialmente um exército, 2) organização que é pelo menos parcialmente independente do parentesco e das relações religiosas, 3) uma área de jurisdição definida, e 4) prioridade em alguns aspectos sobre todas as outras organizações que operam dentro dessa área. Embora os quatro elementos já existissem separadamente há*

> *algum tempo, ninguém os reuniu todos antes da criação de cidades e estados no Médio Oriente. (TILLY, 2011, tradução nossa).*

O surgimento de cidades e Estados que reuniam os elementos citados por Tilly dá-se no neolítico, expandindo as capacidades humanas de acumulação, inovação e mobilização, dando o salto a conduzir todo um processo civilizatório, com o predomínio de técnicas e tecnologias, códigos e linguagem a consubstanciar a cultura dos povos. As grandes obras da Antiguidade são um exemplo do poder mobilizador do Estado.

1. A FORMAÇÃO DO ESTADO ANTIGO: NA MARGEM DOS GRANDES RIOS, A GÊNESE DAS NOÇÕES DE DIPLOMACIA E RELAÇÕES INTERNACIONAIS

A gênese do Estado antigo e das cidades-estado se inicia com a revolução agrícola ocorrida aproximadamente há 10 mil anos, sedentarizando o homem em assentamentos em torno dos grandes rios Indo, Nilo, Tigre e Eufrates. "Assim, no meio de uma zona de desertos [...], encontram-se realizadas as condições favoráveis ao nascimento de dois oásis em extensão e fertilidade sem rivais". (AYMARD; AUBOYER, 1998). Primordialmente, surgiu um sistema de segurança e defesa do assentamento e uma política de aliança a observar justamente esse entorno. Esse processo no neolítico é exemplificado por Goucher e Walton (2011) a discorrer sobre a cidade de Jericó:

> *Jericó era um assentamento antigo e permanente, datando de 9000 a.C. [...]. Ao longo do milênio seguinte, seus descendentes fizeram a transição da existência errante para a sedentária. No oitavo milênio a.C. Jericó tinha uma população estimada de aproximadamente 2 mil pessoas. A comunidade era cercada por muros defensivos e protetores, ligados a construção de arquitetura monumental [...].*

Os estados da Antiguidade surgem de um processo de unificação, guerra e expansão territorial de algumas cidades-acampamentos existentes na margem dos grandes rios. Isso ocorreu na Mesopotâmia, entre os rios Tigre e Eufrates, atual Iraque, no rio Nilo, no Egito, e nos vales dos rios Yangtzé e Huang He (rios Azul e Amarelo) na China. Os vales férteis dos rios propiciaram o surgimento da agricultura, possibilitando o sustento de grandes agrupamentos que evoluíram e se transformaram em pequenas cidades com capacidade de estabelecer alianças e garantir a segurança dos seus membros.

Os grandes rios também facilitaram diversos processos de unificação destas mesmas unidades políticas. Isso ocorreu no Egito, aproximadamente em 3100 a.C., quando Menés unificou os diversos "Nomos" então existentes, tornando-se o primeiro faraó a unir o alto e o baixo Egito (BLACK, 2021). Processo similar ocorreu sob Hamurábi, autor do código homônimo, que ampliou as suas fronteiras por meio de conquistas territoriais por todo médio Eufrates, criando o primeiro Império Babilônico.

2. A DIPLOMACIA NO EGITO ANTIGO E NO SEU ENTORNO ESTRATÉGICO

Notadamente, os Estado e as cidades-estado da Antiguidade utilizaram a diplomacia como instrumento de suas relações internacionais. O envio de emissários e de mensageiros entre Estados se tornou uma necessidade, principalmente quando fronteiriços ou quando dois ou mais Estados em expansão acabavam se chocando.

No Egito, o Faraó Amenófis IV (1351-1334 a.C.) foi o responsável por uma revolução religiosa, estabelecendo a existência de um único deus, nomeado "Aton", representado pelo disco solar, em substituição a Amon e todo um panteão. O faraó regulamentou a prática do novo culto e mudou seu próprio nome para Akhenaton, concentrando poder em desfavor dos sacerdotes. De maior interesse ao propósito deste capítulo foram os registros de correspondências diplomáticas que deixaram um claro retrato da intensa troca de embaixadas e acordos entre os egípcios e seus vizinhos. Tais relações iam desde alianças militares a solicitações de apoio de tropas egípcias, passando por preocupações com novos atores no Oriente Médio, como os hititas, e ordens para a construção de defesa em pontos estratégicos do império.

As relações diplomáticas serviam tanto para formar alianças e solucionar questões internas, quanto para manter uma dinastia no poder. Tem-se, como exemplo, o ocorrido com Ankhesenpaamon, jovem viúva de Tutancâmon. Em 1349 a.C., ela enviou um embaixador ao rei hitita, Suppiluliuma, para quem a rainha viúva escreveu: "O meu consorte morreu sem deixar herdeiros. Tu, pelo que se diz, tens muitos filhos. Se aceitas enviar-me um dos teus filhos, ele será o meu esposo. Jamais me sujeitarei a desposar um dos meus servos e tenho medo". (Mella, 1981, p. 200).

O rei hitita não acreditou na possibilidade que se apresentava. A ideia de que um dos seus filhos poderia se transformar no Faraó do Egito parecia inverossímil. Por isso, enviou um embaixador para se certificar da veracidade do pedido. O embaixador retorna acompanhado por um embaixador egípcio para atestar que a carta da rainha era verdadeira. Em nova carta, a rainha escreveu:

> *Por que pensaste Tu que Eu queria enganar-te? Se tivesse tido um filho, acha que eu teria recorrido, para minha vergonha, a um país estrangeiro? Não escrevi a outros, apenas a Ti; dá-me um dos teus filhos, que para mim será somente um marido, mas para o Egito será Rei.* (Mella, 1981, p. 200).

A missiva nos revela a intensa correspondência diplomática em 1300 a.C., na qual se destaca a angústia da viúva do faraó em busca de aliança para sufocar uma conspiração interna. Na busca pela proteção da força armada de seu novo aliado, propõe um acordo matrimonial, evidenciando que esse estratagema já era parte do jogo político das alianças nacionais e dos acordos diplomáticos. Outra importante observação é a de que em relações internacionais o tempo e a rapidez na resposta é um fator sempre considerável.

O excesso de prudência do rei hitita fez com que deixasse escapar uma oportunidade política única. Segundo Mella (1981), na cidade egípcia de Tebas terminava o período de 70 dias previsto pelo cerimonial para o embalsamamento e o sepultamento do rei morto e, daquele momento em diante, na falta de legítimos sucessores, a designação do novo soberano cabia aos sacerdotes. O rei enviou seu filho após a data prevista nos rituais egípcios e esse desapareceu no caminho, quiçá assassinado por conspiradores.

3. O REINO DE ISRAEL E SUAS REDES DE COMÉRCIO

As redes de comércio criadas em Israel sob o reinado de Davi (1003-970 a.C.) e, posteriormente, de Salomão (970-931 a.C.), são calcadas em relações de confiança em nível internacional. O comércio foi a mola propulsora da atividade diplomática do reinado de Salomão. Na Bíblia, no primeiro livro dos Reis, é narrado que "Hiram, rei de Tiro, enviou seus servos a Salomão, ao saber que este fora sagrado rei em lugar de seu pai, pois Hiram sempre foi amigo de Davi." (1 Rs 5:1).

As relações internacionais de Israel no tempo de Salomão estavam empenhadas em estabelecer e manter as alianças comerciais e estabelecer rotas de comércio terrestre com o sul (BRIGHT, 2003). A visita da rainha de Sabá é um registro a ser compreendido sob esse prisma. Os habitantes de Sabá tinham estabelecido um reino cujo centro estava localizado onde hoje é o Iêmen oriental. Também interessava à rainha de Sabá manter aliança com Israel para que seu reino tivesse acesso a esta rede comercial, e ter um filho com Salomão consolidaria esta aliança. As rotas comerciais estabelecidas por Salomão possibilitaram o surgimento de uma comunidade de judeus etíopes conhecida como Beta Israel. Na atualidade, essa comunidade é reconhecida com mantenedora de práticas religiosas e da língua hebraica provenientes da antiguidade (AMIT, 2012).

4. GRÉCIA E ROMA: O SURGIMENTO DOS IMPÉRIOS COSMOPOLITAS

Com os gregos e romanos que encontramos as origens de palavras ligadas às relações internacionais, como "diplomacia" e "consulado". A arte ou prática das relações internacionais entre os estados, a "diplomacia", tendo como berço provável o Egito (BLACK, 2010), é originária do grego "*diploma, matos*", nome neutro com o significado de "papel dobrado, carta de recomendação, carta de licença ou privilégio" (HOUAISS, 2004).

Marcando pontos de inflexão na história dos povos do Mediterrâneo, destacam-se as Guerras Médicas (490-479 a.C.), entre gregos e persas, a influir futuramente na constituição de uma "identidade grega", cujo ponto culminante foi a formação do império de Alexandre, o Grande. A formação do império macedônico foi possível pela sólida base civilizacional comum estimulada por ligações diplomáticas e comerciais entre cidades-estado. O exemplo mais lembrado é Atenas e suas colônias, que formavam um forte império naval.

Essa verdadeira talassocracia surge primeiramente com a economia de trocas no Mediterrâneo Oriental, em que podemos incluir hebreus e fenícios. Era uma economia formada pela circulação de produtos agrícolas e por uma indústria de manufaturas diversas, como cerâmicas, armas e tecidos. Essa economia, inicialmente limitada, virou um intenso comércio interessados. Os gregos se tornaram grandes intermediários do Mar Mediterrâneo e a economia grega se complementaria com a economia egípcia, em uma dinâmica que fomentou alianças comerciais e militares no norte da África e outras áreas.

4.1. Os gregos e as relações comerciais como forma de sobrevivência e riqueza

A economia levou os gregos a se lançarem decisivamente no Mar Mediterrâneo. No continente, o fator climático era restritivo (CARTLEDGE, 2002). Logo o fracasso de uma safra era algo frequente, como foi observado pelos egípcios da época. A esse respeito, Heródoto narra que,

> [...] cessando o Nilo de banhá-los com suas águas, os egípcios que habitam ao sul do Lago Méris e em outras regiões circunvizinhas, e, sobretudo, os que vivem no delta, ficarão expostos a mesma sorte do qual pretendem estarem os gregos ameaçados; pois, sabendo que toda a Grécia é regada pelas chuvas e não pelos rios, como o Egito, dizem que, se os gregos fossem um dia privados dessa dádiva, morreriam de fome. (HERÓDOTO, 2001).

Assim, as cidades-estado gregas começaram a estabelecer colônias em toda a região do Mediterrâneo, inicialmente pelo fato de que as *polis* gregas não suportavam um crescimento populacional intenso e, também, pela procura de novas terras com melhores condições de plantio e pastoreio. Essas *polis* formavam ligas comerciais e de defesa mútua, a exemplo da liga de Delos (478 a.C.), liderada por Atenas. As colônias transformaram as *polis* gregas em uma comunidade cosmopolita. Mapas do Mediterrâneo e seu entorno foram elaborados em detalhes e legisladores como Sólon (Atenas, 638-558 a.C.) e Clístenes (Atenas, 565-492 a.C.) estabeleceram distinções entre cidadãos (com direitos políticos), metecos (estrangeiros sem direitos políticos) e escravos.

A prática de enviar embaixadores a diversos estados do mundo então conhecido também favoreceu o cosmopolitismo. Os entrepostos comerciais traziam escravos e diversos produtos de regiões distantes. A colônia de Bizâncio possibilitava o comércio com a região ocidental da atual Turquia. Assim, investigar as regiões do seu entorno estratégico se tornou essencial para a *polis* grega. A obra de Heródoto, o "pai da História", vem a cumprir essa função, narrando a cultura e peculiaridades dos persas, fenícios, egípcios, árabes, sudaneses e líbios (BLACK, 2021).

A Guerra do Peloponeso (431-404 a.C.), disputa entre Esparta e Atenas pela hegemonia grega, teve como justificativa a tentativa de Potidaea (*polis* tributária de Atenas) de ficar independente. Fundada por coríntios, Potidaea lutava por se livrar do jugo ateniense, apoiada por Esparta e pela liga do Peloponeso. Os espartanos viam na luta pela independência de Potideea uma chance de fortalecer seu poder contra os atenienses.

O conflito no Peloponeso se transformou em uma disputa geopolítica entre Atenas e Esparta. A guerra forçou um intenso envio de embaixadores por ambas as cidades-estado objetivando angariar aliados soldados ou rendições sem batalhas. Tucídides narra esses fatos em sua obra "História da Guerra do Peloponeso" (TUCÍDIDES, 1987).

4.2. O REINO COSMOPOLITA DE ALEXANDRE, O GRANDE

A Macedônia era um estado segmentado que evoluiu lentamente para um sistema de confederação. Sob o comando de Filipe II (359-336 a.C.), a confederação deu lugar a um estado centralizado a expandir-se. Situada no nordeste da península grega, a Macedônia foi responsável pela helenização de outros povos. Voltando ao período de afirmação da Macedônia, Filipe conseguira, com as táticas militares da falange macedônica, derrotar Tebas e colocar a península grega sob seu domínio. Quando seu filho Alexandre ascende ao trono em 332 a.C., o mundo grego e o Império Persa passam por um processo de enfraquecimento a sugerir a sua desintegração como consequência de fatores como as Guerras Médicas e a Guerra do Peloponeso.

Tirando proveito da instabilidade entre os persas, Alexandre se lança em uma guerra de conquista, que, para muitos povos, foi uma guerra de libertação. Alexandre agiu como hábil diplomata, levando as satrapias a se renderem sem resistência. Alexandre substituía o governante por um macedônio, mas conservava as instituições locais, preservando os templos e os sacerdotes locais, deixando a impressão de que a guerra era contra o rei da Pérsia, Dario III, e não contra a cidade conquistada. Essa prática em muito correspondia à visão persa de como governar, preservando a cultura local. Fruto da política de aliança, Alexandre ampliava seu exército. Contudo, aquelas cidades que se recusavam a se render eram devastadas e os habitantes escravizados. A conquista da cidade fenícia de Tiro, antiga concorrente dos gregos, é um exemplo.

Ao conquistar o Egito, Alexandre começa a estabelecer a noção de monarquia universal, instituindo uma unidade entre os interesses gregos e egípcios que, sob o seu comando, deixaram de ser apenas comerciais. Alexandre foi nomeado Rei dos Gregos e Faraó do Egito, sendo identificado como legítimo soberano por direito divino. Alexandre implementou um governo teocrático ao fundir as duas culturas, assim como o Imperador Augusto de Roma faria anos mais tarde. No Egito, ele fundou uma nova capital, "Alexandria", cidade planejada como um tabuleiro de xadrez, e que seria modelo para outras 70 cidades do mesmo nome fundadas por ele em todo o Império. Essas cidades serviriam como vetor de divulgação da cultura helênica por todo o Império.

Após a Batalha de Issu, em 333 a.C., boa parte da Ásia estava sob o controle de Alexandre. O Império cosmopolita estabelecido por ele controlava as importantes rotas de comércio da China ao Mediterrâneo, com cidades helenizadas utilizadas como marco em todo esse sistema comercial. É possível dizer que sob o domínio de Alexandre, a rota da seda chegava com mais fluência à Europa. (TOYNBEE, 1969; BLACK, 2021).

Ao morrer jovem e sem deixar herdeiros, o seu império foi dividido entre os seus generais. Ptolemeu ficou com o Egito;

Cassandro com a Macedônia e a Grécia; Lisímaco com parte da Península da Anatólia e da Trácia; e Selêuco com o Império Persa. As relações comerciais entre esses impérios continuaram existindo decorrente do fato de serem estados helenizados e o grego passou a ser a língua diplomática estabelecida. Fora do predomínio helênico, embora estabelecessem relações comerciais e diplomáticas, e recepcionando elementos culturais helenísticos, ficaram Cartago, antiga colônia fenícia, e Roma.

4.3. ROMA: REINO, REPÚBLICA E IMPÉRIO E AS RELAÇÕES DIPLOMÁTICAS

A história de Roma se inicia com um mitológico acordo diplomático, no qual o troiano Eneias, um herói sobrevivente da guerra de Troia, teria chegado à Península Itálica e estabelecia um tratado com os latinos, povo que então habitava a região, como nos narra Burton (2011, tradução nossa):

> *A história das relações interestatais de Roma começou, na mitologia, com um exemplo marcante da interação entre o que pode ser vagamente denominado amicitia "doméstica" e "internacional". De acordo com Lívio, quando Eneias chegou pela primeira vez às costas italianas e entrou no território aborígene do reino de Latinus, os dois líderes imediatamente estabeleceram relações amistosas. Latino "estendendo a mão direita [a Eneias], santificou a boa-fé da amizade que seria" (dextra data fidem futurae amicitiae sanxisse). Os dois então acrescentaram um tratado doméstico (foedus) ao público, diz Lívio, quando latino deu a Eneias sua filha em casamento.*

A economia internacional no século III a.C. se ampliava da região dos impérios helênicos construídos por Alexandre, o Grande, e segmentado entre seus generais, para alcançar a Península Ibérica e cidades do Mar do Norte. O Mediterrâneo se encontrava repartido entre três potências que lutavam pela hegemonia: Roma na Península itálica, Cartago no norte da África e o Egito ptolomaico que, graças ao rio Nilo que regava e fertilizava a terra nas suas margens, possuía grande excedente de trigo. Após a morte de Alexandre, vários de seus generais fundaram grandes estados territoriais, dinastias macedônicas com ambições mundiais, cada uma em acirrada competição pelo poder. Contudo, nenhuma dessas monarquias jamais foi capaz de estabelecer plena dominação e de construir um duradouro sistema mediterrâneo de relações internacionais.

Os romanos não foram os primeiros a dar início a negociações internacionais informais e alianças na bacia do Mediterrâneo durante a Antiguidade. Esta primazia pertence com maior probabilidade aos gregos. Os romanos, contudo, foram mais efetivos e, por Roma estar localizada geograficamente no centro da região mediterrânea, adotaram esta prática no Mediterrâneo Ocidental e Oriental, a contar do século III a.C.

O início da prática da diplomacia romana era, por assim dizer, primitiva, sendo herdada dos povos latinos da Península Itálica. Como na Grécia clássica e helenística, não havia embaixadas permanentes para estados estrangeiros a fim de trocar informações, diminuir atritos mútuos e expressar preocupações precoces sobre as políticas para evitar possíveis crises. Nas crises que inevitavelmente ocorriam, a diplomacia consistia, principalmente, em fazer exigências a *"Rerum Repetitio"* (ensaio de queixas), feita por sacerdotes especiais chamados *"fetiales"*. Segundo o verbete de John North (s.d, tradução nossa), no dicionário de Oxford:

> *Fetiales, sacerdotes dos estados latinos, preocupados com os procedimentos e leis de declarar guerras e fazer tratados. Nossa informação vem de Roma, onde eles formaram um colégio (collegium) de vinte membros, que aconselhavam o Senado em questões de paz e guerra, e tinham sua própria tradição jurídica (o ius fetiale). A instituição pressupõe que padres semelhantes, com os quais os fetiales romanos interagiram, existiam nos outros estados latinos.*

Roma, lendariamente, foi fundada em 743 a.C. Os primeiros governantes foram reis de origem grega ou etrusca até que a monarquia foi derrotada por nobres latinos que estabeleceram uma república oligárquica em 509 a.C. Os romanos se mostraram mestres na arte da guerra, na construção de utensílios militares e na organização de exércitos. As legiões romanas possuíam uma notável organização, do alistamento à disciplina. No entanto, somente em 275 a.C., depois de derrotar Pirro, rei do Épiro, Roma conseguiu unificar a Península Itálica.

Roma iniciou uma disputa pelo Mediterrâneo Oriental contra a cidade-estado de Cartago, um Império marítimo originário de antigas colônias fenícias. A cidade de Cartago era localizada próxima à atual Túnis e dominava partes da Península Ibérica até Sardenha e a Sicília e praticamente toda a região da Tunísia. O conflito entre Roma e Cartago ficou conhecido como Guerras Púnicas. Ao todo, foram três conflitos entre 264 a 146 a.C., ocasionando a destruição de Cartago e o domínio romano das rotas e terras do Mediterrâneo Oriental.

O fim da República Romana se desenvolve em um contexto de guerras e rebeliões de escravos, concomitante com o período de expansão territorial na Península Ibérica e na Gália (atual França). A não submissão dos povos ao domínio romano levava a uma diplomacia da guerra. No entanto, o que decretou o fim do período republicano foi a luta partidária na própria Roma. Uma tentativa de conter a luta entre as facções do Império foi a criação do Triunvirato, governo formado por uma aliança tríplice. Em 60 a.C., a política do triunvirato fracassa definitivamente e, em 49 a.C., os partidos de Pompeu e Júlio Cesar entram em guerra civil. Pompeu foi derrotado por Júlio Cesar na batalha de Farsália em 49 a.C. e, ao fugir para o Egito, é assassinado. Ao derrotar Pompeu, Júlio Cesar se torna ditador perpétuo de Roma.

No Egito, Júlio Cesar interfere na questão sucessória entre os irmãos Ptolomeu XIII e Cleópatra VII que, por testamento, deveriam governar conjuntamente. Ptolomeu XIII exila a sua irmã e assume, sozinho, o trono, fazendo Júlio Cesar tomar partido de Cleópatra. Ptolomeu acaba morrendo em uma batalha contra as forças de Júlio Cesar às margens do rio Nilo. Cesar teve um filho com Cleópatra chamado Cesário, o qual foi renegado. O aumento exponencial de seu poder político fez com que Júlio Cesar se autoproclamasse imperador, nos moldes de Alexandre, o que, somando aos rancores de adversários, levou ao seu assassinado a facadas em pleno senado em 44. a.C.

O Império surgira quando Otávio, filho adotivo de Júlio Cesar, derrota Marco Antônio, antigo tenente de seu pai, em uma nova guerra civil. Marco Antônio tinha se aliado a Cleópatra, ambos mortos no transcurso das tensões da disputa pelo poder. Otávio transforma o Egito em conquista pessoal, assumindo poder militar e financeiro como o senhor das plantações de trigo no Egito. Esta conquista deu a Otávio o apoio da plebe romana, que agora recebia trigo direto dos armazéns do Egito, e do senado, que viu o poder romano se consolidar sobre todo o Mar Mediterrâneo, convertido em *"Mare Nostrum"*.

Segundo Rostovtzeff (1983), a ascensão de Otávio deu origem a uma nova forma de governo, cuja chefia era exercida pelo chefe do exército. O senado atribui a Otávio títulos como "*príncips senatorum*" (primeiro cidadão) e Pontífice Máximo, ratificando assumir poder temporal e espiritual, passando a ostentar o título de César Augusto. O império, assim, assume características teocráticas, sendo o imperador proclamado um deus e como tal devendo ser adorado.

No campo da organização do poder, para manter o império unido, foi necessária uma arquitetura de Estado bem estabelecida e uma consolidação jurídica iniciada ainda na república. No império foram fundamentais o Direito civil (*jus civile*) e o Direito estrangeiro (*Jus gentium*), que faziam parte do Direito público (*Jus publicum*). Na estrutura das cidades, houve uma ampliação da concessão de cidadania a não romanos, embora não universal, assim como a garantia a certos direitos não correspondia a uma participação política efetiva. Sob Otávio César Augusto, o Império Romano estabeleceu uma grande estrutura burocrática de controle e tributação, e uma constante expansão territorial em áreas dominadas pelos "povos bárbaros", em geral, celtas, germânicos etc. Passaram séculos até o Império Romano ser cristianizado, seguindo a expansão ao Oriente, cujo marco é o ano 313, quando Constantino promulga o Édito de Milão.

5. CONSIDERAÇÕES FINAIS

As primeiras religiões orientais a adentrar o mundo helênico foram os cultos de Cibele e Ísis. O culto das deusas difundiu-se com vigor, a ele somando-se a adoração a Mitra, dentre outras. De porto em porto difundiam-se os cultos às deusas. Mitra e Júpiter percorriam o Império Romano pela via terrestre. E então surge o cristianismo, com a vantagem de possuir características de todos os seus rivais.

O cristianismo se estabeleceu por vasta região graças ao sistema de estradas e a concessão de cidadania seletiva fixada pelo Império Romano. O apóstolo Paulo vai se valer desta cidadania para pregar em todo o Império, de forma que as mesmas estradas que garantiam a circulação de tropas e mercadorias facilitaram a propagação do cristianismo. Perseguido em seus primeiros dias por não se render ao controle religioso do Imperador, o cristianismo angariou adeptos entre membros da plebe, militares e aristocratas, não obstante, as mortes e suplícios dos primeiros cristãos.

Com a chegada ao poder de Constantino, em 306, se promulga o fim da perseguição aos cristãos, acertando a relação entre Deus, Roma e César. A liberação do culto se dá em 313, com o Edito de Milão. O imperador se dedica a construir uma nova capital, Constantinopla, inaugurando uma nova visão sobre o Império, voltada ao Oriente, refundando, pela fé cristã, um império de natureza teocrática.

As invasões bárbaras, a queda do Império Romano do Ocidente em 476 e o início da Idade Média vão ser marcados pela nostalgia da perda da cidade símbolo do império, a "*imago mundi*" (umbigo do mundo), Roma. As tentativas de seu restabelecimento perante a fragmentação política do Ocidente serão frustradas. Constantinopla persistirá por cerca de mil anos, até sucumbir aos canhões dos otomanos em 1453, dando início à Idade Moderna, na qual se afirmarão gradualmente os Estados Modernos.

REFERÊNCIAS BIBLIOGRÁFICAS

AMIT, K. Social integration and identity of immigrants from western countries, the FSU and Ethiopia in Israel. *Ethnic & Racial Studies*, [s. l.], v. 35, n. 7, p. 1287-1310, 2012.

AYMARD, A.; AUBOYER, J. O Oriente e a Grécia Antiga. CROUZET, M. (org.). *História geral das civilizações*. Rio de Janeiro: Bertrand do Brasil, 1998.

BLACK, J. *A história do mundo*. São Paulo: M. Book, 2021.

BLACK, J. *A history of diplomacy*. London: Reaktion Books, 2010.

BRIGTH, J. *História de Israel*. São Paulo: Paulus, 2003.

BURTON, P.J. *Friendship and Empire*: Roman Diplomacy and Imperialism in the Middle Republic (353-146 BC). Cambridge: Cambridge University Press. 2011.

CARTLEDGE, P. *História Ilustrada da Grécia Antiga*. Rio de Janeiro: Ediouro. 2002.

FEBVRE, L. *Combates pela História*. Lisboa: Editorial presença. 1982.

GOUCHER, C.; WALTON, L. *História Mundial*. Porto Alegre: Penso, 2011.

HERÓDOTO. *História*. São Paulo: Ediouro. 2001.

HOUAISS, A.; VILLAR, M.S. *Dicionário Houaiss da Língua Portuguesa*. Rio de Janeiro: Objetiva, 2004.

MELLA, F.A.A. *O Egito dos faraós*. São Paulo: Hemus, 1981.

NORTH, J. Fetiales. In: *Oxford Classical Dictionary*. Disponível em: https://doi.org/10.1093/acrefore/9780199381135.013.6964. Acesso em: 22 abr. 2022.

ROSTOVTZEFF, M. *História de Roma*. Rio de Janeiro: Guanabara, 1983.

TILLY, C. Cities, states, and trust networks. In: HANAGAN, M.; TILLY, C. (ed.). *Contention and Trust in Cities and States*. New York: Springer, 2011.

TOYNBBE, A.J. *Helenismo*. Rio de Janeiro: Zahar, 1969.

TUCÍDIDES. *História da guerra do Peloponeso*. Brasília: UnB Ed., 1987.

CAPÍTULO 2
RENASCENÇA

MARCELO DA COSTA MACIEL[4]

INTRODUÇÃO

Devemos a Jacob Burckhardt e à sua obra *A Cultura do Renascimento na Itália*, publicada em 1860, o mito da Renascença como o início de tudo quanto possa ser chamado "moderno". O historiador suíço defende a tese da ruptura radical entre a chamada era moderna e o "medievo". Burckhardt identifica as condições políticas, econômicas e culturais peculiares às cidades-repúblicas italianas dos séculos XIV e XV, bem como aquilo que ele considera "o gênio italiano", como os fatores responsáveis pelo fato de que a modernidade tenha surgido precisamente no contexto da Renascença italiana (BURCKHARDT, 2009).

Hoje em dia, estudiosos tendem a relativizar a ênfase de Burckhardt no suposto abismo entre os universos espirituais e

---

[4] Doutor em Ciência Política pelo antigo Instituto Universitário de Pesquisas do Rio de Janeiro (IUPERJ). Professor do Departamento de Ciências Sociais da Universidade Federal Rural do Rio de Janeiro (UFRRJ). Docente Permanente dos Programas de Pós-Graduação em Ciências Sociais e Filosofia da UFRRJ. Colaborador das obras *Curso de Ciência Política* e *Curso de Teoria Geral do Estado* (Elsevier, 2009). E-mail de contato: marcelocmaciel@ufrrj.br.

institucionais da Idade Média e do Renascimento, assim como sua exaltação da originalidade das cidades italianas. De fato, as raízes da modernidade não se concentram exclusivamente nas criações do Renascimento, mas se alastram retroativamente até uma época bem anterior, sendo inegável que a Cristandade medieval, e seu processo próprio de racionalização, também contribuiu para abrir os caminhos que o Ocidente haveria de trilhar.

Um dos mais ilustres historiadores contemporâneos a lançar luz sobre as continuidades que, para além das rupturas, também se fazem presentes na passagem entre o mundo medieval e o moderno é Quentin Skinner, com *As Fundações do Pensamento Político Moderno*, de 1978. No que tange à formação do pensamento político moderno, Skinner ressalta a importância do legado dos autores da Escolástica tardia, amplamente lidos pelos renascentistas.

Por certo, a imagem da Idade Média como um longo período de "trevas" não faz justiça às realizações empreendidas pelo Ocidente cristão durante quase dez séculos. Isso não diminui a importância do Renascimento como ponto de crucial inflexão por meio do qual a tradição medieval é passada em revista por uma ótica inspirada em um passado longínquo e, em grande medida, idealizado. Esse olhar crítico sobre o presente, que o confronta com um passado reconstruído, é, sem dúvida, uma porta de entrada para o novo. Por isso, na narrativa histórica acerca do nascimento do Ocidente moderno e suas instituições, é certo que se reserve um lugar de relevo para o Renascimento, verdadeiro movimento cultural (no mais amplo sentido do termo "cultura"), caracterizado, por um lado, por uma postura predominantemente negativa com relação ao legado medieval e, por outro, por uma postura entusiasticamente positiva com relação à época anterior à dissolução do Império Romano.

De acordo com Burckhardt, o mundo antigo vinha sendo, desde o século XIV, resgatado e reinterpretado, e não apenas na

Itália. Todavia, é no contexto das cidades e reinos italianos, que viam na Antiguidade greco-romana sua origem e sua essência, que esse movimento vai além de uma referência erudita a elementos isolados da Antiguidade, tornando-se verdadeiro suporte para uma nova cultura e ideal a ser alcançado. Nas palavras de Burckhardt: "Na Itália, entretanto, diferentemente do que ocorre no Norte, a Antiguidade torna a despertar" (2009, p. 179). Daí a ideia de uma autêntica "cultura do Renascimento na Itália", cultura não apenas compartilhada por homens de letras, mas fortemente impregnada à vida cotidiana, forjando novas instituições políticas e jurídicas, novas práticas econômicas e religiosas, novas formas de sociabilidade e moralidade e, sobretudo, uma nova visão do ser humano e do mundo.

Não cabe aqui a reconstrução das contribuições fundamentais dos humanistas italianos da época da Renascença, mas devemos a eles aquilo que já foi chamado de "descobrimento do homem", isto é, "o fato de se ter ali conhecido em sua plenitude e essência, e antes do que em qualquer outra parte, o homem e a humanidade" (idem, p. 323). Trata-se de um novo humanismo, adaptado às condições da época, mas visceralmente ligado ao primeiro humanismo, aquele que se pode notar tanto nas filosofias quanto nas constituições políticas, tanto nas artes quanto na vida cotidiana dos antigos helênicos e latinos.

O humanismo renascentista é precursor do moderno conceito de "indivíduo", aquele pressuposto pelas teorias do contrato social que predominarão na reflexão política dos primeiros modernos, fornecendo suporte racional para a consolidação da noção de Estado soberano. Embora a noção de indivíduo não possa ser aplicada ao contexto grego antigo, não se pode deixar de ver paralelos entre a postura dos humanistas florentinos, criticando e reformulando a constituição de sua cidade, e a de Platão, construindo idealmente a cidade perfeita. Uma individualidade robusta também pode ser notada em Savonarola, contestando as autoridades tradicionais e pregando uma teocracia popular em Florença, assim como em Sócrates, desafiando a *polis* ateniense ao indagar se suas leis eram justas e belas.

Esse novo humanismo tem também em comum com o antigo uma postura secularizante e iconoclasta. Graças a essa postura, a ciência, que no período medieval teve seu desenvolvimento em grande parte obstaculizado por preconceitos religiosos, pôde, no Renascimento, dar um salto qualitativo. O humanismo renascentista é uma das fontes do empirismo moderno, que se rebela contra a visão aristotélico-escolástica da ciência. Como observou Richard Popkin (POPKIN, 1979), a circulação das obras de Cícero, Diógenes Laércio e, sobretudo, Sexto Empírico foi intensa, inicialmente entre os eruditos da Renascença italiana e, posteriormente, entre aqueles da Europa do Norte, produzindo uma "crise cética". Tal crise foi responsável pela demolição dos alicerces da filosofia escolástica e pela colocação dos desafios intelectuais que suscitarão o nascimento tanto do racionalismo quanto do empirismo modernos, que têm em Descartes e Locke suas maiores expressões.

É, sobretudo, no campo da pintura e da escultura que o humanismo renascentista revela o seu caráter inovador e a sua inspiração greco-romana. Os artistas da Renascença, ao mesmo tempo em que retratam cenas bíblicas, ressaltam o esplendor humano. Pode-se claramente vislumbrar, nas obras de Michelângelo, Boticelli, Rafael e Leonardo, uma atitude que bem poderia ser dita profanadora, que, todavia, não impediu que as mesmas fossem financiadas por papas e enfeitassem altares e paredes de igrejas. Trata-se de um antropocentrismo que duela com o teocentrismo medieval, insinuando-se no meio deste. Tal antropocentrismo não está presente tanto nos temas abordados (ainda colhidos da tradição cristã), mas principalmente no modo pelo qual são abordados. Figuras sagradas do cristianismo são colocadas lado a lado de figuras pagãs e, em todas elas, a humanidade é que ganha centralidade.

A ideia de que a Renascença é responsável pela "invenção" do homem moderno encontra respaldo no *Discurso sobre a Dignidade do Homem*, escrit por Giovanni Pico della Mirandola em 1480:

> *"Diz o Criador a Adão: Coloquei-te no meio do mundo, para que mais facilmente possas olhar à tua volta e ver tudo que te cerca. Criei-te como um ser nem celestial nem terreno, nem mortal nem imortal apenas, para que sejas tu a moldar e superar livremente a ti próprio. Podes degenerar-te em animal ou recriar-te à semelhança divina. Os animais trazem do ventre materno o que devem ter; os espíritos mais elevados são desde o princípio, ou tornam-se sem demora, o que seguirão sendo por toda a eternidade. Somente a ti foi dado crescer e desenvolver-te conforme tua vontade: tens em ti os germes de toda espécie de vida"* (apud BURCKHARDT, 2009, p. 323).

O espírito da Renascença, ao debruçar-se sobre o passado, abriu as portas para o futuro, contribuindo para produzir não só a moderna imagem humana, como também uma nova visão do mundo. Sem dúvida, as Grandes Navegações e a descoberta do continente americano desempenharam um papel crucial nesse processo. A intensificação da atividade comercial com as Índias Orientais, que vinha sendo encabeçada por Gênova e Veneza, bem como o afã expansionista de Portugal e Espanha, foram fatores responsáveis pelo alargamento dos horizontes e pela introdução de uma diversidade que abalou profundamente a unidade do mundo ocidental cristão. Foi na época do Renascimento, e sob a ação de seu espírito explorador, que se acirrou o contato entre diferentes povos.

Fizemos alusão à controvérsia a respeito da relação entre o "medievo" e a modernidade e do papel do Renascimento na passagem de uma época para outra. Tal controvérsia reflete-se também na tentativa de compreensão de outro produto ocidental: o Estado. Max Weber (1982) ressalta a originalidade dessa forma de organização da comunidade política, chegando a propor que se reserve o vocábulo para as formações políticas ocidentais da era moderna. Outras abordagens, como a de Joseph Strayer (1969), propõem-se a escavar as origens medievais do Estado moderno, demonstrando ser ele o resultado de transformações já em curso séculos antes da modernidade. A seguir, dirigiremos nossa atenção para esta questão, avaliando a originalidade e a influência histórica das formas políticas que floresceram nas cidades italianas na época do Renascimento, que constituem as primeiras configurações do Estado, no sentido moderno do termo.

1. O SURGIMENTO DO STATO

A tese de que a forma propriamente moderna de Estado surgiu na península itálica nos séculos XIV e XV é defendida por Burckhardt, cujo primeiro capítulo de sua já referida obra tem como título "O Estado como obra de arte" (BURCKHARDT, 2009). O autor apresenta o *Stato* como uma forma de organização política original e como uma expressão do gênio renascentista italiano.

Destaque é dado para Veneza e Florença, as quais, de acordo com o autor, já revelam inovações no plano social e político que serão marcas distintivas do moderno aparelho estatal. O progresso econômico contribui, nessas cidades, para um crescente foco na vida material, que necessita de um mínimo de estabilidade política para progredir. Tal estabilidade deve decorrer da perfeição de suas constituições e do estabelecimento de instituições que regulem o exercício do poder político. Trata-se de um ímpeto secularizador a aniquilar a resistência da tradição, que tendia a fazer a preocupação com a esfera sobrenatural dominar a existência. Esse movimento de afirmação da vida mundana resultará em diversos avanços, tais como o aperfeiçoamento das técnicas comerciais, dos processos jurídicos e da contabilidade, além de uma visão do poder político que tende a atribuir-lhe fundamentos autônomos e terrenos. Em se tratando de Florença, o desenvolvimento das técnicas de organização da vida material é indissociável de um elevado grau de consciência política e de um forte sentido de liberdade, razões pelas quais, segundo Burckhardt, Florença merece o título de "primeiro Estado moderno do mundo" (idem, 98).

Em Florença, Veneza e outras cidades do Norte da Itália, o cultivo do amor à liberdade em um sentido político e cívico é resultante, em grande medida, das relações conflituosas que essas cidades mantiveram por séculos com a Santa Sé e o Império. A luta por independência política marca a existência dos cidadãos dessas repúblicas, gerando um sentimento patriótico que se desprende do universalismo cristão e aponta para uma nova forma de identidade, calcada na ideia de Estado. Skinner mostrou o papel da defesa da liberdade política e dos valores republicanos por parte das cidades da Itália setentrional para o florescimento e consolidação de uma teoria política antagônica à teologia política, de raízes escolásticas, que reconhecia a Igreja como legítima detentora da *plenitudo potestatis* (SKINNER, 1978). Levando às últimas consequências as ideias formuladas, no século XIV, por Guilherme de Ockham, Marsílio de Pádua, John Wycliffe e Jan Hus, os chamados "humanistas cívicos" da Renascença italiana não supunham a autoridade política como subordinada à autoridade papal e não reconheciam suas cidades como partes integrantes de um único Império cristão, mas como autênticas cidades-Estado e, como tais, independentes e soberanas.

No caso dos principados, a doutrina política dos humanistas cívicos, ao delinear a figura de um príncipe perfeito, também reforça a ideia da autonomia do Estado diante da Igreja e do Sacro Império. É certo que tal doutrina trazia o risco de contribuir para a ascensão e legitimação do poder de tiranos, que desejavam ter reconhecida a sua soberania para oprimir e explorar os súditos, além de dar vazão a seus anseios de conquista. Porém, o pensamento político que floresce em solo italiano nos séculos XV e XVI tende a ver mais vantagens do que desvantagens na submissão de um povo a um príncipe, visto como condição necessária para a paz e a segurança interna e para a defesa contra as ameaças externas, fatores decisivos para a preservação da estabilidade social e prosperidade econômica.

Um dos principais expoentes desse pensamento político é Nicolau Maquiavel, que, todavia, se afasta dos doutrinadores políticos de seu tempo ao retirar a figura do príncipe do enquadramento moral com base no qual este era idealizado. Não cabe aqui uma sumarização das ideias políticas de Maquiavel. Impõe-se apenas notar a sua complexidade, uma vez que, se na obra *O Príncipe*, de 1513, Maquiavel defende a ideia de que o *Rex in regno suo est Imperator*, já nos *Discursos sobre a Primeira Década de Tito Lívio*, iniciados em 1513 e concluídos em 1519, ele realiza uma veemente defesa dos valores republicanos, consubstanciados na ideia de liberdade (no sentido positivo do termo), autogoverno e espírito cívico.

Importa sublinhar o uso original que Maquiavel faz do termo *stato*, palavra antiga elevada à categoria de conceito para retratar uma realidade nova, da qual as cidades italianas servem de exemplo. É famosa a sentença de abertura de *O Príncipe*, na qual Maquiavel afirma que todos os "Estados" foram e são ou repúblicas ou principados, afirmação ligeira, porém repleta de inovações. Primeiramente, Maquiavel reduz a um binômio a tipologia das formas de governo, que, desde Platão, se tornara um tópico central da reflexão política. As tipologias formuladas por autores antigos e medievais, em geral, eram constituídas de três formas principais e suas correspondentes formas degeneradas. Maquiavel simplifica a tipologia, identificando, no passado e no seu tempo, só duas formas de governo. A tendência simplificadora continua na própria definição de cada uma dessas formas, já que, para ele, república significa simplesmente governo popular (algo que recorda a noção grega de δημοκρατία), ao passo que principado é o governo de um só.

A principal inovação de Maquiavel é uma novidade terminológica que entrará para o vocabulário político ocidental. A novidade não se refere propriamente ao termo, mas sim ao sentido que lhe é dado. O termo *stato* (derivado do latim *status*) significa, originalmente, *condição* ou *situação*, podendo ser empregado tanto para designar a posição de objetos ou seres no espaço físico quanto a posição social de indivíduos em uma comunidade. Neste último caso, designa a parte, e não o todo, tendo, assim, o sentido de estrato ou camada que define a condição de um grupo de indivíduos no todo social de que faz parte. Maquiavel faz desse substantivo comum um termo técnico para designar a comunidade política como um todo. *Stato*, para ele, é a própria sociedade política organizada sob um poder próprio e suas leis (em um sentido equivalente àquilo que, desde os romanos, era designado por *res publica*). A influência de Maquiavel sobre a posteridade foi tão grande que a sua inovação terminológica se consagrou ao longo da história do pensamento político moderno, fazendo do *stato* um gênero no qual se inserem as diferentes formas de governo.

Maquiavel simplesmente utiliza o termo *stato* sem dar explicações a respeito de qualquer mudança de significado que estaria propondo. Isso nos faz pensar que ele sabia que seus leitores o compreenderiam, revelando que o vocábulo já comportava a significação pretendida por ele. Ao longo do século XV o termo vai ganhando cada vez mais lugar no vocabulário político, ocorrendo inúmeras vezes nas traduções e comentários da *Política* de Aristóteles. Uma dessas traduções merece destaque: a do humanista Leonardo Bruni, de 1438. Ao contrário da velha tradução, de Guilherme de Moerbeke, calcada na terminologia grega, a tradução de Bruni, apoiada em Cícero, é muito menos literal e pretende ser quase uma explicação do texto aristotélico para o leitor de língua latina. Nela, o vocábulo *status* e seus derivados abundam, em um sentido que já prenuncia o uso que será feito por Maquiavel.

Portanto, ao longo século XV, humanistas, inspirados pela leitura ciceroniana de Aristóteles, empregam, cada vez mais, a palavra *status* em um sentido estritamente político, designando uma forma de governo ou regime político que poderia ser democrático, aristocrático ou oligárquico. Tal uso fornece a base sobre a qual Maquiavel se apoia para utilizar o termo *stato* no sentido de corpo político submetido a um governo e a leis comuns.

Contudo, mais importante que o aparecimento do vocábulo é o surgimento do fenômeno, isto é, o reconhecimento de uma cidade ou povo como uma comunidade política constituída a partir de um poder originário, legítimo e soberano. As comunidades a que Maquiavel aplica o termo parecem já exibir tais características, podendo, assim, ser vistas como os protótipos do que será chamado Estado moderno. Este pressupõe um espaço político interno, que se sobrepõe às tendências particularistas feudais, e, simultaneamente, um espaço externo constituído pelas demais comunidades políticas (ALBUQUERQUE, 2001).

Para a construção desse espaço político interno, foi crucial o papel desempenhado pela ideia de "nação", que tem como ancestral medieval a ideia de "pátria". Todavia, a identificação com a "pátria" era ainda mediada pela dimensão religiosa, o próprio termo, inicialmente, designando não o território sobre o qual se estendia uma comunidade política, mas simplesmente o território submetido à autoridade formal de uma diocese. O vínculo à "pátria" é, assim, indissociável da profissão da fé cristã e da submissão à Igreja. Já a ideia de "nação" designa um vínculo com uma comunidade humana situada sobre determinado território, submetida a uma lei e a um governo comuns. O sentimento nacional está, portanto, no cerne do nascimento do Estado moderno, uma vez que atuou como força impulsionadora do processo de centralização política e territorial que suplantou a poliarquia reinante nas sociedades medievais.

Fundamental foi também a luta política e intelectual travada pelas repúblicas e principados italianos contra as pretensões universalistas do Sacro Império e da Santa Sé. Essa luta foi, inicialmente, propiciada pela Querela das Investiduras, a disputa de poder entre o Papa e o Imperador, que se estendeu entre os séculos XI e XII e que acabou gerando um vácuo de poder naquelas cidades e a oportunidade para que elas cultivassem a ideia de autogoverno e de insubordinação a qualquer autoridade externa. Nos principados, o poder do príncipe pôde ser visto, desde essa época, como supremo e, nas repúblicas, forjou-se uma cultura cívica baseada na liberdade e no orgulho local.

2. A PROFISSIONALIZAÇÃO DA GUERRA

A resistência italiana ao ingresso na ordem universal pretendida pela Igreja e pelo Sacro-Império teve seu preço: a instabilidade entre aquelas repúblicas e reinos, a possibilidade permanente de ascensão de líderes ilegítimos e a necessidade imperiosa do recurso à violência. Mais uma vez, o estudo de Burckhardt revela-se útil. Ele mostra o contexto político italiano nos séculos XIV e XV como um solo fértil para a instauração de tiranias, o que encontra respaldo no relato feito por Maquiavel em *O Príncipe*.

À conquista do poder seguia-se o desafio de mantê-lo, o que demandava astúcia, força e isenção face à moralidade vulgar. Independentemente da forma de governo, republicana ou principesca, se impunha a tarefa de fazer a guerra para defender o Estado das ameaças de usurpação que poderiam vir tanto de fora quanto de dentro. Tal situação mostrou-se propícia para o surgimento do *condottieri* e para a sua crescente importância. Líderes de exércitos mercenários, eles dominavam as técnicas da guerra e colocavam os homens e armas sob seu comando a serviço dos governantes interessados em preservar e/ou expandir seus domínios. Podemos identificar aí outro pioneirismo das cidades-Estado italianas, já que esses exércitos mercenários podem ser considerados, de acordo com Burckhardt (2009, p. 53), "os primeiros da história moderna, exércitos cuja força motriz reside unicamente no crédito pessoal de seu líder".

Tais organizações atuam de modo semelhante a empresas e afastam-se dos exércitos medievais. Estes últimos, sob a bandeira de Cristo, eram constituídos por nobres desejosos de provar sua honra e seu valor no combate às heresias e aos infiéis. Na época feudal, o vínculo objetivo de vassalagem fomentou um sentimento subjetivo de fidelidade ao senhor, que presidia o engajamento na guerra. O domínio da arte militar era a manifestação visível da nobreza, ao passo que a fidelidade pessoal fazia parte do código de honra do vassalo. Pode-se dizer que os apelos à honra e à fidelidade foram cruciais para a formação e o sentido da ação dos exércitos medievais. Neles, o que se destaca é a luta heroica individual, e não a eficiência de um agrupamento de soldados sob o comando de um chefe mercenário. Na Itália do Quattrocento, ao contrário, a guerra, por assim dizer, se democratizou, uma vez que se tornou imperiosa para a segurança dos Estados. Tal necessidade levou a um incremento inédito das artes de fortificação e sítio, da estratégia e da tática, da fabricação e do manuseio de armas de fogo.

Não por acaso Maquiavel escreve, entre 1519 e 1520, a sua *Arte da Guerra*. Se o florentino reconhece a necessidade objetiva da guerra e de sua eficiente condução, por outro lado, lamenta a dependência dos Estados com relação a tropas mercenárias. Em sua opinião, a segurança do Estado só pode ser alcançada quando está a cargo dos próprios cidadãos, que, imbuídos de sentimento patriótico, se revestem do papel de soldados para defenderem sua cidade. Sua posição a esse respeito é, simultaneamente, moderna e tradicional: moderna, ao conceber a guerra sob uma ótica racional, secular e política, desvencilhada de justificativa religiosa e das velhas noções de honra e fidelidade pessoal; e tradicional, por reter ainda algum resíduo da ideia de fidelidade, pois o sentimento de obrigação pessoal, outrora manifestado pelo vassalo para o seu senhor, é, agora, requerido dos habitantes da cidade e direcionado para ela ou para o príncipe.

A questão da profissionalização da guerra confirma que o período do Renascimento foi uma fase de transição entre as eras medieval e moderna, e permite perceber as cidades italianas como formas primitivas do Estado moderno, precursoras de formas mais desenvolvidas que só aparecerão sob a égide do absolutismo monárquico e do domínio econômico da burguesia. Nessas formas mais desenvolvidas, um exército de profissionais deve fazer parte do aparelho estatal, o que demanda formação especializada, a cargo do próprio Estado, para produzir os oficiais, que são, assim como o corpo de burocratas, funcionários do Estado.

3. EQUILÍBRIO DE PODER E OS PRIMÓRDIOS DE UM SISTEMA INTERNACIONAL

Ainda a respeito de outro tópico, é conveniente trazer, uma vez mais, o testemunho de Maquiavel e a análise de Burckhardt. Trata-se da relação dos Estados italianos entre si, descrita com riqueza de detalhes e objetividade no *Príncipe*. Esta é motivada pelo desejo de seu autor de ver estender-se sobre o solo italiano alguma estabilidade política, o que era dificultado pela história de fundação daquelas repúblicas e principados. Era difícil preservar o que era visto como fruto da usurpação, e o caráter ilegítimo de diversos governos os tornava vulneráveis às pretensões de conquista de seus vizinhos. A convivência entre os Estados repousava sobre a mesma instabilidade que acompanhava a fundação e a consolidação interna de cada domínio. Além disso, é da própria natureza do poder procurar expandir-se, o que necessariamente leva a tensão para as relações entre as comunidades políticas. A península itálica apresentava-se como um mosaico de cidades-Estado em permanente combate não apenas contra as forças universalistas da Igreja e do Império, mas também umas com as outras.

Por essas razões, segundo Burckhardt, a Itália do Renascimento, além de berço da arte, da ciência, do Estado e da guerra modernas, foi também o berço da moderna política externa, caracterizada por um tratamento puramente objetivo das questões internacionais, orientada pela doutrina da razão de Estado e livre de preconceitos e escrúpulos morais (BURCKHARDT, 2009, p. 112). O microcosmo composto por aquelas unidades políticas instaurou uma situação de fato que viria a se tornar critério regulador das relações entre os Estados modernos, em geral: o chamado equilíbrio de poder. De acordo com tal critério, a segurança de cada Estado e a paz nas relações interestatais não podem ser estabelecidas de modo perpétuo, a despeito de nossas mais sinceras aspirações, mas apenas na medida em que existem Estados fortes a se conterem uns aos outros.

Tais condições já seriam encontradas no contexto italiano a que nos referimos, o qual corresponderia não só aos primórdios do Estado moderno como também aos primórdios do moderno sistema internacional. É certo que o marco histórico do nascimento desse sistema é a celebração da Paz de Vestfália, em 1648. Porém, a assinatura desse tratado vem consolidar uma tendência de territorialização da política que é até anterior à época do Renascimento, remontando aos séculos XI e XII e à já mencionada Querela das Investiduras. A contribuição das cidades italianas para o nascimento de um sistema internacional consistiu nos resultados práticos produzidos pela reivindicação de soberania por parte de seus governantes e nas doutrinas que deram sustentáculo teórico a tal reivindicação. O que se traduziu, no plano das relações entre as comunidades, na pretensão de reconhecimento mútuo e respeito à soberania de cada uma delas.

De acordo com o verbete "Relações Internacionais" do *Dicionário de Política* (BOBBIO *et al.*, 1993), o equilíbrio de poder, definido como a convivência entre potências entre as quais não há excessiva diferença de força, é um dos fatores que, além do postulado da soberania de cada Estado, constituem o moderno sistema internacional. Nesse sentido, o contexto das cidades-Estado italianas do século XV já configura um sistema internacional. Para corroborar tal afirmação, basta lembrar o uso das embaixadas estáveis, por meio das quais cada Estado podia acompanhar a situação e as pretensões dos demais e, assim, proteger a si próprio.

Ressalte-se, mais uma vez, o caráter de transição peculiar àquele momento histórico, que traz em germe o que a modernidade irá desenvolver e aperfeiçoar. É somente a partir da contribuição do constitucionalismo liberal do século XIX que a noção de Estado de Direito ocupa o centro das doutrinas do Estado e o apelo à juridicidade é aplicado também ao âmbito das relações internacionais.

4. CONSIDERAÇÕES FINAIS

Um *Curso de História das Relações Internacionais* deve conter uma descrição da formação do Ocidente moderno, experiência civilizatória na qual nascem e evoluem essas unidades políticas protagonistas do sistema internacional que são os Estados. Impõe-se um capítulo especialmente destinado a sublinhar a importância da Renascença, como contexto cultural amplo que desempenhou papel crucial no ingresso do Ocidente na chamada modernidade. Inúmeras foram as inovações que brotaram daquele contexto, em meio às continuidades legadas do passado medieval. Inovações no campo da arte, da filosofia, da religião, da vida cotidiana e da política. Estudando o movimento renascentista podemos compreender melhor os padrões que ainda orientam nossas formas de pensar e viver.

O mais interessante, porém, é constatar que o poder revolucionário de tal movimento nutriu-se de uma curiosidade, uma admiração e uma tentativa de resgatar o passado longínquo. Os humanistas dos séculos XV e XVI ajudaram a construir o mundo moderno na medida mesma em que se debruçaram e reinterpretaram o mundo antigo. Isso nos faz pensar que o espírito daqueles humanistas deve ser hoje o nosso espírito, e que qualquer contribuição para o futuro só é possível quando o passado, por mais remoto, não é simplesmente esquecido ou superado. Com essa convicção, podemos esperar que novos Renascimentos ainda venham a ocorrer, fertilizando o mundo de novidades a partir de um uso deliberado e criativo da História.

REFERÊNCIAS BIBLIOGRÁFICAS

ALBUQUERQUE, N. M. *Teoria Política da Soberania*. Belo Horizonte: Mandamentos, 2001.

BOBBIO, N.; MATTEUCCI, N.; PASQUINO, G. (orgs.). *Dicionário de Política*. Brasília: Editora da Universidade de Brasília, 1993.

BURCKHARDT, J. *A Cultura do Renascimento na Itália: Um Ensaio*. São Paulo: Companhia das Letras, 2009.

MAQUIAVEL, N. *O Príncipe*. São Paulo: Nova Cultural, 1991 (Col. Os Pensadores).

MAQUIAVEL, N. *Discursos sobre a Primeira Década de Tito Lívio*. São Paulo: Martins Fontes, 2007.

MAQUIAVEL, N. *A Arte da Guerra*. Porto Alegre: L&PM Editores, 2008.

NASCIMENTO, C. A. R. "O *Comentário* de Tomás de Aquino à *Política* de Aristóteles e os inícios do uso do termo *Estado* para designar a forma do poder político". *Cadernos de Trabalho Cepame* I, (1-2), 1992: pp. 5-16.

POPKIN, R. *The History of Scepticism from Erasmus to Spinoza*. Berkeley: University of California Press, 1979.

SKINNER, Q. *The Foundations of Political Thought*. Volume 1: The Renaissance. Cambridge: Cambridge University Press, 1978.

STRAYER, J. R. *The Medieval Origins of the Modern State*. Princeton: Princeton University Press, 1969.

WEBER, M. "A Política como Vocação". In: *Ensaios de Sociologia*. Rio de Janeiro: Livros Técnicos e Científicos, 1982.

CAPÍTULO 3

REFORMA E HEGEMONIA: A CISÃO DO "SAGRADO" E A ASCENSÃO DO "PROFANO" PODER DO ESTADO

LIER PIRES FERREIRA[5]
CELSO THOMPSON[6]

INTRODUÇÃO

O século XVI registrou transformações de grande significado para a política europeia, que, associando poder e religião, mobilizaram toda a Cristandade[7]. A mais importante delas foi a progressiva consolidação dos Estados modernos. Mas há diversas

---

5   Pós-Doutor em Direito (USAL). PhD em Direito (UERJ). Mestre em Relações Internacionais (PUC-RJ). Bacharel em Direito (UFF). Bacharel e Licenciado em Ciências Sociais (UFF). Professor Titular do IBMEC; FIURJ e CP2. Pesquisador do LEPDESP (IESP-UERJ/ESG) e do NuBRICS (UFF).

6   Doutor em História Política (UERJ). Mestre em História Antiga e Medieval (UFRJ). Graduado em História (UERJ). Professor aposentado da UERJ.

7   A cristandade está associada ao poder da Igreja medieval com os Papas disputando a liderança do Sacro Império Romano-Germânico com os príncipes alemães. Representa um conceito político religioso com a pretensão de unir poder espiritual e temporal sem, contudo, configurar um Estado.

outras, como o desenvolvimento do comércio associado às técnicas de construção naval, que permitiram a intensificação de rotas conhecidas e o encontro de novas terras e culturas, abrindo, também, espaço para o intercâmbio econômico e a expansão da fé cristã.

Outro fator a ser ponderado foi a invenção da imprensa de tipo móvel, disseminando a produção de livros numa escala muito maior do que os manuscritos havidos até então. Também devemos ressaltar as contribuições renascentistas na ciência, literatura e seus reflexos humanistas, ainda que muitas superstições e preconceitos restassem presentes no meio social.

Este é o pano de fundo da Reforma Protestante, que, originalmente motivada pelas questões teológicas, acabou cindindo a Cristandade Ocidental até os nossos dias. Todavia, muito além da dogmática religiosa, a Reforma Protestante irá impactar nas disputas dinásticas e nas guerras religiosas da Idade Moderna, concorrendo para a reorganização das relações de poder na Europa.

1. A REFORMA PROTESTANTE

Se o Renascimento promoveu fortes câmbios políticos, filosóficos e culturais, a Reforma Protestante foi uma revolução religiosa, com repercussões sociopolíticas. A Igreja Católica viveu seu primeiro cisma no século XI, com a separação da Igreja Ortodoxa. Mas a Reforma Protestante deu-se em um contexto diverso, teve motivações distintas e produziu outros impactos. Descortiná-la é a tarefa a seguir.

1.1. Fé em Cristo, não na Igreja: as bases da Reforma

Desde o final da Idade Média, diferentes expressões religiosas, como o movimento franciscano, denunciavam que a Igreja Católica estava afastada das lições de Cristo. Nesta leitura, a cúpula da Igreja estaria mais ligada à vida "profana" que aos ensinamentos do Evangelho. Padres, bispos, cardeais e os próprios papas estariam envolvidos com questões seculares, tanto no que concerne à vida política e econômica, quanto no que tange aos prazeres terrenos. Assim, se o pontificado de Alexandre VI (1492-1503) foi objeto de críticas por sua conduta pessoal à frente da Igreja, é mister destacar que, como Papa, ele mediou os conflitos de interesses entre as potências ibéricas pelo Tratado de Tordesilhas, de 1494, impedindo que o choque dessas monarquias católicas abalasse o poder temporal da Igreja.

Nesse contexto, paulatinamente fixou-se a visão de que, ao cristão, não bastaria uma mudança interior, sendo também necessário transformar a organização clerical. Por caminhos diversos, expoentes como Girolamo Savonarola (1452-1498) e Erasmo de Roterdã (1466-1536) estiveram entre os que buscaram resgatar os fundamentos do cristianismo e clamaram pela renovação do clero. Outro desses foi Jacques Lefèvre D'Étaples (1455-1536), que, em 1521, traduziu a Bíblia para o francês, rompendo a tradição segundo a qual os textos sagrados eram escritos e proferidos em latim. Portanto, as motivações iniciais da Reforma Protestante não estavam ligadas à falta de fé. A presença popular nas missas, as peregrinações e as novas igrejas, bem como a proliferação de ordens e irmandades (LINDBERG, 2017), corroboram a tese de que não havia uma "crise de fé", mas um "abalo na fé" depositada na Igreja e seus líderes.

Martinho Lutero (1483-1546) teve papel crucial na História do Cristianismo. O monge alemão era crítico de diferentes práticas eclesiásticas, como o nicolaísmo (pela qual clérigos driblavam o celibato), a simonia (tráfico de objetos sagrados), as indulgências (pelas quais se comprava um lugar no paraíso) e o comércio de cargos eclesiásticos. Também condenava o celibato e aqueles sacramentos, que, à exceção do batismo e da eucaristia, não estavam na Bíblia.

Em 1517, no mesmo ano em que o papa Leão X (1475-1521) renovou a autorização papal de Júlio II (1443-1513) para a venda de indulgências, Lutero fixou suas "95 Teses" na Catedral de Wittenberg. Lastreado nas doutrinas da salvação pela fé, sofrimento e bondade de Deus (não pelas obras), no sacerdócio universal (todo bom cristão poderia pastorear um rebanho) e na infalibilidade da Bíblia (em oposição à infalibilidade papal), Lutero foi o primeiro "patriarca" da Reforma.

De início, Lutero não queria romper com Roma. Seu desejo era reformar a Igreja, aproximando seus líderes dos ensinamentos de Jesus. Todavia, a rejeição do papado levou a uma crise crescente, que, ao fim, determinou sua excomunhão; condenação confirmada pela Dieta de Worms, convocada pelo imperador Carlos V (1500-1558), soberano da Espanha e do Sacro Império Romano-Germânico. Mas como Lutero conseguiu triunfar desafiando o poder da Igreja e do imperador?

Após a condenação em Worms, Lutero refugiou-se no castelo de Wartburg, apoiado por diferentes príncipes alemães; quer por aqueles que somente desejavam se libertar da influência de Carlos V e da Igreja, seja por outros que, de modo sincero, acolheram sua perspectiva teológica. Logo, as teses de Lutero precipitaram um cisma por meio do qual terras e riquezas eclesiásticas foram tomadas por parte da nobreza germânica, então convertida ao luteranismo. Abriu-se, a partir daí, além do próprio luteranismo, um vasto leque de reformas, das quais veremos sucintamente os movimentos anabatista, calvinista e anglicano.

O anabatismo é o primeiro desdobramento do luteranismo. Liderado por Thomas Müntzer (1490-1525), que rejeitava o batismo das crianças e pregava a igualdade entre as pessoas, os anabatistas aproveitaram as divisões entre príncipes católicos e protestantes para incentivar a rebelião de camponeses insatisfeitos com a ordem feudal, reivindicando a separação entre a Igreja e o Estado e o fim da servidão. Os anabatistas repercutiam as palavras de Müntzer, segundo quem "o regime de Deus deve ser instituído na terra!" (LINDBERG, 2017, p. 206). Conquanto derrotado pelos príncipes alemães que decapitaram Müntzer, e não reconhecido pela *Confissão de Augsburgo*, de 1530, que fixou as bases do protestantismo, o anabatismo sobreviveu na Europa e se projetou para o Novo Mundo. Hoje, dentre seus herdeiros estão menonitas (como os *amish*) e huteritas.

O calvinismo foi o movimento teológico criado pelo francês João Calvino (1509-1564), para quem "o verdadeiro conhecimento de Deus não pode ser adquirido senão pelos livros sagrados" (DELUMEAU, 1989, p. 127). O calvinismo surgiu nos anos 1530, quando a França já abrigava (inclusive na própria Igreja) inúmeros adeptos da Reforma. Sua doutrina radicalizava o movimento protestante, diminuindo o papel institucional das igrejas, compartilhando o sacerdócio universal e resgatando a noção agostiniana de predestinação, segundo a qual a salvação resultaria da graça divina. Assim, viver conforme a Bíblia, trabalhar honestamente e rejeitar o pecado seriam sinais da salvação. Tal como o luteranismo, o calvinismo espalhou-se pela Europa e alhures. Na Inglaterra, seus adeptos eram denominados puritanos e, na França, huguenotes.

Já a reforma anglicana foi protagonizada por Henrique VIII (1491-1547) da Inglaterra. Sob o pretexto de que Roma não anulou seu casamento com Catarina de Aragão, nos anos 1530 o monarca rompeu com a Igreja e completou os esforços de centralização do poder político iniciados por seu pai, assenhoreando-se das terras e riquezas eclesiais para ampliar seus laços de suserania com antigos e novos vassalos, muitos dos quais beneficiados com os bens tomados da Igreja Católica. Em síntese, o rompimento com Roma "criou uma aristocracia rural devotada à Reforma" (DELUMEAU, 1989, p. 138), fixando as bases do Estado inglês.

Pelo exposto, temos que a Reforma Protestante é um fenômeno complexo, processual, que deita raízes na Idade Média e no Renascimento, tendo como lastro questões sociais, políticas, filosóficas e teológicas. Portanto, esmiuçá-la requer uma análise que não cabe nos limites do presente texto. Inobstante, é certo que a teologia luterana e seus desdobramentos tiveram fortes consequências políticas, dentre as quais está a rejeição à ideia de que "a Igreja possui poderes de jurisdição, e por isso detém autoridade para dirigir e regular a vida cristã" (SKINNER, 1996, p. 294). Em suma, a partir de Lutero e dos reformadores que o seguiram, houve difusa rejeição ao Direito Canônico e ao poder temporal da Igreja Católica, fatos que, cumpre destacar, não ficariam sem uma resposta à altura do Pontífice de Roma.

1.2. A REAÇÃO DA IGREJA CATÓLICA

A despeito do Papa Leão X, para quem a Reforma não passava de uma briga entre padres alemães bêbados, rapidamente consolidou-se a visão de que a "renovação e a reforma da Igreja eram tópicos que não podiam ser ignorados" (LINDBERG, 2017, p. 429). Por isso, a partir de 1540 Roma reagiu contra os reformadores protestantes. Três grandes medidas balizaram essa reação.

A primeira deu-se em 1540 quando o papa Paulo III reconheceu a *Companhia de Jesus*, fundada em 1534 para pregar o Evangelho e barrar a difusão do protestantismo. Os "soldados de Cristo" espalharam-se pelo mundo, conquistando, pela educação e catequese, novos adeptos nas Américas, África e Ásia. Em suas singularidades, os jesuítas são parte de um movimento místico mais amplo, dentro do qual estão ordens religiosas como as de Santa Teresa d'Ávila e São João da Cruz, que visavam a renovar, fortalecer e difundir a fé católica.

A segunda medida ocorreu em 1542, quando Paulo III (1468-1549) criou a Congregação da Inquisição, reorganizando uma instituição do século XII. A Congregação renovou o combate aos "hereges", perseguiu opositores e reforçou os laços de Roma com as principais monarquias católicas, em particular Portugal e Espanha. Ainda hoje em operação, é conhecida como Congregação para a Doutrina da Fé, sendo um dos setores mais conservadores da Igreja Católica.

A terceira foi o Concílio de Trento (1545-1563), que reafirmou diversos dogmas da Igreja como a infalibilidade papal, os sete sacramentos e pecados capitais, o culto aos santos e à Virgem Maria, além da proibição da tradução da Bíblia. Também criou o *Index Librorum Prohibitorum*, com obras consideradas heréticas, anticlericais ou lascivas. Por fim, o concílio também reconheceu parte das críticas dirigidas à Igreja pelos primeiros reformadores, vindo a fortalecer as ações pastorais, renovar a organização eclesiástica, fomentar novas ordens religiosas e qualificar a formação dos sacerdotes, papel ainda hoje cumprido pelos seminários.

2. AS CONSEQUÊNCIAS POLÍTICAS DAS REFORMAS RELIGIOSAS

Do ponto de vista da História das Relações Internacionais, o grande desdobramento político da Reforma Protestante foi o fortalecimento do poder real, essencial para a afirmação do Estado moderno. Embora o pluralismo sociocultural e religioso, bem como a asserção do direito de consciência individual e a relativização da autoridade de Igreja, sejam conquistas vitais da Reforma (LINDBERG, 2017), no contexto das Relações Internacionais a formação de monarquias absolutistas tem singular importância.

Se o rei medieval era um *primus inter pares,* isto é, um primeiro entre iguais, o monarca absolutista foi capaz de sujeitar a nobreza e o clero, aproveitando o fim da unidade de fé outrora existente. Embora esse processo tenha tido características próprias em cada país, surgindo inicialmente em Portugal, ele possui elementos comuns aos países e repercutiu fortemente no contexto europeu e mundial.

O primeiro destes elementos foi a gradual sujeição militar, econômica e política da nobreza ao poder real. Com os recursos auferidos pela expansão do comércio e das conquistas no ultramar, os monarcas europeus angariaram fundos para manter exércitos regulares, deixando de depender das relações de vassalagem e suserania. Outro aspecto da submissão da nobreza foi a expansão das cortes, isto é, a ampliação de uma nobreza palaciana que, em geral, vivia às expensas do rei. Essa subordinação econômica também fez com que a nobreza fosse aos poucos entrelaçada a ricos burgueses que adquiriram títulos nobiliários e ficaram cada vez mais perto do rei.

Outro elemento central foi a especialização da gestão pública. Antes limitada a relações fiduciárias entre delegatários e delegados, o crescimento das cidades oportunizado pelo comércio facilitou a reunião de quadros para o exercício de funções burocráticas em particular entre os membros da burguesia. Assuntos como comércio e finanças deixaram de ser monopolizados pela nobreza passando a contar com membros do *terceiro estado*. O fortalecimento da burguesia e sua presença na burocracia estatal permitiu ao rei contar com o apoio desta em seus embates com nobres e religiosos, ampliando o escopo do poder real, mas sem permitir que camponeses e outros segmentos populares conquistassem maior protagonismo.

O terceiro elemento diz respeito ao novo papel político da religião. Se até a Reforma o poder papal rivalizava ou suplantava o dos monarcas, a partir dela, em países agora protestantes, como a Inglaterra e a Alemanha, o poder dos reis foi fortalecido pelas "novas fés" e pela expropriação de bens outrora sob o domínio papal. Mesmo nos países fiéis à Roma, como Portugal, Espanha e França, a Igreja teve que ceder parte de seu poder aos monarcas, sujeitando-se aos interesses reais.

Complementarmente, em vários estados a religiosidade foi decisiva para a futura formação do sentimento nacionalista. Isso significa que, no século XVI, os Estados modernos ainda não eram Estados nacionais. Tal é o caso de Portugal e Espanha, onde a perseguição inquisitorial a judeus e muçulmanos ajudou a forjar identidades nacionais em territórios habitados por povos com diferentes línguas e costumes. O mesmo ocorreu na Holanda, onde a identidade protestante amalgamou a nacionalidade. Na Alemanha e na Inglaterra, como na própria Holanda, o protestantismo também esteve na base das transformações econômicas, produtivas e comerciais que conduziram à formação do capitalismo (LINDBERG, 2017).

Enfim, é claro que o fortalecimento dos reis não é um fenômeno unicausal, estando ligado a outros acontecimentos como a *Guerra dos Cem Anos* (1337-1453), as conquistas ultramarinas, o avanço do comércio e as novas realidades oriundas do Renascimento. Mas, em que pese esses fatores, a influência da Reforma é inquestionável, estando na base das guerras religiosas que veremos a seguir.

3. GUERRAS RELIGIOSAS: O "MAL" EM NOME DE DEUS

A guerra como resultante do choque de interesses acompanha a humanidade, tendo no homem, no terreno e nos meios à disposição seus elementos constantes. Todavia, ao longo do tempo, outras variáveis foram incorporadas e ocuparam a atenção de numerosos pensadores.

Historicamente, no Ocidente a finalidade primaz da guerra era o domínio dos vencidos, sujeitos a exploração econômica e a destruição de seu sistema de valores. A guerra era um atributo da nobreza, sendo simbolizada por brasões, escudos e flâmulas que identificavam antes os nobres senhores feudais do que os reinos nos quais se inseriam. Essa nobreza, frequentemente iletrada, era cantada como elemento essencial de defesa da Cristandade e de uma ordem senhorial cujo modelo tripartite, à semelhança da Santíssima Trindade, deveria ser mantido *ad eternum*. A guerra era um valor, não a paz. Personificada como função, atos de bravura abriam as portas para o reconhecimento social, imortalizando grandes combatentes e reis-conquistadores. Era na guerra que os "melhores" despontavam.

Neste contexto, os valores do guerreiro germânico e do sacerdote latino deram feição própria ao período medieval, que normatizou a violência. Como exemplo temos a *Trégua de Deus*, expressão do *Jus in Bello*, interditando combates em dias santos e autorizando o uso de todo tipo de armas contra os inimigos pagãos, os não-cristãos. Outra questão foi o debate sobre o direito de fazer a guerra, *Jus ad Bellum*, o que tornou as contendas privadas ilegais e reconheceu a legitimidade das guerras feitas pelos príncipes. Por fim, cabe registrar que a manutenção dos combatentes era feita, o mais das vezes, às expensas dos vencidos, daí a importância de capturar nobres guerreiros para exigir resgate. Além disso, a paz tinha regras sobre a divisão dos saques e identificava os indivíduos habilitados a exigir esse butim.

Essa ordem medieval, contudo, apresentava diferenças em distintas partes da Europa. Nas regiões que vieram a formar a França, a centralização do poder se deu com a unificação das moedas, no reinado de Felipe Augusto, ainda no século XIII. Mesmo antes, no século X, o reino havia se transformado de *Regnum Francorum*, reino dos Francos, em *Francie*, reino da França, reconhecendo a importância crescente da territorialidade em contraste com o Sacro Império Romano-Germânico, no qual as disputas entre papas e imperadores tornaram frágeis as tentativas de criar algo próximo de um Estado moderno.

O movimento cruzadista e a reabertura do comércio com o Oriente levaram ao desenvolvimento de grupos mercenários à serviço de príncipes cujas bolsas pudessem sustentá-los. Não devemos estranhar que esses homens lutassem sob as mesmas bandeiras que, em tese, deveriam combater. Assim, mercenários alemães eram vistos em hostes francesas ou espanholas e ficou célebre o armeiro húngaro que assessorou os turcos na destruição de muralhas de Constantinopla. Nesse meio tempo, graças à disseminação das primeiras armas de fogo, a infantaria foi afirmando seu lugar, substituindo com vantagem a cavalaria. A guerra foi passando de privilégio aristocrático a serviço público.

O sistema político irá apresentar uma virtual transfiguração muito mais adiante, no século XVII, como é apontado pela obra de Hugo Grotius (1583-1645), *De Jure Belli ac Pacis*. A partir daí, as causas e condutas aceitáveis na guerra foram progressivamente remetidas não a um ente divino, mas às normas instituídas pelos Estados, até porque, com a Reforma Protestante, a Igreja já não era a única portadora da palavra de Deus. Assim, "Grotius criou virtualmente o quadro de pensamento das relações internacionais sobre a guerra e a paz, no qual, consciente ou inconscientemente, ainda funcionamos" (HOWARD, 1995, p. 37).

4. COALIZÃO ANTI-HEGEMÔNICA ALÉM DA RELIGIÃO

Os conflitos dos séculos XVI e XVII superaram em muito os limites dos choques religiosos, isto é, das diferentes visões do "sagrado". Os papas da época tinham objetivos políticos semelhantes aos de chefes de Estado, dispondo da vantagem de liderarem fiéis cristãos. A Cristandade no Ocidente estava submetida ao poder da Igreja, ainda que, com a formação das monarquias nacionais, notadamente na França e na Inglaterra, a lealdade ao poder fosse gradualmente assumindo caráter territorial. Assim, se no mundo germânico a "Roma dos Papas" simbolizava a liderança da Cristandade, em Paris isso já não acontecia. Afinal, a futura "cidade luz" já apresentava, nos estertores da Idade Média, população superior a cem mil habitantes, destacando-se num mundo marcado por população rural e cidades que raramente superavam dez mil moradores. Talvez por isso, ali a centralização do poder nas mãos do rei era muito maior do que na germânia.

Hans Kohn definiu a situação do mundo alemão na época do surgimento do protestantismo. "A Reforma destruiu a própria base de uma ideia imperial que se alicerçava na suposição de que os limites da Igreja e do Estado eram os mesmos" (KOHN, 1965, p. 112). O Sacro Império Romano da Nação Alemã surgiu como um baluarte da Igreja, mas, já no século XIII, havia se tornado basicamente um reino germânico, tendo sua força fracionada por numerosos ducados, condados e baronatos, leigos e eclesiásticos, quase todos hostis à autoridade imperial.

Até em sociedades governadas por dinastias estáveis, alguns problemas permaneciam sem solução. Um deles era a fome, resultante da distribuição desigual da riqueza e de limitações tecnológicas na produção de alimentos. Com apenas uma colheita anual, qualquer insucesso implicava longos períodos de fome e sofrimento. No século XVI, a densidade demográfica ultrapassou

30 habitantes por km² em boa parte da Europa. Hoje essa densidade é mais que confortável, mas, naquela época, o crescimento populacional foi responsável por inúmeros conflitos sociopolíticos e laborais, em uma Europa que finalmente se recuperava dos surtos da Peste Bubônica.

A expansão marítima, da América à Ásia, permitiu grande acumulação de riquezas, particularmente em metais preciosos, mas não garantiu ao povo melhorias em sua condição de vida. A fome e a miséria já não podiam ser atendidas pelos resquícios da ordem feudal. Outrossim, o ordenamento jurídico voltou-se cada vez mais para leis inspiradas no Direito Romano, de modo que as tradições e privilégios feudais cederam espaço a normas cada vez mais gerais, impessoais e abstratas.

O fortalecimento das leis foi, junto do crescimento do tesouro real e do exército, elemento decisivo para os governos centralizados. Essa centralização deve levar em conta que a ideia de indivíduo como ser autônomo era bastante diferente de nossos dias. No medievo a proteção de um senhor feudal era essencial à sobrevivência. Mas, com a Idade Moderna, essa dependência ficou menor.

A conjugação desses fatores permite entender o aumento progressivo do poder dos monarcas, do que o reino francês é um caso exemplar. Naquilo que veio a ser a França, ao longo do tempo a burocracia passou a respaldar tecnicamente as decisões dos soberanos, igualmente beneficiados por uma força militar que simbolicamente se afirmou na vitória de Bouvines, de 1214, sobre o exército do imperador teutão Otto IV (1155-1218). Mesmo que ao longo da *Guerra dos Cem Anos* os ingleses tenham sido vitoriosos em batalhas vitais como Crécy e Azincourt, essas derrotas não impediram o fortalecimento da monarquia francesa.

A Noite de São Bartolomeu, em 1572, ocorrida depois de três guerras travadas em apenas dez anos, enlutou a França mas não resolveu a crise religiosa. Episódios como esse mostram o quão profunda foi a divisão religiosa dos franceses. Catarina de Médici (1519-1589), que governava em nome de seu filho, Carlos IX (1550-1574), aparentemente pretendia pacificar o país pelo casamento de Margarida de Valois (1553-1615)[8], a Rainha Margot, com o filho de Henrique de Bourbon (1553-1610), rei de Navarra e líder dos protestantes. Mas o que de fato ocorreu foi o massacre dos protestantes que vieram a Paris por ocasião das bodas.

Depois de violentas guerras civis, a solução parecia pragmática: o rei de Navarra abjurava o credo protestante sob a alegação de que "Paris bem vale uma missa" e se tornava Henrique IV de França, o que não impediu seu assassinato dezessete anos depois. Mas a crise religiosa havia sido em parte superada, abrindo caminhos para o domínio de Armand Du Plessis (1585-1642), o Cardeal Richelieu, figura central na corte de Luís XIII (1601-1643), liderando a submissão dos huguenotes, a afirmação do absolutismo e a presença francesa na *Guerra dos Trinta Anos*, na qual, por suas mãos e em nome da *razão de Estado*, a França apoiou os protestantes alemães e declarou guerra à Espanha, católica e Habsburga.

Por contraste, o poder da dinastia dos Habsburgo esbarrava em particularismos que associavam as divisões do cristianismo a uma fragmentação do poder político. Dessa forma, a *Paz de Augsburgo*, em 1555, concedendo aos príncipes germânicos o direito de que sua fé fosse imposta aos seus súditos, acabou por impulsionar tendências à fragmentação extrema da autoridade central, deixando a cargo desses príncipes o dúbio papel de

---

[8] A respeito do contexto histórico da Noite de São Bartolomeu vale recomendar o filme Rainha Margot (França, 1994) que aborda as tensões e conflitos entre católicos e huguenotes.

defensores da liberdade de escolha religiosa frente aos debilitados imperadores; ao mesmo tempo em que aterrorizavam seus súditos com a perspectiva de que a conversão do seu senhor a outro credo levasse ao confisco das terras da Igreja e outros abusos.

A poderosa dinastia dos Habsburgo ascendeu numa circunstância de vácuo de poder após a morte de Frederico Hohenstaufen (1194-1250), em um interregno que se estendeu por quase vinte anos. Já no século XVI, a casa dos Habsburgo conheceu o apogeu com Carlos V, do Sacro Império, ou Carlos I, na Espanha, cujos domínios cobriam boa parcela do globo. O rei, nascido onde hoje é a Bélgica, nos Países-Baixos, foi proclamado em 1516 soberano da Espanha, das Duas Sicílias e das Américas. Três anos adiante, na condição de neto do imperador germânico e contando com o apoio financeiro dos banqueiros Függer, venceu Francisco I da França e Henrique VIII da Inglaterra, que disputavam o trono imperial, trunfo decisivo para atingir a hegemonia europeia.

Mas nem só de glórias vive um rei. Na Espanha, Carlos V teve de combater a resistência inicial aos Habsburgo, vistos como dinastia estrangeira, mascarando em certa medida os interesses da nobreza peninsular de resistir a política centralizadora empreendida pelos "Reis Católicos". Igualmente, a Reforma Luterana trouxe grandes dificuldades para Carlos V, especialmente na Europa Central, onde príncipes rebelados formaram a Liga de Smalkalde, em 1531, rapidamente apoiada pelo rei católico Francisco I. Naquele momento, para os príncipes alemães, mais do que questões teológicas, o que importava era debilitar as forças imperiais. Por isso, em que pese sua grandeza, poder e recursos, o imperador foi se desgastando até sua abdicação, em 1556. Após a renúncia, seu império foi dividido entre seu filho, Felipe II (1527-1598), que ficou com a Espanha, seus domínios coloniais e os Países-Baixos, e seu irmão, Fernando I (1503-1564), que passou a reinar sobre os territórios germânicos.

Por fim, nesse curto panorama, não podemos desconsiderar a Inglaterra, que, sob a dinastia Tudor (1485-1603), desempenhou papel importante nas contendas europeias. Por um lado, desde o tempo de Guilherme I (1028-1087), o Conquistador (ou o Bastardo, conforme queiram) a Inglaterra nunca mais foi dominada por invasores, mas, por outro, viu malograrem suas tentativas de estabelecimento no continente europeu, com destaque para a *Guerra dos Cem Anos*, transcorrida em solo francês, e que muito contribuiu para a afirmação da monarquia capetíngia. A Inglaterra foi fiel ao papado até que Henrique VIII procedeu à tomada das terras eclesiásticas e fundou uma nova igreja, régia, deixando claro que o rei era soberano em seus domínios.

5. CONSIDERAÇÕES FINAIS

Vivemos hoje um mundo em que a presença do Estado foi naturalizada. Como acentuou Strayer, "um homem pode levar uma vida razoavelmente satisfatória sem família, sem um local fixo de residência, sem confissão religiosa; sem o Estado, porém, não é nada" (STRAYER, s/data, p. 9). Neste sentido, fica clara a intenção de Robert Lopez ao criticar o estabelecimento de parâmetros de evolução do poder estatal. Segundo ele, as regiões que hoje correspondem à Alemanha e Itália tiveram a desvantagem histórica de integrar uma ficção política gradualmente destituída de sentido, o Sacro Império, cuja liderança era disputada por papas e imperadores germânicos, estes atraídos pela miragem do domínio da península italiana que sujeitaria os papas a sua vontade política (LOPEZ, 1965).

Esse posicionamento resultaria em contribuição para o atraso dos processos de unificação política tanto da Alemanha quanto da Itália, somente concretizados nos anos 1870. Tal situação, no entanto, não era necessariamente desvantajosa no início dos tempos modernos[9]. Afinal, o poder da Igreja Católica era imenso e alvo da cobiça de muitos. Contudo, por maior que seja um poder, ele jamais será absoluto. Das fraturas do poder da Santa Madre Igreja, das quais a Reforma Protestante é a referência maior, brotaram poderes "profanos" que redesenharam a Europa, substituindo os antigos laços feudais por uma lógica territorialista, crescentemente absolutista, que, a partir de 1648, marcará uma nova era na política: a era dos Estados modernos, então nucleados pela figura dos monarcas absolutistas, e cujas relações, a partir da *Paz de Vestfália*, serão propriamente relações internacionais.

---

[9] Lopez adverte com relação à tentação anacrônica de considerar os habitantes do Império como vivendo numa condição de atraso frente aos avanços da Monarquia na França ou na Inglaterra. "Em primeiro lugar, porque os ideais da Idade Média não eram os nossos: italianos e alemães aspiravam menos à unidade do que à paz" (Lopez, 1965, pp 231-232).

REFERÊNCIAS BIBLIOGRÁFICAS

ARIÉS, P.; DUBY, G. (Orgs). *História da vida privada*. Volumes 2 e 3. São Paulo, Cia. das Letras, 1990.

DELUMEAU, J. *Nascimento e afirmação da reforma*. São Paulo: Pioneira, 1989.

HOWARD, M. *A Guerra na História da Europa*. Sintra: Publicações Europa-América, 1997.

KOHN, Hans. *Reflexões sobre a História Moderna*, Porto Alegre Fundo de Cultura, 1965.

LE GOFF, J.; SCHMITT, J.-C. (Orgs). *Dicionário Temático do Ocidente Medieval*. Bauru: EDUSC; São Paulo: Imprensa Oficial do Estado, 2002.

LINDBERG, C. *História da reforma*. Rio de Janeiro: Thomas Nelson Brazil, 2017.

LOPEZ, Robert. *O nascimento da Europa*. Lisboa / Rio de Janeiro: Cosmos, 1965.

STRAYER, Joseph. *As Origens Medievais do Estado Moderno*. Lisboa: Gradiva, s/data.

CAPÍTULO 4
A PAZ DE VESTFÁLIA E SUAS IMPLICAÇÕES PARA AS RELAÇÕES INTERNACIONAIS

LEONARDO PAZ NEVES[10]

INTRODUÇÃO

A Paz de Vestfália é um evento histórico ocorrido na Europa do Século XVII ao qual geralmente se atribui a origem do Sistema Moderno de Estados. A paz se refere a um conjunto de acordos de paz que encerraram duas grandes guerras que devastaram o continente europeu por décadas. A magnitude da destruição impeliu as diversas partes envolvidas e as engajaram em um enorme, e sem precedentes, esforço diplomático para uma solução dos conflitos.

---

10 Professor do Departamento de Relações Internacionais do Ibmec-RJ e Pesquisador do Núcleo de Prospecção e Inteligência Internacional (NPII) da Fundação Getúlio Vargas (FGV). Foi Coordenador de Estudos e Debates do Centro Brasileiro de Relações Internacionais (CEBRI) e atuou junto à Sessão de Assuntos Civis do Centro Conjunto de Operações de Paz do Brasil (CCOPAB). Mestrado em Ciência Política pelo IUPERJ e Doutorado pelo Instituto de Economia da (UFRJ).

Os termos dos acordos acabaram por exercer um duplo impacto nas relações internacionais. Por um lado, a Paz de Vestfália teve um significado mais objetivo, que foi de ordem geopolítica. Ele significou a consolidação de um grupo de Estados que basicamente dominaram o cenário europeu (e global através do processo de colonização) até o século XIX. Entre esses países podemos destacar a França, Inglaterra, Rússia, Áustria, Prússia e as Províncias Unidas (o que hoje compreende os Países Baixos e a Bélgica). Outro elemento importante de caráter geopolítico foi o enfraquecimento do Sacro Império Romano Germânico (SIRG) e sua descentralização, estabelecendo um grande número de unidades políticas virtualmente autônomas no centro do continente, o que foi fundamental para a reorganização da balança de poder na Europa.

O segundo grande impacto decorrido da Paz de Vestfália é de ordem conceitual e normativa. Apesar de a Paz de Vestfália ser amplamente considerada a origem ou o berço de um conjunto de práticas e ideias, talvez seja mais útil considerar que esse evento funcionou como sendo uma consolidação, ou um catalisador, de uma série de práticas que já vinham sendo realizadas de modo menos sistemático, e de ideias que já vinham sendo gestadas. Contudo, é inegável que a relevância de tal evento, ao promover tal consolidação e em criar precedentes, dada a magnitude do esforço diplomático em trazer dezenas de representantes de unidades políticas para a mesa de negociações e que tenha impactado de forma determinante a geopolítica do continente.

Tomando como perspectiva a visão de muitos historiadores e internacionalistas, dentre as ideias e práticas que mais se destacaram no âmbito desse primeiro conjunto de grandes acordos de paz da Era Moderna, destacamos; i. o impacto decisivo na estruturação do sistema internacional contemporâneo; ii. a formalização dos conceitos de soberania e não intervenção; iii. o avanço de uma agenda normativa que irá contribuir para a criação das bases do direito internacional; iv. na consolidação da prática da diplomacia profissional; e v. na lógica de uma narrativa que defende a tolerância religiosa e a secularização do Estado.

Nesse sentido, a importância dos eventos que envolvem a Paz de Vestfália de 1648 resultam no desenvolvimento de um Modelo ou **Sistema de Vestfália**, que compreende esse conjunto de elementos citados acima. O Sistema de Vestfália será reconhecido como um sistema global baseado no reconhecimento da soberania do Estado, portanto livres de intervenções externas, e que atuará em um contexto internacional regido, idealmente, sob o direito internacional no qual a diplomacia profissional será o principal vetor de relacionamento desses atores.

1. CONTEXTO HISTÓRICO

Do ponto de vista estritamente histórico, o evento da Paz de Vestfália descreve a assinatura de dois tratados de paz assinados em outubro de 1648, um na cidade de Münster e o outro em Osnabrük, ambos na região da Vestfália, atual Alemanha. Os tratados foram o resultado de anos de negociações entre dezenas de unidades políticas, de diferentes naturezas, que findaram duas importantes guerras – A guerra dos Oitenta Anos (1568-1648) e a Guerra dos Trinta Anos (1618-1648).

A Guerra dos Oitenta Anos, também entendida com a guerra de independência dos Países Baixos, colocou em oposição Reino da Espanha e suas dezessete províncias (que hoje constituem Países Baixos, Bélgica e Luxemburgo). O conflito foi inicialmente resolvido com a assinatura da Trégua dos Doze Anos em 1609, que resultou na expulsão dos espanhóis e no reconhecimento da

República dos Sete Países Baixos Unidos. O conflito retornou, no entanto, em 1619 no contexto da Guerra dos Trinta Anos. Sua conclusão se deu com o acordo assinado em Münster em 1648, agora com o reconhecimento definitivo da independência da República dos Países Baixos em relação ao Sacro Império Romano Germânico.

A Guerra dos Trinta anos é um conflito consideravelmente mais complexo que envolve muitos atores e agendas diversas. Comumente, considera-se que a origem da guerra está nas disputas religiosas entre protestantes e católicos no âmbito do Sacro Império Romano Germânico. Tais disputas religiosas não eram novas. Até este momento, vigorava um sistema, sob o Acordo de Augsburgo, semelhante em alguns aspectos ao que viria ser a Paz de Vestfália. Assinado em 1555, o Acordo de Augsburgo objetivamente dava direito aos líderes das unidades políticas dentro do SIRG de escolherem entre a Igreja católica e a luterana, no entanto, sem permitir outras denominações protestantes, como o calvinismo. A quebra desse sistema terá como consequência a Guerra dos Trinta Anos, que se iniciará quando Fernando II (imperador do SIRG a partir de 1619), da dinastia Habsburgo, assume o título de rei da Boêmia (1617). Esse movimento irá gerar reações da nobreza boêmia, majoritariamente protestante – reações que serão rapidamente esmagadas pelos Habsburgo. No entanto, o conflito irá se espalhar para outras províncias e principados, fato que dará a dimensão continental para tais disputas.

A dispersão e o aprofundamento dos conflitos são resultados de uma segunda dimensão da Guerra dos Trinta Anos. Se por um lado as disputas religiosas podem ser consideradas a fagulha originária, são os elementos geopolíticos que trarão densidade e magnitude à guerra. Na medida em que as disputas se alastram, elas começam a esbarrar em interesses de reinos maiores, como os da Dinamarca, Suécia e França. Esses irão, em um primeiro momento, participar da guerra de maneira indireta, através de *proxies*. A participação dessas potências estrangeiras na 'guerra civil' do Sacro Império Romano Germânico será fundamentalmente através de compartilhamento de inteligência, informação, apoio logístico, provimento de armas e, sobretudo, financiamento aos rebeldes. Essa fase da guerra dura até o início da década de 1630 quando as potências externas começam a entrar em conflito aberto. Um ano considerado marco é o de 1635, quando, após a vitória dos Habsburgo contra os suecos (aliados dos franceses) na batalha de Nordlingen, em 1634, os franceses declararam guerra à Espanha (também território dos Habsburgo). A partir daqui as máquinas de guerra das principais potências europeias irão passar a década seguinte em um conflito aberto que devastou de forma significativa a Europa continental.

Para fins de magnitude, apesar da dificuldade em se obter dados demográficos confiáveis sobre esse período, estimativas conservadoras indicam que apenas no SIRG algo entre 3 e 4 milhões de pessoas perderam a vida durante a guerra, o que significaria cerca de 15-20% de toda sua população no período (PARKER, 1997). Ainda, ao avaliar os impactos da guerra, é interessante notar que as mortes diretas em conflitos constituem apenas uma fração desse total. Parte significativa das mortes relacionadas ao período deve ser atribuída aos impactos indiretos do conflito, como a fome e a disseminação de pragas. O mesmo pode ser dito sobre o impacto econômico. Para além da destruição direta da guerra, cidades experimentaram não apenas um expressivo declínio econômico, como engajaram em pesadas dívidas. Parker (1997) indica que, ao estudar os registros antigos das municipalidades alemãs, a grande maior parte das cidades do Império viviam um contexto de superávit. O conflito não apenas causa destruição, mas também significa redução drástica da produção (especialmente agrícola) e a contração de dívidas, em especial com exércitos estacionados na região, que oferecem proteção a tais cidades. Essa dinâmica, conjugada com aumentos sucessivos de impostos, irá gerar uma crise de dívidas.

Arruinadas pelos custos da guerra, tanto humanos quanto econômicos, as várias partes envolvidas se unem nas cidades de Münster e Osnabrük para negociar a paz. O processo é lento e complexo, não apenas pela lógica inerente às negociações, nas quais se exigem muitas idas e voltas, a fim de que as partes tenham certeza que estão conseguindo maximizar seus ganhos e atingindo, pelo menos parcialmente, seus objetivos. A Paz de Vestfália, pela sua dimensão e números de atores envolvidos, teve de lidar com um grande número de demandas e agendas distintas, algo aparentemente inédito até o século XVII. Os numerosos diplomatas tiveram que lidar com uma complexa negociação, na qual a construção de argumentos legais, para fundamentar suas demandas, se fazia em um cenário em que praticamente não existiam precedentes legais ou normas internacionais nas quais se basear.

Do ponto de vista dos interesses envolvidos no processo de paz, podemos sumarizar: Primeiramente, o Sacro Império Romano Germânico tinha objetivos de não apenas manter a unidade do seu império, mas também de garantir o controle absoluto dele. Em contrapartida, os príncipes e líderes das províncias do Império ambicionavam maior autonomia religiosa, naturalmente, mas sobretudo também a política e econômica. Os Habsburgo da Espanha desejavam reconquistar as províncias da República dos Países Baixos, que por sua vez buscavam a sua independência definitiva. Suecos e dinamarqueses almejavam expandir suas fronteiras e os franceses, além de cobiçarem também territórios, miravam em especial o enfraquecimento das duas casas dos Habsburgo (a espanhola e a austríaca, do Sacro Império).

O resultado final do processo acabou por favorecer as províncias rebeldes e seus grandes aliados franceses e suecos, enquanto significou um duro golpe para a Espanha e especialmente para o

Sacro Império Romano Germânico. Entre os elementos centrais dos acordos de paz destacamos: i. reconhecimento do Acordo de Augsburgo de 1555, mas de forma ampliada para outras denominações cristãs, conferindo maior liberdade religiosa às províncias e principados; ii França e Suécia são nomeadas garantidoras da Constituição do Império, o que lhes daria o direito de intervir, caso elementos como os previstos da Paz de Vestfália não fossem honrados; iii. reconhecimento da independência da República dos Países Baixos (Holanda); iv. a Confederação Suíça tem reconhecida a sua independência do Sacro Império; v. franceses e suecos obtêm ganhos territoriais; vi. as principais províncias do Sacro Império conseguem ganhos de autonomia política e religiosa; e vii. barreiras comerciais impostas durante a guerra deveriam ser eliminadas.

Conforme já mencionado, os Acordos de Paz de Vestfália têm um significado muito maior do que seus resultados objetivos e diretos. Seus impactos vão na direção da construção de um novo modelo de sistema internacional, no qual ideais em gestação e práticas conduzidas de maneira informal e não profissional ganham corpo e formalização. Comumente, atribui-se ao cardeal Richelieu, ministro chefe do rei Luís XIII da França e arquiteto do papel francês na Guerra dos Trinta Anos, uma grande contribuição à construção lógica dos desdobramentos normativos do pós-guerra.

2. A CONSTRUÇÃO INTELECTUAL E O PAPEL DE RICHELIEU

Um dos pilares conceituais da disciplina das Relações Internacionais é a ideia de Interesse Nacional. O que hoje parece uma obviedade, que Estados agem de acordo com seus próprios interesses, não foi no passado, quando Estados e outras unidades políticas respondiam a outras autoridades externas, especialmente religiosas. A Paz de Vestfália é, mais uma vez, um evento em que se marca o declínio do poder eclesiástico sobre a política na Europa. Ao longo da Guerra dos Trinta Anos, pudemos ver unidades políticas de diferentes denominações religiosas se aliando contra seus 'irmãos de fé' em prol de ganhos políticos objetivos.

Um dos intérpretes mais famosos da lógica do Interesse Nacional ou do conhecido conceito de *Raison d'*État, dentro do contexto da Guerra dos Trinta Anos, foi o cardeal Richelieu enquanto esteve à frente da política francesa. Filho da pequena nobreza da região de Poitou, Richelieu é produto de um cenário caótico da política francesa. A lógica feudal da França do século XVII resultou na ampla descentralização do poder, no qual diversos nobres não apenas tinham a capacidade de organizar seus próprios exércitos como inclusive fazer valer suas próprias leis. Divisões religiosas também assolavam o país, tendo os huguenotes, reformistas protestantes, no centro de seguidas rebeliões. O caos que imperou na política francesa desse período não apenas trouxe conflitos e miséria para o país, mas também significou o declínio da França no cenário europeu, deixando para trás uma história de glória imperial sob o reinado de Carlos Magno, primeiro imperador do Sacro Império Romano. Nesse sentido, é dentro do contexto de desordem e enfraquecimento do poder real que o cardeal Richelieu ascende em 1624 a chefe dos ministros do rei Luís XIII, se tornando o condutor *de facto* da política francesa do período.

Do ponto de vista intelectual, Richelieu é educado dentro de um contexto de uma revivescência das glórias passadas francesas. Como força motriz do movimento havia uma percepção de excepcionalismo, um mito sobre a potência do império de Carlos Magno. Intérpretes dessa narrativa a época acreditavam na França como um líder natural do continente, seja pelo seu senso de superioridade cultural (amparado em percepções de que a língua francesa era a mais pura após o latim), seja pela ideia de que a monarquia francesa era uma referência para as monarquias europeias (BEAUNE, 1985).

Outra importante fonte de inspiração pode ser encontrada no debate entre as ideias de Maquiavel e Tacitus. Dentre as principais contribuições de Maquiavel, a ideia da necessidade de distinção entre moral pública (moral do Estado) e moral privada (moral dos indivíduos) era particularmente malquista entre os pensadores cristãos da França do século XVII. Tal tentativa era vista com uma afronta a valores cristãos, considerados os fundamentos morais de uma sociedade e orientados pela Lei de Deus. Para contrapor tal afronta, Tacitus serviu de inspiração para tais pensadores, que acolheram as ideias do historiador romano que advogavam em prol da proximidade entre a política e a ética. Ao lado de Tacitus, pensadores como o romano Sêneca também serviram de inspiração para um movimento neoestoico que pregava o credo da autodisciplina, obediência e racionalidade, que se alinhava muito bem à filosofia cristã da Contrarreforma (LEBEGUE, 1950).

É dentro desse contexto em que a *rationale* de Richelieu é construída. Ele é crítico, a sua maneira, dos trabalhos dos romanos Tacitus e Sêneca, especialmente em relação à tendência da elite intelectual da época em organizar seus pensamentos de acordo com as máximas desenvolvidas por intelectuais antigos. Dessas correntes, Richelieu possivelmente 'aproveitou' poucas ideias como as que estimulavam o patriotismo e o serviço público. Mais assertivo, Richelieu opta por maior pragmatismo e gravita suas crenças mais para perto de Maquiavel, aparentemente buscando maior flexibilidade intelectual para dar lastro a suas políticas.

Uma vez no poder, Richelieu tinha dois objetivos fundamentais. O primeiro era a centralização do poder político na França, o segundo era a contenção da dinastia dos Habsburgo, que reinava tanto na Espanha quanto no Sacro Império Romano Germânico, as duas principais potências da época – e por consequência retomar o lugar de destaque da França no continente europeu. Para lidar com a centralização do poder na França, Richelieu identificou que não poderia haver desafios ao poder real dentro do território francês. Apenas quando o poder fosse consolidado, a França teria condições de conter os Habsburgo. Para tal, Richelieu atuou em duas frentes. Primeiro ele buscou reduzir o poder da nobreza, tanto reduzindo sua capacidade de criar exércitos, quanto demolindo fortificações em solo francês que não tivessem o explícito propósito de defesa contra agressão externa. Em seguida ele esmagou a rebelião dos huguenotes e retirou os direitos políticos que os protestantes franceses haviam conquistado com o Édito de Nantes de 1598.

Com a consolidação doméstica encaminhada, Richelieu agiu para enfraquecer os Habsburgo. Logo nos primeiros anos da Guerra dos Trinta Anos, Richelieu 'entra na guerra' ao dar suporte às províncias e principados protestantes que se rebelaram contra o Sacro Império. Consciente de que não tinha forças para um confronto direto, o cardeal francês optou por atuar de maneira indireta (sem declarar guerra). A suposta ambição dos espanhóis em formar uma 'monarquia universal' unindo as duas dinastias Habsburgo era vista como uma ameaça existencial para os franceses, que se veriam completamente cercados. Essa perspectiva serviu para justificar não apenas a ajuda secreta aos protestantes, mas a entrada da França na guerra, em 1635, contra seus 'irmãos de fé' do Sacro Império Romano Germânico e da Espanha. Dessa forma, o que começou como uma rixa religiosa terminou como uma disputa pela hegemonia geopolítica.

A primazia francesa seria eventualmente atingida na medida em que Richelieu efetivamente centraliza o poder, desarticulando toda oposição política (e religiosa) no território francês – dando inclusive ares à lógica do Absolutismo que veríamos nos séculos seguintes nas monarquias europeias. No campo externo, a Paz de Vestfália significou a decadência da dinastia Habsburgo do Sacro Império Romano Germânico. A porção central do continente ficou pulverizada de principados semi-independentes, descentralizando assim o poder e impedindo a formação de uma potência que pudesse fazer frente à França. A França (ao lado da Suécia em menor medida) surgiu como árbitro e garantidora da paz e dos direitos desse conjunto de principados, consolidando sua posição central na Europa.

3. O COROLÁRIO CONCEITUAL DA PAZ DE VESTFÁLIA

O Estudo da política de Richelieu bem como os desenvolvimentos resultantes da Paz de Vestfália nos oferecem um rico acervo para estudiosos da Ciência Política e das Relações Internacionais. Klaus Malettke (2002), por exemplo, chama a atenção para como o legalismo de Richelieu e sua prática diplomática pode ser interpretadas como versões originárias de um sistema de defesa coletivo, baseado em direito internacional e garantias de segurança compartilhadas – constructos afetos aos modelos contemporâneos.

O modelo de Vestfália estabelece um conjunto de conceitos e solidifica certas práticas que constituem algumas das bases do sistema internacional contemporâneo. Em primeiro lugar podemos destacar o próprio processo dos acordos de Paz. A própria noção de se criar um esforço internacional para solucionar um conflito em que todas as partes chegam a um compromisso já era inovadora. Até aqui, conflitos efetivamente acabavam quando a força dominante e vencedora subjugava a perdedora, imputando a ela a culpa e a reparação pelo conflito. Nesse novo contexto, a diplomacia surge como uma potente ferramenta que deverá permear com mais profundidade as relações entre os países. A percepção de bem contra o mal presente na ideia de "vitória total" nas guerras cederá espaço para uma nova lógica, uma na qual há o reconhecimento das outras partes e dos seus interesses, bem como na saída negociada para a solução das controvérsias. (PATTON, 2019) Os Acordos de Paz de Vestfália, dessa forma, não apenas irão fornecer um quadro metodológico para futuras negociações (como no Tratado de Versalhes e das Grandes Guerras Mundiais do século XX) como contribuíram para a profissionalização da diplomacia.

Um segundo elemento é a secularização da política e a expansão da liberdade religiosa. A definição dos termos dos acordos de paz consolida a prática da liberdade religiosa, na qual os líderes das províncias e principados poderiam escolher a denominação religiosa de suas comunidades. Essa separação entre a política e religião, no nível internacional, será fundamental para a materialização da ideia de Interesse Nacional, reconhecendo sua primazia sobre ideias como ideologias ou crenças. A clareza sobre essa nova relação entre religião e o Estado funcionaria como um catalisador que geraria precedente para a solidificação do conceito de Soberania. Tal conceito representaria a consolidação da autoridade singular do líder sob seu território e acima de todas as demais questões – nesse caso, em especial, a religiosa. Tal autoridade estaria expressa na plena independência do líder na condução e das escolhas dentro de seu Estado, determinando o soberano como instância última e final do poder. Como já mencionado, a ideia de Soberania não surge espontaneamente no âmbito da Paz de Vestfália, e sim podemos entender que esse evento consolida e dá preeminência a essa ideia. Podemos encontrar esse debate já sendo conduzido por Bodin, Maquiavel e mais tarde em Hobbes. Entretanto, o que é importante distinguir entre essas abordagens anteriores, mais focadas no poder 'doméstico', e a ideia de soberania que surge no âmbito dos Acordos de Vestfália, é o entendimento de independência em relação a atores externos ou de autonomia na política externa (EVANS E NEWNHAM, 1998).

Essa 'nova' percepção de soberania iria ter como consequência prática o fortalecimento de conceitos como Equidade e Não Intervenção – que juntos formariam as bases do direito internacional. O reconhecimento mútuo dos interesses, territorialidade e autonomia das unidades políticas é um avanço sensível no concerto político do século XVII.

4. CRÍTICAS AO SISTEMA DE VESTFÁLIA

Apesar de haver uma significativa difusão da relação entre os eventos históricos que envolvem os Acordos de Paz em Vestfália em 1648, e o que se convencionou chamar de Sistema de Vestfália, existem críticas que desafiam esse quase consenso. Dentre as críticas mais robustas, podemos uni-las em grupos: críticas à interpretação da história e críticas à efetividade com a qual o Sistema de Vestfália descreve as relações internacionais após os referidos eventos.

Em relação ao grupo de críticas à interpretação da história, destacamos os argumentos de autores como Osiander (2001) e Stirk (2012), que criticam o mito da relação entre os eventos da Paz de Vestfália e o corolário conceitual que a eles se atribui. Por exemplo, Croxton (1999) indica que a palavra 'soberania' não está presente no texto dos tratados firmados em Vestfália. Segundo ele, o termo utilizado nos tratados é *landeshoheit*, que significaria jurisdição territorial. Jurisdição tal que seria exercida pelo Sacro Império Romano Germânico. O que o tratado indica, segundo

Croxton, é a relativa autonomia das unidades políticas dentro da jurisdição do Império, o que estaria muito aquém da ideia de soberania, tal qual ela é percebida e descrita enquanto conceito.

Paradoxalmente, as provisões estabelecidas nos tratados iriam de encontro com as próprias ideias que o Sistema de Vestfália pressupunha. Isto é, o Sistema de Vestfália propõe que as provisões dos Acordos de Paz davam às várias unidades políticas da porção central do continente europeu soberania sobre seus territórios, ou seja, pela independência e autonomia. No entanto, os eventos indicam o oposto, segundo Osiander (2001). Afinal, os tratados operaram no sentido contrário, já que eles teriam restringido a soberania de Estados com o SIRG, ao garantir a relativa autonomia de principados e províncias dentro do seu território. Ainda, os tratados levaram para o âmbito internacional uma série de decisões, como, por exemplo, as decisões sobre liberdade religiosa, uma vez que esta foi apenas efetivamente definida a partir de um tratado internacional – que interferiria na matéria doméstica.

Dentro do segundo grupo de críticas, destacamos os argumentos de Krasner (1995), que indicam que o Sistema de Vestfália nunca descreveu propriamente o sistema internacional posterior aos eventos de 1648. Isto, pois o corolário de ideias derivado do que se convencionou chamar de Sistema de Vestfália, em especial no que tange à Soberania e Não Intervenção, sofreu violações não apenas frequentes, mas de variadas naturezas. Para sintetizar suas ideias, Krasner identifica quatro formas de violações sistemáticas ao Sistema de Vestfália. São elas as 'violações voluntárias', como é o caso das Convenções ou Contratos, e que podem ser exemplificadas por acordos de adesão a regimes internacionais, bem como pela contração de dívidas. Ou 'violações involuntárias' entendidas por Coerção e Imposição, que são caracterizadas pelo ato de força de Estados mais fortes em relação a Estados mais fracos, obrigados a se conformar com os interesses e ações dos mais fortes. Ao elaborar tal tipificação, Krasner denota que as violações ao Sistema de Vestfália acontecem de diversas formas, tendo algumas, inclusive, uma conotação positiva para os Estados – mas não obstante, continuam sendo violações recorrentes e permanentes.

5. CONSIDERAÇÕES FINAIS: O SISTEMA DE VESTFÁLIA E O CONCEITO DE SOBERANIA NA PERSPECTIVA CONTEMPORÂNEA

Para além do fato de haver más interpretações em relação aos textos dos acordos ou aos eventos ocorridos em 1648 na Vestfália ou da imprecisão da descrição que o Sistema de Vestfália faz das relações internacionais, tal sistema se consolidou, no mínimo, como um 'Tipo Ideal' – um edifício de ideias e conceitos que, se por um lado há dificuldade em praticá-los plenamente, por outro eles servem de referência não apenas para as relações entre países, mas, sobretudo, para o direito internacional e para as instituições internacionais. Exemplos significativos dessas referências podem ser encontrados na presença de tais ideias nas 'inovações institucionais' internacionais. É possível identificar elementos das provisões dos tratados em artigos do Pacto da Sociedade das Nações e na Carta da ONU.

Não obstante, seja entendido enquanto violação, seja entendido enquanto evolução, os conceitos que formam parte do corolário da Paz de Vestfália vêm sendo desafiados e, por conseguinte, têm sido flexionados para lidar com o contexto internacional (em constante transformação). A ideia de não-interferência foi diretamente confrontada na década de 1990 pelas intervenções humanitárias. O próprio conceito de soberania vem sendo examinado – seja pela sua flexibilização em termos de adesão a instituições supra e inter nacionais, ou em regimes ou acordos multilaterais, seja pela sua revisão de sua própria essência. O paradigma da Responsabilidade de Proteger, estabelecido desde 2005 na Cúpula do Mundo é uma tentativa justamente de reexaminar a ideia de soberania e o seu equilíbrio em relação ao respeito aos direitos humanos. O século XXI se apresenta enquanto um período de importante inflexão sobre esses conceitos e sobre o próprio sistema da Vestfália. Nesse sentido sua compressão é fundamental para o reexame do atual contexto, de forma a melhor lidar com o futuro das relações mundiais.

REFERÊNCIAS BIBLIOGRÁFICAS

BEAUNE, Colette. *Naissance de la Nation France*. Paris: Editions Gallimard, 1985.

BEWES, Wyndham A. *Gathered Notes on the Peace of Westphalia*. Transactions of the Grotius Society 19, n. 1933, 61-73.

CERVO, Amado Luiz. Hegemonia coletiva e equilíbrio: a construção do mundo liberal (1815-1871). In: SARAIVA, José Flavio Sombra. *História das Relações Internacionais Contemporâneas: da sociedade internacional do século XIX à era da globalização*. São Paulo: Saraiva, 2007.

CROXTON, D. *The Peace of Westphalia of 1648 and the Origins of Sovereignty* in International History Review, Vol. 21: 3, 1999.

EVANS, Graham; NEWNHAM, Jeffrey. *Dictionary of International Relations*. Londres, Penguin Books, 1998.

KRASNER, S. *Compromising Westphalia. International Security*. 20, winter, 1995, 115-151.

KRASNER, S. D. *Sovereignty: Organized Hypocrisy*, Princeton, New Jersey: Princeton University Press, 1999.

LEBEGUE, Raymond. *La Littérature Française et les Guerres de Religion*. The French Review 23, n. 3, 205-13, 1950.

MALETTKE, Klaus, French Foreign Policy and the European States System in the Era of Richelieu and Mazarin in *The Transformation of European Politics, 1763-1848*: Episode or Model in Modern History? ed. Peter Kruger and Paul W. Schroeder (Munster: Lit Verlag, 2002), 29-45.

MORGENTHAU, H. *Politics Among Nations: The Struggle for Power and Peace*, New York: McGraw-Hill, 1985.

NATHAN, James A. *Soldiers, Statecraft, and history: Coercive Diplomacy and International Order*. 1 ed. Westport CT: Praeger Publishers, 2002.

OSIANDER, A. *Sovereignty, International Relations and the Westphalian Myth*. International Organization, Vol. 55: 2, 2001.

PAGDEN, Anthony, *Spanish Imperialism and the Political Imagination: Studies in European and Spanish-American Social and Political Theory 1513-1830* New Haven, CT: Yale University Press, 1990, 37-65.

PARKER, Geoffrey. *The Thirty Years War*. London, Routledge, 2 ed, 1997.

PATTON, Steven. *The Peace of Westphalia and its Affects on International Relations, Diplomacy and Foreign Policy*, The Histories: Vol. 10: Iss. 1, Article 5. 2019.

STIRK, P. *The Westphalian Model and Sovereign Equality* in Review of International Studies, Vol. 38: 3, 2012.

TOYNBEE, Arnold. *Major Peace Treaties of Modern History 1648-1967*. 1 ed. 1, Fred L. Israel. New York: Chelsea House Publishers, 1967.

CAPÍTULO 5
TRATADO DE UTRECHT: ESBOÇOS DA CONSTITUIÇÃO DO SISTEMA INTERNACIONAL CONTEMPORÂNEO

LUIZ FELIPE BRANDÃO OSÓRIO[11]

INTRODUÇÃO

As Relações Internacionais precisam da História, assim como a História das Relações Internacionais. A totalidade das ciências humanas contribui para uma visão rigorosa, científica e ampla dos fenômenos sociais. Sem a compreensão teórica dos desdobramentos históricos, corremos o risco de retroceder ao infinito, nos perdendo em um emaranhado de acontecimentos fáticos. Da mesma forma, sem uma perspectiva sistemática, totalizante, multidisciplinar, própria das Relações Internacionais, a História fica restrita a fatos, personagens e particularidades não comuns. Em outras palavras, essa relação é central não apenas para discutir

---

[11] Vice-diretor do ICHS e professor do curso de Relações Internacionais e do Programa de Pós-Graduação de Ciências Sociais em Desenvolvimento, Agricultura e Sociedade (CPDA) da UFRRJ. É autor do livro *Imperialismo, Estado e Relações Internacionais*, publicado pela editora Ideias & Letras. E-mail: luizfelipe.osorio@gmail.com.

fenômenos ou momentos específicos da trajetória da humanidade, mas, principalmente, para entender as searas científicas em si.

Nesse sentido, o materialismo histórico e dialético nos ajuda a interpretar os períodos da história a partir da forma de organização da produção social, a qual é permeada por conflitos, dominações e tensões, tendo como foco o embate entre opressores e oprimidos. Assim, é possível compreender os desdobramentos históricos, sobretudo do continente europeu, o qual irá impor sobre o mundo a sua dinâmica desde, ao menos, antes do início do calendário gregoriano até os dias atuais. Ou seja, do escravismo da Antiguidade, passando pelo feudalismo, chegamos ao capitalismo na contemporaneidade. Esse percurso não é fluido e direto, mas perpassado por avanços e retrocessos, transições e sobreposições.

De qualquer forma, importa destacar que os fenômenos sociais vão ganhando conteúdo próprio, sentido e materialidade dentro de cada modo de produção, uma vez que as condições materiais impactam também o mundo das ideias. O termo Relações Internacionais é um exemplo de um conceito histórico, construído ao longo do tempo, que obtém o sentido que tem hoje somente na contemporaneidade. Ou seja, em outros momentos históricos, ele não era entendido como hoje ou nem existia nesses termos.

De fato, a proeminência do capitalismo se dá entre a alvorada do século XVIII e a aurora do século XIX. Isso, porém, não significa desconsiderar o que ocorreu antes. Naturalmente, a narrativa acima é uma síntese grosseira de como vai se constituindo o internacional dentro do capitalismo. O capitalismo não tem, portanto, data de nascimento, mas é fruto de um longo processo histórico que vai se desdobrando até chegarmos à predominância geral. Ao contrário, entendendo os processos sociais como fenômenos que se desenrolam com o passar dos anos, há um relevante interregno de transição entre o modo de produção anterior, o feudalismo, e capitalismo, que pavimenta as bases para a compreensão plena dos fenômenos sociais contemporâneos. Essa fase transicional é a Idade Moderna, entre os séculos XV e XVIII. Nela estão a interposição e a sobreposição de vários modos de produção nas formas sociais específicas, gerando uma síntese rica para a análise das ciências sociais, tanto que esse marco temporal pode ser abarcado sob os mais variados prismas.

Da perspectiva das Relações Internacionais, a despeito de ele ainda não existir conceitualmente, esboços e indícios da ordem vindoura já podem ser identificados, localizando aqui as raízes de sua compreensão. Um exemplo é o Tratado de Utrecht de 1713 e todos os seus efeitos, sobretudo a dianteira política da Grã-Bretanha. A partir desse arranjo, é possível acentuar mudanças essenciais no panorama europeu e internacional, como o início da dominância britânica, a qual irá se consolidar um século depois, no Concerto de Viena, de 1815. Em virtude do papel protagonista da Europa, o Acordo de Utrecht gera impactos decisivos para a constituição territorial e para a configuração política e social das Américas, principalmente para a Latina.

A Paz em Utrecht anuncia um novo mundo, cujas marcas estão presentes até hoje nas mais variadas sociedades. Em virtude disso, para compreender como as relações internacionais se apresentam em seus primórdios, devemos dar um passo atrás e analisar um importante período transicional. Afinal, as relações internacionais dentro da dominância capitalista possuem seu epicentro na Europa (e posteriormente com os Estados Unidos), impondo ao mundo formas e dinâmicas particulares. De onde vem isso? Logo, tendo em vista o parco material bibliográfico sobre o tema, cabe um estudo mais detalhado sobre o assunto.

O objetivo deste artigo é, portanto, mostrar, a partir da visão do materialismo histórico e dialético, como alguns elementos oriundos de Utrecht foram fundamentais para a constituição do capitalismo e da Grã-Bretanha enquanto sua potência dominante. Para isso, caberá a estruturação em 3 tópicos. O primeiro tratará do contexto internacional da Guerra de Sucessão Espanhola e de seu acordo de paz. O segundo apontará as disposições específicas expostas no Tratado de Utrecht e suas decorrências, mormente na América. O terceiro debaterá os efeitos do arranjo, enfatizando seus aspectos fundamentais para o mundo que se viria a concretizar, bem como os desdobramentos dos marcos de inflexão e da dinâmica das relações internacionais.

1. O CONTEXTO DA PAZ DE UTRECHT

A Idade Moderna é um período de grande efervescência, o crepúsculo entre o velho e o novo. Apesar de curto, com aproximadamente três séculos, do XV ao XVIII, nele residem balizas que conformam o mundo de hoje, ao mesmo tempo em que nele podemos identificar resquícios do que foi superado. Ainda assim, essa travessia não foi linear, sendo possível apontar aqui a convergência de três grandes movimentos político-teóricos que vão assinalar avanços e retrocessos, como o Renascimento, do século XV ao XVI, o Absolutismo, do século XVI ao XVII, e o Iluminismo, do século XVII ao XVIII, além da Reforma. Em outras palavras, este interregno é, como um todo, um caldo de interposições e sobreposições de variadas formas sociais.

A despeito das particularidades de cada mudança, é indubitável o desmonte do mundo medieval, com as ideias e dinâmicas próprias da época, ainda que não em sua plenitude. O modo de produção feudal vai se transmutando na acumulação de ouro e prata que vai fortalecendo as trocas comerciais, e o setor delas decorrentes, a burguesia. O mercantilismo assinala aqui uma forma com resquícios do feudalismo, mas já com elementos que irão se provar do capitalismo. A explicação teológica do mundo vai se desgarrando da filosofia do justo medieval, rija, imutável, pois o que é divino é imposto, e pendendo à valorização do humanismo até chegar à racionalidade do indivíduo.

O reflexo desse percurso é uma organização política absolutista em constante mudança. Nesse processo, tem início a centralização dos territórios, delineando os países que se consolidarão mais tarde. Nesse sentido, Portugal e Espanha inauguram, a partir das Grandes Navegações, o período colonial, que irá se concentrar na imposição pela força e na extração massiva de riquezas dos territórios além-mar (WALLERSTEIN, 2011).

O colonialismo, aliás, vai forjar o Novo Mundo e, ao mesmo tempo, impulsionar a competição entre os europeus. Os reinos, agora, impérios, disputam com ainda mais pujança o domínio e o controle das rotas comerciais e dos direitos exclusivos coloniais. Em grande medida, o destino e a configuração territorial dos países americanos começam, nessa toada, a ser delineados. Em meio aos grandes embates e às transformações na Europa, o mundo contemporâneo vai ganhando forma, principalmente, por meio dos acordos de paz.

Nesse diapasão, o primeiro grande momento de reordenação virá da Reforma Protestante, elemento que alavancará os conflitos que vieram a compor a Guerra dos Trinta Anos, finda pelos Tratados de Vestfália. Aqui, para importantes autores, reside o embrião das relações internacionais contemporâneas (TESCHKE, 2012; 2016). Dentre os documentos assinados está, em 1648, o Tratado de Münster, entre os católicos, e o Tratado de Osnabrück, entre os protestantes, pois os grupos religiosos ainda se recusavam a se reunir em um mesmo lugar. Mesmo assim, nessas disposições, foram reconhecidos valores importantes que vão inaugurar uma nova ordem internacional. O que significa dizer que os Estados passariam a ser reconhecidos como unidades livres e iguais, colocando fim à hierarquização feita em função da religião predominante no reino.

Prevaleceria a soberania dos Estados, uma maneira de descolar a Igreja do papel político do Estado. Toda a costura e o próprio arranjo dela decorrente são as pedras fundamentais do direito internacional e da diplomacia modernos (LESAFFER, 2019). O episódio marcou a derrocada do Sacro Império Romano-Germânico e a ascensão – além da França – dos Estados do norte da Europa, como a Suécia e, sobretudo, a Holanda, a partir do reconhecimento das Províncias Unidas. A Inglaterra, por sua vez, ficou imune às consequências dos embates, uma vez que não esteve diretamente implicada, pois já atravessava a própria guerra civil.

Os britânicos vivenciaram no século XVII um período de intensas modificações, que viriam pavimentar o caminho para a Revolução Industrial no século seguinte. Dentre os diversos acontecimentos, a Revolução Gloriosa, de 1688, é um dos mais emblemáticos, pois representa a mudança no poder político do país, com a transposição da dianteira política da Coroa para o Parlamento, em um movimento que conservará monarquia, mas agora submetida ao parlamentarismo. Para além disso, a Inglaterra vai se fortalecer e se consolidar como um importante poder marítimo, alargando suas áreas de influência. A força britânica fica evidente aos olhos do mundo, em meio às disputas das potências europeias, em especial perante a França, a partir de Utrecht.

Neste contexto, a Guerra de Sucessão Espanhola, entre 1701 e 1714, foi o estopim. O falecimento do rei espanhol Carlos II, da casa dos Habsburgos, sem deixar herdeiros, abriu espaço para que a França, de Luís XIV, reivindicasse o trono para Filipe de Anjou, da dinastia Bourbon (antes que a Áustria pudesse intervir), o que, na prática, significava a união entre França e Espanha, forjando um gigantesco império ultramarino e alterando a balança de poder. Como a Inglaterra queria evitar o domínio francês, juntou-se à Áustria (às Províncias Unidas, ao Sacro Império Romano-Germânico e a Portugal), formando, assim, a Grande Aliança, e a guerra entre as diversas monarquias europeias foi travada.

Após batalhas em pontos estratégicos das rotas marítimas, o desgaste da guerra e as vitórias da Grande Aliança impulsionaram as tratativas de paz, que se iniciaram em Utrecht, ainda em 1712, e concluídas em 1713, primeiro com o Tratado, de caráter mais amplo, que foi complementado por mais outros quatro, Rastadt e Baden (1714), o Segundo Tratado de Utrecht (1715) e o de Haia (1720). Em outras palavras, a ordem de Utrecht não se resume ao seu tratado homônimo, mas abarca compromissos formais posteriores e de efeitos práticos que cronologicamente se desenrolam mesmo antes e depois da data de sua assinatura. Esse período é apontado por autores como Teschke (2019), como o "longo século XVIII". Quando se fala em implicações para o mundo, para além do continente europeu, a referência é quase que imediata à América. No Novo Mundo, os efeitos foram sentidos de maneira determinante, de tal sorte que muitos deles tenham conformado o sistema internacional contemporâneo e permanecido até hoje.

2. AS DISPOSIÇÕES DO TRATADO

Assim como em Vestfália, Utrecht representa a alteração da configuração do poder mundial, reiterando e consolidando as bases vestfalianas. Naturalmente, a força militar, principalmente marítima, foi utilizada em larga escala, inclusive, para garantir certos compromissos, o que, de forma alguma, eclipsa o papel da diplomacia na elaboração do Tratado. As negociações e acordos diplomáticos foram costurados dentro dos moldes mais próximos das práticas atuais, o que seria algo, por assim dizer, mais profissional, posto sob a retórica laicizante do interesse nacional e não de vontades individualizadas ou divinas. Documentos, mapas, dados e uma racionalização da questão que extrapolava o trato habitual personalizado ou sacralizado, como detalham Furtado (2011), Bély (2015) e Mainka (2022).

Para muitos, Utrecht é um marco na diplomacia, de maneira mais significativa que Vestfália. A prova disso é que, ao final dos conflitos, apesar da equivalência das forças militares e muito em função da articulação diplomática, houve um claro vencedor: a Inglaterra. No continente, a situação nem se alterou tanto, pois o arquiduque Carlos, pretendente ao trono espanhol pela Grande Aliança, assumiu a Coroa na Áustria, permitindo a manutenção de Filipe V na Espanha, com o compromisso de abdicar do direito futuro ao trono francês, o que impossibilitaria a união entre as Coroas, o que foi feito.

Ademais, ainda se ajustaram questões pendentes de guerras anteriores entre outros participantes (SUBTIL, 2008). Principalmente, as tensões entre as Províncias Unidas, surgidas da Paz de Vestfália, e a Espanha foram amenizadas, pois o território que em grande parte viria a constituir o que hoje é a Holanda, estabeleceu uma importante aliança com os britânicos, mormente a partir da Revolução Gloriosa, permitindo aos batavos a manutenção de uma posição autônoma e forte dentro da balança de poder (SÁNCHEZ, 2017). Iniciava-se aqui um período em que a Inglaterra demonstraria seu poderio no continente a partir de intervenções mais indiretas que diretas, embora potentes (BLACK, 2005). O foco mais agressivo estava voltado para uma estratégia ultramarina, que só foi possível, pois a *blue water strategy* foi objeto de consenso entre conservadores e liberais no Parlamento.

Logo, é no além-mar que as mudanças foram substantivas. No tocante às questões territoriais, podemos apontar que o país adquiriu Gibraltar, ponto de controle da navegação no mar Mediterrâneo, que ocupa até hoje, as ilhas Minorca e Baleares, ainda no arquipélago meridional espanhol, e as áreas de Nova Escócia, Terra Nova e Baía de Hudson, as três hoje no Canadá. No que tange aos direitos comerciais, o principal talvez seja o *asiento*, como aponta Losurdo (2014). O nome se vincula à concessão dada pela Coroa espanhola para a exploração de uma rota comercial ou de um produto por um país ou grupo de comerciantes. Um dos monopólios de exploração mais lucrativos era o tráfico de escravos para a América, que foi passado às mãos da Inglaterra por uma companhia de navegação por, inicialmente, 30 anos. O que, na prática, expandiu para a América espanhola o comércio de escravos, até então clandestino, que já praticava com as Treze Colônias[12], o Brasil e portos antilhanos.

Além disso, a Inglaterra obteve da Espanha a permissão para navegar no rio da Prata, instalando seu comércio por essa importante rota marítima. Em relação a outros produtos, se não o monopólio, a Inglaterra passou a deter a preferência ou o benefício tarifário na comercialização dentro das colônias americanas. Não faltarão ao longo do século XIX tratados desiguais que ratificarão a condição privilegiada dos britânicos, os quais intensificarão não apenas o comércio de bens e de matérias-primas, mas, sobretudo, o de capitais.

Mesmo no caso do Brasil, os efeitos de Utrecht foram sentidos. Em meio às disputas fronteiriças com os espanhóis, Portugal assina, em 1703, o Tratado de Methuen[13], estreitando os vínculos comerciais e estratégicos com a Inglaterra. A coalizão facilitou

---

12 O que demonstra o vínculo com a questão escravista, a ponto dos interesses da Coroa britânica estarem conectados com os proprietários de escravos nas colônias inglesas na América, inclusive, posteriormente, com os sulistas dos EUA. Para mais ver Marx e Engels (2022).

13 Para mais ver: Cortesão (2001).

o apoio de Portugal à Grande Aliança, opondo-se à união das Coroas espanhola e francesa. Com isso, o posicionamento português gerou vitórias pontuais em pendências territoriais com a Espanha (e com a França), como bem aponta Armstrong (2014). A primeira foi na porção meridional, com o reconhecimento do domínio português sobre a colônia de Sacramento, no Rio da Prata, cuja transferência de domínio somente foi sacramentada com o segundo Tratado de Utrecht (1715)[14]. A segunda, viabilizada pelo primeiro Tratado de Utrecht (1713), foi nos limites setentrionais do país, garantindo as possessões ao sul do Oiapoque, área contestada pela França que ocupava a Guiana (o que persiste até hoje)[15].

Com efeito, para a América Utrecht simbolizou o fim do Tratado de Tordesilhas, ou seja, da dominância sobre as possessões espanholas e portuguesas na América, que, por sua vez, também passarão por profundas transformações que vão se desdobrando ao longo dos próximos séculos. A Inglaterra (e posteriormente os EUA) vai se apossando dos escombros do grande império espanhol, como demarca Solana (2017). A proeminência britânica na América se manteve de maneira mais sutil, muito mais econômica que militar, mas igualmente brutal nas imposições e nas limitações do desenvolvimento local. Ainda assim, Utrecht marcou um período de prevalência britânica sobre a América espanhola e portuguesa que difere de suas colônias em outras partes do mundo e, mesmo, na América, como na Jamaica.

---

14 Como é um assunto central no estabelecimento das fronteiras brasileiras, para além do excelente trabalho de Armstrong (2014), há também o estudo de Cortesão (2001).

15 O episódio é tratado na literatura como Questão do Amapá, sendo uma importante vitória diplomática brasileira na política de definição fronteiriça e de contenção da cobiça de potências estrangeiras pela Amazônia (que permanece até hoje).

3. OS EFEITOS DE UTRECHT E A ORDEM VINDOURA

Se Vestfália é a pedra fundante do novo e Utrecht é seu pavimento, então a consolidação, ou o edifício, virá quase um século depois, com o Congresso de Viena. O final das guerras napoleônicas restabeleceu o domínio britânico, agora, turbinado com a Revolução Industrial e com os triunfos de sua burguesia. Obviamente, o contexto do século XIX é radicalmente distinto, até porque aqui já consideramos ter passado a fase de transição e entrado na Idade Contemporânea. Com as revoluções francesa e estadunidense e a chegada das burguesias ao poder, o capitalismo começava a se espalhar pelo mundo.

A partir de Viena (1815), o capitalismo vai se mundializando a ponto de podermos sistematizar sua trajetória. E a régua utilizada aqui é daquilo que lhe constitui. Em outras palavras, a partir das crises estruturais e das grandes guerras, podemos estabelecer marcos que balizam momentos distintos desse percurso até os dias atuais. Dali em diante, a história das relações internacionais confunde-se com a trajetória do capitalismo e sua dianteira política pelos Estados proeminentes ou hegemônicos[16].

Por essa métrica podemos traçar a linha do tempo em três grandes momentos do sistema mundial nas relações internacionais contemporâneas pelas balizas das crises estruturais e das grandes guerras que lhe carreiam, elementos que marcam as brechas históricas para mudanças, consequentemente, os momentos de inflexão do capitalismo, como é feito em Osório (2018). O primeiro se articula entre a Grande Depressão, 1873-1896

---

[16] Aliás, quanto à questão da hegemonia, há um importante debate teórico sobre suas origens, ciclos, efeitos e sobre a própria categoria em si, o qual não entraremos aqui, mas podemos encontrá-los em Arrighi (1996), Kennedy (1988) e Wallerstein (2011). Teschke (2015), na mesma linha, coloca Utrecht como o embrião da hegemonia britânica, que irá se consolidar com a *Pax Britannica* de 1815.

e a Primeira Guerra Mundial. O segundo vai da crise de 1929 à Segunda Guerra Mundial. E o terceiro, que abarca a crise do Estado de bem-estar social e ascensão do neoliberalismo, passando pelo fim da Guerra Fria, pela explosão de conflitos e guerras difusas pelo mundo e pela crise de 2008 até os dias atuais.

Em outras palavras, os mais de 300 anos de Utrecht trouxeram mudanças importantes e algumas lições para a compreensão do cenário internacional. A Inglaterra já não possui mais a dianteira do processo político, assim como o continente europeu também perdeu seu protagonismo, mas ambos ainda ocupam posições centrais na balança de poder internacional. Isso se deve muito ao fato de que o próprio império colonial britânico (e também europeu) ter sido erodido, mas ainda mantido em pontos sensíveis como em Gibraltar, dentre outros pontos estratégicos. O que permite a perpetuação de uma política externa marcada pela influência dos ingleses no continente, que ainda é importante, mas sempre contida[17], e de escopo mais mundial, mediante a intervenção direta e indireta em várias partes do globo. Na América, nem tanto mais em razão dos EUA, enquanto grande potência mundial, sendo-lhes reservados pontos específicos.

De qualquer maneira, a maior herança de Utrecht para as relações internacionais não foi nem exatamente o domínio territorial da Inglaterra em frações do globo, mas, sim, a forma como ele foi feito, prenunciando o que estava por vir. Principalmente na porção meridional da América, a ocupação britânica não ocorreu pela via militar ou direta, como é de praxe do colonialismo, mas por meio de uma dominação indireta do controle de rotas de comércio que gradativamente também irá introduzindo naquelas regiões a exportação de bens e de capitais.

---

17 Exemplo atual dessa postura é o próprio Brexit, 2016, a saída do Reino Unido da União Europeia.

O pioneirismo do capitalismo conferiu aos britânicos uma vantagem considerável, a qual ficou exposta em Utrecht, somente se fortalecendo e se concretizando desde então, passando por Viena, vindo somente a ser questionada a partir da Primeira Guerra Mundial. E essa dianteira britânica demonstrou o caráter transitório do colonialismo daquele momento histórico, ou seja, uma mescla de elementos da dominação direta, territorial, de acumulação de matéria, com a subjugação por meio das trocas comerciais e do empréstimo e financiamento de fábricas e infraestrutura, o que desaguará em uma enxurrada de capitais britânicos pela América e pelo mundo. Logo, a transição citada aqui é aquela no sentido do colonialismo para o imperialismo, forma política do internacional dentro do capitalismo, o qual se caracteriza, dentre outros aspectos, pela exportação de capitais e pela divisão do mundo em áreas de influência das grandes potências[18].

Utrecht, muito mais do que paz e estabilidade, até porque ambas não duraram muito nem no próprio contexto europeu, trouxe as marcas que viriam a florescer da presença do capitalismo em âmbito internacional: o imperialismo. Ainda que por ora somente por seus vestígios, já fica evidente que, mesmo no novo, ou seja, no modo de produção emergente, o capitalismo, as relações internacionais também serão permeadas pela violência, agora travestida sob o domínio informal dos capitais, sempre à espera dos lucros extraordinários e nunca abrindo mão do poderio militar para fazer valer sua vontade.

À medida que o capitalismo vai se espalhando pelo globo, sob a locomotiva da Inglaterra, inicialmente, o colonialismo vai se transmutando até chegar na forma política atual, o imperialismo.

---

18 Apesar da transição entre colonialismo e imperialismo que marca a Idade Moderna e o advento do capitalismo, o colonialismo, apesar de não mais prevalente, não foi completamente superado, podendo ser detectado em práticas políticas e econômicas ainda hoje, que muitos vão chamar de neocolonialismo.

Utrecht permite enxergar os efeitos da ordem vindoura. E sua solidez foi tamanha que, apesar de passados três séculos e muitas transformações, seus resquícios ainda são visíveis a olho nu, ainda que não na mesma intensidade.

4. CONSIDERAÇÕES FINAIS

Em suma, nos dias atuais, não restam dúvidas que o modo de produção predominante no globo é o capitalismo. Seu berço também pode ser delineado a partir da Inglaterra em meio à Revolução Industrial, processo fundamental para a mudança nas relações de produção da época. No entanto, há três aspectos a se ressaltar. As transformações ocorridas em território inglês não vieram ao acaso, mas foram frutos de anos e anos de colonialismo pelo mundo, explorando e espoliando outras áreas e populações nos mais variados continentes. O que, indubitavelmente, auxiliou no processo de acumulação de riquezas. Além disso, as mudanças nas relações sociais concretas impactam também em fenômenos políticos internos, deslocando o eixo inglês da monarquia absoluta para a monarquia parlamentarista. E, por fim, cabe apontar que as alterações não ficaram restritas às fronteiras inglesas, mas, a partir desse foco, se irradiaram, primeiramente, para seu entorno e, posteriormente, para todo o globo, trazendo consigo as reverberações econômicas e políticas, com as glórias e mazelas inerentes ao capitalismo.

Utrecht é o primeiro grande indício de sua dominância mundial, se notabilizando por um acordo muito bem articulado do ponto de vista militar (por vitórias, ocupações e consagração de seu poder naval) e da perspectiva diplomática, com a obtenção de importantes rotas comerciais e de influência política na América.

Esse arranjo conferiu uma dianteira na dominação política mundial à Inglaterra que durou até o século XX e ainda a sustenta dentro do condomínio central do poder mundial, ainda com uma fatia minoritária. O diferencial aqui, sem dúvida, foi a caracterização dessa prevalência, a qual se pautou não apenas pela intervenção direta e militar, mas, fundamentalmente, pela via indireta das trocas comerciais e dos negócios financeiros que vão fazendo a exportação de capitais superar a de mercadorias, descortinando o novo horizonte em sua autora, o modo de produção capitalista e sua projeção internacional, o imperialismo. Portanto, as marcas indeléveis de Utrecht ainda são sentidas e sua concepção como anunciação do vindouro permite compreender como o cenário internacional vai se desdobrando, em meio a muita turbulência, até ganhar a forma atual de sistema capitalista de Estados.

REFERÊNCIAS BILIOGRÁFICAS

ARMSTRONG, R. "O pomo da discórdia: a Colônia de Santíssimo Sacramento e a rivalidade entre Portugal e Espanha no sistema interestatal do século XVIII". *Dissertação de Mestrado apresentada ao Programa de Pós-Graduação em Economia Política Internacional da Universidade Federal do Rio de Janeiro.* 2014. 131 f.

ARRIGHI, G. *O Longo Século XX*. Rio de Janeiro: Contraponto; São Paulo: Editora da UNESP, 1996.

BÉLY, L. "Behind the Stage: The Global Dimension of the Negotiations". IN: BRUIN, Renger E. de; HAVEN, Cornelis van der; JENSEN, Lotte; ONNEKINK, David (ed.). *Performances of Peace. Utrecht 1713*. Leiden: Brill, 2015, p. 40-52.

BLACK, J. *The Continental Commitment Britain, Hanover and interventionism, 1714-1793*. Routledge: New York, 2005.

CORTESÃO, J. *Alexandre de Gusmão e o Tratado de Madri*. Tomo I (1695-1735). Imprensa Oficial do Senado Federal: Brasília, 2001.

FURTADO, J. F. "Guerra, diplomacia e mapas: a Guerra da Sucessão Espanhola, o Tratado de Utrecht e a América portuguesa na cartografia de D'Anville". *Topoi*, v. 12, n. 23, jul.-dez. 2011, p. 66-83.

KENNEDY, P. *The Rise and the Fall of Great Powers. Economic Change and Military Conflict from 1500-2000*. London: Unwin Hyman, 1988.

LESAFFER, R. "The Peace of Utrecht, the Balance of Power and the Law of Nations". IN: SOONS, Alfred (org.). *The 1713 Peace of Utrecht and Its Enduring Effects*. Leiden: Brill, 2019, p. 67-92.

LOSURDO, D. "Uma análise crítica da relação entre liberalismo e democracia". Entrevista dada a Davide Giacobbo Scavo. *Crítica Marxista*. nº 39. Campinas-SP, 2014, p. 173-183.

MAINKA, P. J. "Diplomacia e Estado na primeira modernidade. Diplomacy and State in Early Modern Times". *Revista Brasileira de História*. São Paulo, v. 42, nº 89, 2022, p. 39-60.

MARX, K.; ENGELS, F. *A Guerra Civil dos Estados Unidos*. São Paulo: Boitempo, 2022.

OSÓRIO, L. F. B. *Imperialismo, Estado e Relações Internacionais*. São Paulo: Ideias & Letras, 2018.

SÁNCHEZ, M. H. "Continuity and change in Spanish–Dutch relations between Westphalia (1648) and Utrecht (1714)". IN: SCHMIDT-VOGES, Inken e SOLANA, Ana Crespo (ed.). *New Worlds? Transformations in the Culture of International Relations Around the Peace of Utrecht*. Newy York: Routledge, 2017, p. 58-78.

SOLANA, A. C. "The repercussions of the treaties of Utrecht for Spanish colonial trade and the struggle to retain Spanish America". IN: SCHMIDT-VOGES, Inken e SOLANA, Ana Crespo (ed.). *New Worlds? Transformations in the Culture of International Relations Around the Peace of Utrecht*. New York: Routledge, 2017, p. 37-57.

SUBTIL, J. "Os tratados de Utrecht e a nova ordem europeia". *Janus Online*. 2008. Disponível em: https://www.janusonline.pt/arquivo/2008/2008_2_4.html#topo. Acesso em 24 de maio de 2022.

TESCHKE, B. "La théorisation du système étatique westphalien: les relations internationales de l'absolutisme au capitalisme". *Cahiers de recherche sociologique,* nº 52, 2012, p. 13-50.

TESCHKE, B. "Repensando as relações internacionais: uma entrevista com Benno Teschke". Entrevista realizada por George Souvlis e Aurélie Andry. *Outubro Revista*. Edição 27. Novembro de 2016.

TESCHKE, B. "The Social Origins of 18th Century British Grand Strategy: a Historical Sociology of the Peace of Utrecht". IN: SOONS, Alfred (org.). *The 1713 Peace of Utrecht and Its Enduring Effects*. Leiden: Brill, 2019, p. 120-155.

WALLERSTEIN, I. *The Modern World System II. 1600-1750*. University of California Press: Los Angeles, 2011.

CAPÍTULO 6
A ERA DAS REVOLUÇÕES

BEATRIZ RODRIGUES BESSA MATTOS[19]

INTRODUÇÃO

Os séculos XVIII e XIX foram marcados por cataclismas revolucionários que mudaram definitivamente os rumos da história humana e da política mundial. Tais movimentos eclodem principalmente na Europa, a partir das revoluções inglesa e francesa, mas também nos territórios colonizados das Américas, mediante a Revolução Americana, produzindo transformações profundas e de longo alcance.

Em termos intelectuais, as ideias iluministas conferiram pano de fundo a essas revoluções, apesar de suas influências serem mais facilmente identificadas no âmbito da Revolução Francesa, cujo slogan "igualdade, liberdade e fraternidade" remontava justamente ao sentido de progresso humano que se constitui como a tônica do pensamento iluminista. Em contraste com o ideário que prevalecia

---

[19] Professora do curso de Relações Internacionais da Universidade Veiga de Almeida (UVA) e Pesquisadora Sênior da Plataforma Socioambiental do BRICS *Policy Center*. Doutora em Relações Internacionais pelo Instituto de Relações Internacionais da Pontifícia Universidade Católica do Rio de Janeiro (IRI-PUC/Rio) e tem interesses nas áreas de Estudos Críticos de Segurança e Meio Ambiente. E-mail: beatrizrbm@gmail.com

no período histórico anterior, a Idade Média, havia uma convicção compartilhada entre proeminentes figuras intelectuais e artísticas da época acerca do uso instrumental da razão visando a promoção da riqueza e do bem-estar (HOBSBAWM, 1977: 36, 37). O avanço no conhecimento técnico e científico implodiu as antigas estruturas medievais europeias e fomentou profundas transformações no que diz respeito à relação entre os indivíduos e a natureza – o ser humano não mais seria visto como parte do mundo natural, mas como um ser racional capaz de manipulá-lo de acordo com as suas próprias necessidades e interesses –, seus governantes e até mesmo com a divindade.

No que concerne ao formato de representação política e religiosa, as ideias iluministas apresentavam-se, em grande medida, incompatíveis com os antigos regimes absolutistas e com o poder exorbitante da Igreja e do clero. Assim, tais revoluções implicaram na transformação de ordens monárquicas absolutistas – legitimadas pela crença de que o governante seria um escolhido divino – em formas mais representativas de governo. O nascente sentimento nacionalista é resultado de uma nova identificação com um passado, um idioma, costumes e um território em comum, elementos esses que possibilitariam a construção de uma nova identidade compartilhada entre os indivíduos que, a partir de então, passaram a se enxergar como pertencentes a uma mesma nação ou, nas palavras de Bennedict Anderson (1991), como parte de novas "comunidades imaginadas". Como ideologia moderna, o nacionalismo mostrou-se como produto de uma nova percepção popular acerca do que o Estado representaria, contribuindo para desafiar a legitimidade dos governos monárquicos e das hierarquias domésticas há muito consolidadas (BUZAN, HANSEN, 2009: 26), não resultando, todavia, na extinção das desigualdades sociais.

Em termos econômicos, as revoluções ocorreram em um momento posterior ao estabelecimento das colônias e à expansão do comércio ultramarino. O incremento das atividades comerciais possibilitou o surgimento e fortalecimento de uma nova classe social, que desafiava a autoridade dos monarcas absolutistas ao vislumbrar influência crescente nas decisões do Estado. Logo, a burguesia exerceu papel fundamental nos movimentos revolucionários, levando o historiador Eric Hobsbawm a intitulá-los como "revoluções burguesas". Conforme salientado pelo autor, essas revoluções desembocaram não no triunfo da indústria, do Estado moderno e da liberdade e da igualdade universais. Diferentemente, entre as consequências mais imediatas desses movimentos estariam a emergência de uma indústria capitalista, de uma nova configuração política e a ampliação dos direitos dessa mesma burguesia liberal, minoritária quando comparada ao contingente populacional dos Estados que foram palco das revoluções (HOBSBAWM, 1977). Tal constatação não implica, contudo, na redução da importância política, econômica, social e cultural que essas revoluções imprimiram, em um primeiro momento, na Europa e, posteriormente, no resto do mundo. Esse capítulo se propõe apresentar de forma clara e direta o contexto em que se deram esses três movimentos revolucionários, bem como analisar os seus principais desdobramentos.

1. AS REVOLUÇÕES INGLESAS

A Revolução Industrial inglesa ocorreu ao longo da segunda metade do século XVIII e início do século XIX, contudo, essa profunda transformação nos meios produtivos seria possibilitada por acontecimentos políticos anteriores, tais quais as Revoluções Puritana e Gloriosa, que serão brevemente explorados na próxima seção.

1.1. As Revoluções Puritana e Gloriosa

Entre os anos de 1640 e 1688 ocorrem na Inglaterra uma série de insurreições populares que desafiaram a ordem política e religiosa vigente. O início de tais tensões coincide com o período das guerras religiosas no continente europeu, conflitos esses que seriam encerrados pela Paz de Vestfália, em 1648, compreendida como marco para a consolidação de um novo sistema de Estados soberanos. Apesar de sua condição insular, a Inglaterra não sairia imune às reverberações desses conflitos (ANIEVAS, 2015).

As tensões que ganhavam força a partir de 1640 eram oriundas de insatisfações de setores da sociedade que enxergavam no absolutismo monárquico de Carlos I – inspirado nas monarquias católicas do continente – um empecilho ao desenvolvimento econômico do país. Desde o século anterior, a coroa era acusada de promover gastos exacerbados para o financiamento de guerras, gerando um embate constante entre a monarquia e o parlamento, convocado esporadicamente para auxiliar no processo de tomada de decisão. As crescentes insatisfações levariam ao confronto entre os partidários do rei e aqueles que demandavam o fortalecimento do parlamento, de modo a frear o autoritarismo monárquico (ANIEVAS, 2015).

Os ingleses insurretos foram liderados pelo puritano Oliver Cromwell e entraram em confronto direto com as tropas reais, dando início a uma guerra que se estenderia até 1648 e que culminaria na prisão e, posteriormente, na decapitação do monarca Carlos I. O desfecho deste conflito representou a vitória da burguesia e dos comerciantes, majoritariamente protestantes, contra a monarquia e o clero, abrindo caminho para a instauração de uma república chefiada por Cromwell. Esse episódio ficou conhecido como Revolução Puritana.

Em 1660, após a morte de Cromwell e a deposição de seu filho, a dinastia Stuart seria reconduzida ao trono. No entanto, não desfrutaria do mesmo poder de outrora, considerando o papel central agora ocupado pelo parlamento nas decisões políticas. A partir de então, seria inaugurada uma monarquia parlamentar na Inglaterra, sistema de governo que vigora até os dias atuais no Reino Unido.

Em 1685, no entanto, a política inglesa sofreria novos reveses com a ascensão de Jaime II ao trono. Em 1688, em meio a temores populares acerca de uma possível retomada do catolicismo e centralização de poder, ocorreria a Revolução Gloriosa. Apesar do título de revolução, o episódio foi uma manobra política realizada pelo parlamento para depor o monarca, substituindo-o por Guilherme de Orange, rei da Holanda e esposo de Maria Stuart, a seguinte na linha sucessória ao trono.

Essas revoluções transformaram a Inglaterra de um Estado absolutista em uma monarquia constitucional, criando uma conjuntura propícia para que as decisões políticas fossem tomadas com base nos interesses econômicos burgueses. Nesse sentido, o lucro e o desenvolvimento econômico se tornaram o principal objetivo político do governo, culminando, assim, em uma nova revolução, agora de outra natureza (HOBSBAWM, 1977; HILL, 1983).

1.2. A Revolução Industrial

A Revolução Industrial britânica costuma ser situada cronologicamente pelos historiadores por volta da década de 1780. Ao contrário do que se possa imaginar em um primeiro momento, a revolução não envolveu maquinários e invenções sofisticadas, logo, o que justifica a ocorrência de uma transformação produtiva de tal natureza na Grã-Bretanha[20] não seriam as vantagens tecno-

---

20 A partir de 1707, mediante a celebração dos Atos de União pelos parlamentos da Inglaterra e da Escócia, criou-se o Reino Unido da Grã-Bretanha.

lógicas e científicas apresentadas por esse país, mas as transformações políticas que a antecederam. Essas, sim, criaram terreno fértil para o desenvolvimento agrícola avançado – fundamentado no arrendamento de terras e na mão de obra contratada – que se destacava em relação ao cenário verificado na maior parte da Europa continental, em que prevalecia a agricultura camponesa. A partir de então, se tornou possível a produção de excedentes, que futuramente seriam investidos em outros setores econômicos, culminando na consolidação de um sistema econômico capitalista.

O sucesso obtido pelo Reino Unido em seu desenvolvimento industrial era também explicado pelo seu pulsante comércio ultramarino e pelos seus já conhecidos ímpetos coloniais, que possibilitaram a ampliação do mercado aos produtos britânicos. Esses elementos criaram as bases para o florescimento de uma indústria algodoeira que, por se basear em artefatos simples como a máquina de fiar e o tear, demandava tímidos investimentos iniciais ao passo em que lançava perspectivas de alta lucratividade, mostrando-se extremamente atrativa para os investidores privados. Assim, a indústria têxtil foi a que prevaleceu nas primeiras décadas da Revolução Industrial. Contudo, é necessário que se ressalte que a urbanização decorrente dessa primeira fase da revolução impulsionou o desenvolvimento de outras indústrias mais modestas como a de bebidas, de cerâmica e outros produtos de uso doméstico.

Os avanços industriais britânicos não ocorreriam, contudo, sem desafios significativos. Por volta de 1830, a revolução viu-se em meio aos seus primeiros retrocessos, devido a uma acentuada desaceleração do crescimento que levou a consequências sociais significativas. A pobreza e a insatisfação crescentes desencadearam revoltas populares, fomentadas pelos trabalhadores da indústria, pequenos comerciantes e a pequena burguesia que, juntos, levaram ao Parlamento britânico novas reivindicações de ampliação da representatividade política e dos direitos dos trabalhadores.

Tais choques sociais não impediram, contudo, que a revolução industrial avançasse por outras áreas, requerendo maiores investimentos e níveis tecnológicos. A demanda crescente por carvão, fonte de energia fundamental para as indústrias e as residências, gerou um avanço significativo na atividade mineradora que, por sua vez, fomentou a construção de ferrovias e o desenvolvimento de uma indústria pesada. Tal relação é explicada pela demanda de maquinário para a exploração das minas de carvão, mas também pela necessidade de transporte do carvão das áreas de mineração para as grandes cidades. A ferrovia foi talvez o maior símbolo do triunfo industrial britânico, sendo posteriormente replicada em outros países europeus, e até mesmo nas Américas, de forma a revolucionar os meios de transporte e de comunicação terrestres e viabilizar o acesso a mercados até então inacessíveis. No mais, a expansão da rede ferroviária gerou uma demanda crescente por ferro, aço, mão de obra e investimentos, mostrando-se, portanto, crucial para o avanço e a consolidação do capitalismo na Europa e, posteriormente, no resto do mundo.

Ao passo em que a Revolução Industrial moldou a economia mundial ao longo do século XIX, as Revoluções Americana e Francesa forneceram um modelo político que posteriormente seria replicado em diversas áreas do globo. Tais revoluções serão exploradas nas próximas seções deste capítulo.

2. A REVOLUÇÃO AMERICANA

Por conta do contexto de instabilidade doméstica notado no Reino Unido e por seu envolvimento em confrontos com outras potências europeias pelo controle marítimo e de rotas comerciais, o modelo de colonização britânico aplicado às suas Treze

Colônias na América do Norte fugia da lógica tradicional de exploração. As Treze Colônias americanas puderam, assim, gozar de certa liberdade para se autogovernar e para perseguir seus interesses comerciais de forma relativamente autônoma. Contudo, a crise financeira que assolara a metrópole em função de seus esforços de guerra resultou no abandono da política de negligência salutar britânica e, consequentemente, na imposição de restrições comerciais e de aumento dos impostos sobre produtos comercializados na América (PECEQUILO, 2005).

A nova política resultou em uma onda de insatisfação dos colonos, que se negavam a aceitar a situação de "taxação sem representação" imposta pelo Reino Unido. A partir de então, deu-se início ao levante dos independentistas na província de Massachusetts, em 1775, com uma guerra tática e de guerrilha liderada por George Washington, e a um crescente sentimento de unidade que culminou na Declaração de Independência, em julho de 1776, na cidade de Filadélfia. Tal declaração, à época não reconhecida por Londres, fora fortemente inspirada nos preceitos iluministas, tais quais em voga na Europa, que apontavam para o direito inalienável dos seres humanos à vida, à igualdade e à felicidade (HERNÁNDEZ et al., 2018; PECEQUILO, 2005).

Apesar da declaração de independência, a guerra entre os colonos e o Reino Unido se estenderia por mais alguns anos, envolvendo, inclusive, outras potências europeias, interessadas em enfraquecer a rival britânica. Nesse sentido, os independentistas puderam contar com o suporte de França e Espanha, que lhes concederam apoio fornecendo armas, ajuda financeira e suporte para operações de guerra marítimas. O Reino Unido, por sua vez, contou com o apoio de mercenários alemães, ao passo em que outras potências europeias optaram por se manter neutras no conflito.

Em 1783, com a assinatura do Tratado de Versalhes, a coroa britânica finalmente concedeu a independência aos Estados

Unidos da América. Espanha e França saíram também vitoriosas, ganhando controle de territórios no Caribe e na África. No entanto, o impacto da Revolução Americana seria muito mais profundo do que a mera redistribuição de territórios. O sucesso em obter a independência dos Estados Unidos era exemplo acerca de como as colônias poderiam desafiar a dominação de suas metrópoles, abrindo caminho, assim, para revoltas posteriores, tal qual a verificada no Haiti apenas alguns anos mais tarde.

3. A REVOLUÇÃO FRANCESA

As contribuições da revolução que eclodiu na França a partir de 1789 foram tão profundas que levaram o historiador Eric Hobsbawm a reconhecê-la como uma das maiores transformações da história humana. Suas influências foram sentidas universalmente e vão desde a contestação aos regimes monárquicos absolutistas vigentes ao fomento a um inédito entendimento acerca da pátria e do patriotismo. Sua lista de legados inclui o fornecimento de códigos legais, sistemas métricos e modelos educacionais e de funcionalismo público para diversos países no mundo.

A Revolução Americana pode ser vista como uma das causas da Revolução Francesa, não necessariamente por fornecer um modelo a ser seguido – apesar de se constituir como exemplo prático acerca do ideário iluminista –, mas por tornar a já delicada situação socioeconômica da França insustentável. Para melhor compreendermos o contexto que possibilitou a emergência de uma revolução deste porte em um dos países mais populosos e mais poderosos da Europa, é necessário nos voltarmos ao histórico de rivalidades entre a França e o Reino Unido. Conforme abordado na seção anterior, após sucessivas derrotas em confrontos militares contra a sua rival histórica, a França optou pelo apoio à independência da mais valiosa das possessões britânicas. Tal apoio, contudo, resultou em enormes dívidas e aprofundou o descontentamento político já antes verificado no país europeu, criando terreno fértil para que a revolução fosse iniciada apenas seis anos depois (HOBSBAWM, 1977).

Em meio a crescentes tensões, o rei Luís XVI viu-se pressionado e convocou os Estados Gerais – uma velha assembleia feudal inerte desde 1614 – na expectativa de legitimar sua política tributária. Contudo, a reivindicação do terceiro estado, composto por diferentes setores da burguesia e por uma parcela de proletários (*sans-cullotes*), de modificar os critérios de votação que beneficiavam a nobreza e o clero frustrou as expectativas reais, obrigando o monarca a encerrar a assembleia. Insatisfeito, o terceiro estamento desafiou a autoridade monárquica convocando uma Assembleia Constituinte, que culminou na aprovação da Declaração dos Direitos do Homem e do Cidadão. O documento incorpora claramente preceitos do ideário iluminista ao ressaltar os direitos naturais, inalienáveis e sagrados do homem e ao afirmar que todos são livres e iguais. Não obstante, apesar de desafiar as hierarquias e os privilégios da nobreza, a declaração não extingue por completo as desigualdades, mantendo a maior parcela da população alienada ao processo decisório. Conforme destaca Hobsbawm, a classe burguesa que liderou a revolução de 1789 não tinha como bandeira a promoção de uma nova ordem democrática, mas sim de um Estado constitucional secular, que garantisse liberdades civis e o direito à propriedade privada.

Isso não impediu que as ideias revolucionárias que estavam em ebulição na França angariassem apoio das classes mais empobrecidas e do campesinato, fomentando entre os franceses um sentimento compartilhado de que não se constituíam meramente como um povo, mas como parte de uma mesma pátria. Um novo vínculo emocional entre o povo e o Estado seria criado, a partir das novas significações atribuídas ao último. Seria mediante ao apoio das massas populares, imbuídas de um espírito de defesa da pátria francesa e dos seus ideais, que a revolução conseguiria resistir ao movimento contrarrevolucionário desencadeado pela nobreza e que contou com o apoio de outros Estados absolutistas europeus. Essas transformações resultaram em um dos episódios mais conhecidos e simbólicos da revolução francesa: a queda da Bastilha.

3.1. As fases da revolução

A partir daquele momento, a revolução passaria por diversas fases que implicaram no protagonismo de diferentes atores e interesses e, consequentemente, em mudanças profundas no que diz respeito aos rumos revolucionários. A Assembleia Nacional (1789-91) configurou-se como a etapa inicial da revolução, quando setores mais moderados tentaram, inspirados pelas revoluções políticas anteriormente verificadas na Inglaterra, implantar uma monarquia constitucional na França. Tal fase viria a ser sucedida pela República Girondina (1792), que teve como objetivos zelar pelos interesses da alta burguesia e evitar, embora sem sucesso, a radicalização. A fase coincidiu com o início das guerras que se espalharam rapidamente pelo continente e que acabaram por aprofundar a crise socioeconômica já antes verificada no país. O fracasso girondino em impedir a execução da família real contribuiu para o seu total desgaste e para a chegada dos jacobinos ao poder.

A República Jacobina (1792-95) resultou em uma nova constituição, de natureza mais democrática que a anterior, que conferia ao povo o sufrágio universal, abolia os direitos feudais e decretava o fim da escravidão nas colônias francesas. Essa última iniciativa havia sido tomada não por razões humanitárias, mas visando estimular revoluções no continente americano, enfraquecendo assim o poderio britânico. A fase jacobina é também conhecida pela perseguição implacável a todos aqueles considerados inimigos da revolução, uma vez que o terror era visto como estratégia mais eficiente para garantir que o movimento revolucionário não fosse massacrado pelos opositores.

O Diretório (1795-99), instituído após o golpe do 9 Termidor, representou o retorno da alta burguesia ao poder. A institucionalização de um governo mais conservador e com poder centralizado se mostrou, contudo, ineficaz para conter as insatisfações populares e a instabilidade econômica. As vitórias grandiosas do exército francês elevavam o prestígio das forças armadas enquanto fomentavam a percepção entre alguns setores de que um governo militar estaria mais apto a lidar com os desafios domésticos e externos enfrentados pela França revolucionária.

Na esteira desses acontecimentos, a fase do Consulado (1799-1804) foi inaugurada após o golpe de 18 Brumário colocando, de uma vez por todas, a figura de Napoleão Bonaparte como a personificação dos ideais revolucionários. O ápice do poder do general viria a ser alcançado na fase posterior, o Império (1804-1814), período que coincidiu com a conquista territorial de grande parte do continente europeu, mas que também se constitui como última tentativa hegemônica francesa.

3.2. As Guerras Napoleônicas

As guerras transformaram a história da revolução francesa na história do continente europeu, impondo constantemente o redesenho das fronteiras territoriais da Europa. Os primeiros conflitos, também conhecidos como guerras revolucionárias, seriam produto do atrito entre duas forças beligerantes. Por um lado, as forças conservadoras que apoiavam a restituição do poder real e que contavam com o apoio das demais monarquias absolutistas do continente, com óbvios interesses na contenção das ideias e valores revolucionários. Por outro, havia também um ímpeto belicoso por parte de algumas figuras protagonistas da revolução, que acreditavam que os ideais revolucionários não se limitariam às fronteiras francesas. Ao contrário, esses eram entendidos como ideais universais e que, portanto, deveriam se expandir por toda a humanidade (HOBSBAWM, 1977).

Uma das muitas inovações trazidas pela revolução francesa foi a estratégia do *levée en masse,* que não apenas possibilitou o aumento vertiginoso das forças militares francesas a partir do recrutamento em massa, como também aboliu a separação entre soldados e civis. Nos anos posteriores, as forças militares francesas se transformariam de um exército de revolucionários em uma instituição de combatentes profissionais, não apenas espalhando os valores da revolução para o resto da Europa, mas também consolidando sua nação na posição inconteste como *hegemon* europeu (HOBSBAWM, 1977; WATSON, 2009).

O início das guerras revolucionárias se deu em 1792 com a declaração de guerra da França contra o reino da Áustria e a organização da primeira coalizão de Estados monárquicos, desejosos de reestabelecer a monarquia na França. No ano seguinte, os conflitos já envolviam grande parte da Europa, com anexações francesas. A partir de então, foram praticamente vinte anos de triunfo do exército francês contra as coalizões anti-hegemônicas formadas por estados como o tradicional rival Reino Unido, a Áustria, a Rússia, a Prússia, a Espanha, Portugal, o Império Otomano, a Suécia, a Holanda, o Sacro Império Romano Germânico e alguns estados italianos. Por seu turno, a França também angariou apoio de aliados, tais quais alguns principados germânicos menores, interessados em reduzir a força do imperador Habsburgo.

Não se pode perder de vista também como a preservação das antigas rivalidades influenciou na dinâmica dos conflitos. O Reino Unido liderou as coalizões anti-hegemônicas contra a França, porém, diferentemente das demais potências europeias, o interesse britânico não dizia respeito à contenção da revolução ou ao retorno da família real ao poder, mas em enfraquecer a França como sua principal competidora, visando o predomínio dos mercados europeus e do comércio com as colônias. Conforme afirma Hobsbawm: "Quanto ao resto, a Grã-Bretanha se contentava com qualquer solução continental que mantivesse qualquer rival em potencial em cheque por outros Estados".

O sucesso militar francês é, em grande medida, explicado pelas habilidades de suas tropas no campo de batalha. Mas o apoio concedido por parcelas importantes das populações, simpáticas aos ideais da revolução, dos Estados invadidos também não pode ser negligenciado. Nesses locais, o apoio popular garantiu à França a institucionalização de repúblicas satélite que seriam futuramente anexadas, como foi o caso da Bélgica, da Holanda, da Suíça e de alguns territórios germânicos e italianos. Em 1810, no auge de sua expansão, a França controlava formalmente estes territórios e ainda outros, como todos os principados alemães a oeste do Reno, a Espanha e porções significativas da Polônia.

O avanço francês seria contido apenas após a invasão de Moscou, quando mediante à negação do czar de negociar a paz, a França viu-se em meio à difícil decisão de manter a ocupação indefinidamente ou se retirar. A retirada de Moscou sem os suprimentos adequados e a estratégia russa de "terra arrasada" acabaram por destruir o exército de Napoleão, resultando em baixas até então não vistas. O enfraquecimento do exército abriu um flanco para a bem-sucedida invasão da última coalizão à França, levando à renúncia do imperador em 1814. No ano seguinte, Napoleão tentaria restaurar seu poder sem sucesso, sendo derrotado pelas forças britânicas e prussianas na icônica batalha de Waterloo.

4. A REAÇÃO POLÍTICA

De todas as modificações trazidas pelo avanço francês, as transformações políticas na Europa foram as mais significativas. Conforme argumentado por Adam Watson, o império napoleônico fez com que o pêndulo que caracterizava as diferentes configurações políticas no continente – e que tradicionalmente oscilava entre os polos das independências múltiplas e da hegemonia – alcançasse o seu extremo como nunca antes visto, tamanha a concentração de poder nas mãos da França.

Devido à derrota francesa e ao restabelecimento de uma ordem centrada nas grandes potências europeias, o pêndulo teria retrocedido a uma posição intermediária (CERVO, 2001). As cinzas da guerra reconduziram as rédeas do continente ao Reino Unido, Rússia, Áustria e Prússia, sendo as duas últimas potências médias com funções meramente estabilizadoras (HOBSBAWM, 1977). Londres, por sua vez, emergiu como maior potência global, sendo a única economia industrializada e maior potência naval e colonial do planeta. A Rússia, por outro lado, mostrava-se como uma potência momentaneamente satisfeita, considerando as aquisições territoriais da Finlândia, de parte da Polônia e da Bessarábia.

Essa nova configuração de poder permitiu o restabelecimento do equilíbrio na Europa e possibilitou que o continente adentrasse um período de razoável estabilidade. A partir de então, houve a expansão da sociedade europeia para o resto do mundo mediante a universalização de suas regras e instituições, criando assim as bases para uma nascente sociedade internacional de Estados (WATSON, 2009). Logo, a despeito do sucesso da última coalizão anti-hegemônica em frear o ímpeto revolucionário que tomava conta da Europa nas últimas décadas, o continente e o mundo nunca mais seriam os mesmos.

REFERÊNCIAS BIBLIOGRÁFICAS

ANIEVAS, Alexander. Revolutions and international relations: Rediscovering the classical bourgeois revolutions. *European Journal of International Relations*, 21(4), 2015, p. 841-866. doi:10.1177/1354066114565721.

ASHWORTH, Lucian. *A History of International Thought:* From the origins of the modern state to academic international relations. Routledge, 2014.

BUZAN, Barry; HANSEN, Lene. *The Evolution of International Security Studies*. Cambridge: Cambridge University Press, 2009.

CERVO, Amado Luiz. Hegemonia Coletiva e Equilíbrio: a construção do mundo liberal (1815-1871). In: Saraiva, José Flavio Sombra (Org). *Relações Internacionais: dois séculos de História*. Entre a Preponderância europeia e a emergência americano-soviética (1815-1947). Brasília: IBRI, 2001.

HILL, Christopher. *A Revolução Inglesa de 1640*. 2 ed. Lisboa, Presença, 1983.

HOBSBAWM, Eric. *A Era das Revoluções 1789-1848*. Rio de Janeiro: Paz e Terra, 1977.

PECEQUILO, Cristina. *A Política Externa dos Estados Unidos*. Continuidade ou Mudança? Porto Alegre: Editora UFRGS, 2ª edição, 2005.

WATSON, Adam. *The Evolution of International Society*. A comparative historical analysis. Taylor & Francis, 2009.

CAPÍTULO 7
O CONGRESSO DE VIENA E O CONCERTO EUROPEU

RICARDO BASILIO WEBER[21]

INTRODUÇÃO

A derrota da França revolucionária e expansionista ocorreu após o fracasso da invasão da Rússia, quando as tropas napoleônicas que recuavam se defrontaram com uma rápida contraofensiva no centro da Alemanha (*Leipzig*), resultando na quase derradeira Batalha das Nações (1813). Em março de 1814, o Tratado de *Chaumont* foi assinado pelos governos de Rússia, Reino Unido, Prússia e Áustria (MATTOSO, 1976), pois o fim das hostilidades determinava que as maiores potências mundiais se houvessem com a necessidade de reconstrução da ordem internacional. Afinal, após muitos anos de guerra, a Europa se achava em ruínas,

---

[21] Doutor em Política Internacional (PUC-RIO-2010), Mestre em Ciência Política (UFF-2004), Bacharel em Ciências Sociais (UERJ-1998). Pós-doutorado em Ciência Política (UFF-2016). Doutorando em Direito, Negócios e Instituições (UFF). Foi professor titular de Relações Internacionais e coordenador adjunto de Relações Internacionais no Ibmec-RJ. Foi professor e coordenador de Relações Internacionais do IUPERJ. Email: ricardobweber@gmail.com

com várias fronteiras havendo sido deslocadas e alguns Estados levados à extinção.

Naquele tratado, determinava-se que todos os governos deveriam enviar representantes para uma conferência internacional a ser realizada em Viena. Nesse ínterim, em abril, Napoleão Bonaparte abdica do trono da França, partindo para o exílio na ilha de *Elba*. Apenas então, outras potências como França, Suécia, Portugal e Espanha ingressam no Tratado, convidadas pelas potências vencedoras. Em seguida, Napoleão foge de *Elba* para reorganizar seus exércitos e confrontar novamente seus inimigos na célebre batalha de *Waterloo* (HOUSSAYE, 1933). Sua estratégia não foi bem-sucedida e ele precisou abdicar novamente, sendo, finalmente, preso pelo Reino Unido. Esse seria o fim do governo dos 100 Dias de Napoleão (junho de 1815).

Nesse turbulento contexto ocorreu o Congresso de Viena, que se reuniu de 11 de novembro de 1814 a 9 de junho de 1815 com o objetivo de apagar a herança das políticas francesas da Europa e restaurar a estabilidade na política internacional. Naquela conjuntura e buscando revertê-la, o czar Alexandre I sugeriu a formação de uma aliança militar determinando que seus membros ficassem encarregados das decisões acerca do destino dos territórios conquistados por Napoleão Bonaparte. A reação dos demais estados foi refratária e o início dos trabalhos, previsto para setembro de 1814, apenas se daria em novembro desse ano.

Quadro 1. Efetivos militares das potências 1816-1830

	1816	1830
Reino Unido	255.000	140.000
França	132.000	259.000
Rússia	800.000	826.000
Prússia/Alemanha	130.000	130.000
Império Habsburgo	220.000	273.000
Estados Unidos	16.000	11.000

Fonte: Silveira (2018:09)

O quadro acima ilustra bem o peso político da Rússia e das potências europeias no período em tela. Ressalte-se, entretanto, que o Reino Unido, apesar de não se destacar no quesito efetivos militares foi capaz de exercer profunda influência a partir da construção e operação de uma força naval incomparável, aliada ao domínio das finanças internacionais e de um império colonial em expansão, configurando uma especial forma de hegemonia não tradicional (SILVEIRA, 2018). Nesse sentido, a distribuição de capacidades na conjuntura em apreço revela um posicionamento diverso dos mesmos estados:

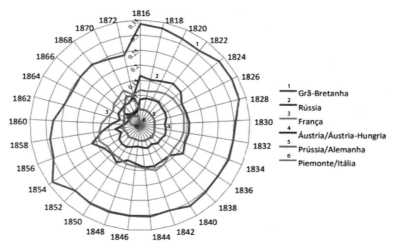

Fonte: Elaborado por Silveira (2018:10)
com dados de Dall'Agnol (2016).

Essa é uma caraterística importante da ordem internacional que emergiria em Viena e que começa a se fazer presente nessa ocasião: o princípio das grandes potências (LESAFFER, 2022). A ordem de Viena se fez tributária da noção de que as grandes potências da ordem internacional assumiriam uma responsabilidade conjunta pela paz e estabilidade políticas da Europa. As potências que se reúnem em *Chaumont* haviam convergido quanto a esse princípio, que se reproduziu em muitas ocasiões, mas principalmente na própria dinâmica das negociações entabuladas em Viena. Assim, embora houvesse mais de 200 delegações presentes, as decisões eram tomadas em reuniões envolvendo o Comitê dos Cinco (Reino Unido, Rússia, Áustria, Prússia e França) ou o Comitê dos Oito (C5+Espanha, Suécia e Portugal), relegando os demais participantes a lobistas dos seus próprios interesses. Como afirmado pelo próprio representante francês, *Charles Maurice de Talleyrand*: "*Viena foi um Congresso que não foi um Congresso*" (LESAFFER, 2022, tradução nossa).

1. O CONGRESSO DE VIENA

O Congresso de Viena consistiu na reação conservadora ao expansionismo francês, após a derrocada de Napoleão. Essa reação, conhecida como Concerto Europeu, buscou conter movimentos como o patriotismo, o liberalismo político e os ideais de igualdade, liberdade e fraternidade, disseminados pelas conquistas e influência internacionais da França nos anos anteriores. Simultaneamente, impunha-se uma ofensiva conservadora através da Santa Aliança, envolvendo Áustria, Rússia e Prússia, que se autolegitima a intervir em qualquer ponto da Europa para debelar movimentos insurgentes, com ou sem autorização dos governantes locais.

No Congresso foram consagrados alguns princípios conservadores das Relações Internacionais: (1) O princípio da legitimidade, pelo qual legítimos seriam apenas o governo e as fronteiras prevalecentes na França antes de 1789, assegurando o retorno dos Bourbon; (2) O princípio da restauração das casas monárquicas destronadas pela Revolução Francesa, autorizando intervenções militares quando estas sofressem ameaça, tanto nos territórios metropolitanos, quanto ultramarinos; (3) o princípio do equilíbrio de poder entre as grandes potências europeias e de fronteiras geográficas, delimitadas para impedir a perturbação desse equilíbrio (PORTAL DIPLOMÁTICO, 2022).

Além disso, a carta de Direito Público da Europa confeccionada em Viena passaria por atualizações ao longo do século XIX. Entretanto, grosso modo, alguns princípios foram conservados até 1914, como: a imperatividade do aceite de todos os Estados para modificações no traçado das fronteiras europeias; a neutralidade Suíça; a livre navegação dos grandes rios, assim como as funções e a classificação dos representantes diplomáticos, enquanto matérias fundamentais de deliberação do Congresso (PORTAL DIPLOMÁTICO, 2022).

A restauração das casas dinásticas deveria reabilitar o equilíbrio de poder europeu, através da redefinição do mapa da Europa, o que foi feito reduzindo o território francês aos seus limites de 1792. Esse redesenho cartográfico europeu também fortaleceu potências como Áustria, Prússia e Rússia, que aumentaram significativamente seus territórios na Europa. O Reino Unido, mais preocupado com seu império ultramarino, não pleiteou anexações no continente.

A solução encontrada consistia numa via média entre dois extremos, cuja realização cumpria evitar. Por um lado, cogitava-se o retorno à divisão política da Europa Central prevalecente no Sacro Império Romano Germânico, contando com mais de 300 estados, alternativa que tornaria a região germânica impotente em face de um novo expansionismo francês; por outro lado, a possibilidade da unificação alemã poria em cheque qualquer tentativa de equilíbrio de poder na Europa.

A solução encontrada em Viena foi a criação da nova Confederação Germânica, composta por 39 estados, abrigando no seu interior um balanço entre os dois principais poderes domésticos, Áustria e Prússia, cada qual havendo sido fortalecida e recompensada territorialmente, o que as tornava capazes de conterem a França, externamente, bem como uma à outra, no interior da Confederação (LESAFFER, 2022).

No que diz respeito às colônias americanas, Viena classificou o tráfico de escravos como incompatível com a civilização cristã europeia (MATTOSO, 1976). As repercussões sobre o Brasil foram diretas, pois era a forma de mão de obra prevalecente, estimulando o início da legislação repressiva ao tráfico atlântico.

1.1. O Concerto Europeu

O Congresso de Viena inaugura uma nova forma de exercício da hegemonia nas Relações Internacionais, emergindo como uma combinação de duas tradições do exercício do poder na política internacional: a *Raison* d´État e a *Raison de Système*.

Cervo (2008) nos ensina que a Europa vivia sob o confronto desses dois paradigmas de política internacional desde o fim da Renascença e das reformas protestantes. Nesse período, houve a formação de coalizões dos novos estados territoriais, que emergiram dos escombros do Sacro Império Romano Germânico, centralizando o poder político na figura dos reis. Estes passavam a desfrutar de mais força, podendo então desconsiderar a autoridade central e postular a construção de um sistema de múltiplas independências. Esse movimento frustrava as pretensões da casa de *Habsburgo*, enquanto legítimos sucessores do Sacro Império, para recompor a hegemonia do poder central, a serviço da cristandade ocidental. O movimento de balança no continente se dava entre essa casa real e as potências secundárias e menores, que, muitas vezes, contavam com o auxílio do Império Otomano, para atuarem de forma contra hegemônica: *"Desde aí, a história dessa balança mostra que ela oscila entre os dois extremos de um espectro, no qual as relações internacionais desloca*m-se *do predomínio hegemônico ao das múltiplas independências..."* (CERVO, 2008:43).

Assim, a ordem internacional construída em Viena foi operada a partir da construção de uma verdadeira hegemonia coletiva, pois não mais haveria uma hegemonia exercida individualmente e de forma direta por qualquer Estado (*Raison* d´État). Em contrário, a hegemonia a partir de 1815 deveria ser exercida de forma coletiva por uma coligação de potências sempre que surgisse uma ameaça ao sistema (*Raison de Système*).

Inaugurou-se um sistema internacional caracterizado pela mobilidade e dinamismo de alianças fluidas, envolvendo as cinco grandes potências: Reino Unido, Prússia, Rússia, Áustria e França. Em conjunto, elas atuavam para dissipar as ameaças ao sistema internacional. Outra forma clássica de atuação em consórcio das grandes potências consistiu na diplomacia dos congressos, pela qual as grandes questões da política internacional deveriam ser resolvidas pela deliberação conjunta dos grandes Estados.

> *"Os estadistas de 1815 foram bastante inteligentes para saber que nenhum acordo, não obstante quão cuidadosamente elaborado, resistiria com o correr do tempo à pressão das rivalidades estatais e das circunstâncias mutáveis. Consequentemente, trataram de elaborar um mecanismo para a manutenção da paz — i.e. resolvendo todos os problemas maiores à medida que eles surgissem — por meio de congressos regulares"* (HOBSBAWM, 1996: 80).

O primeiro congresso pós-Viena foi o de *Aix-la-Chapelle* (1818). Na ocasião, o representante britânico, *Castlereagh,* barrou a política de intervenção radical preconizada pela Rússia contra as agitações liberais; esta postura consistia na via britânica, pois este país apesar de, por razões econômicas, defender a independência dos países da América Latina, por razões estratégicas não se esforçou para socorrer os movimentos liberais e constitucionais europeus da primeira metade do século XIX.

Nos três últimos congressos prevaleceu a via russa sobre a via britânica: em *Troppau* (1820) e *Laybach* (1821) decidiu-se a repressão à rebelião liberal no sul da Itália (Duas Sicílias); enquanto em Verona (1822) garantiu-se a intervenção na Espanha, determinando-se que a França deveria organizar a intervenção restauradora (RENOUVIN, 1969).

Apesar de, teoricamente, Reino Unido e França representarem potências comprometidas com o constitucionalismo liberal, em oposição às demais potências conservadoras, pensar assim seria um erro. Afinal, essas características da política interna desses países não se podem confundir com a forma estratégica com que as mesmas interagiam nas Relações Internacionais (GHERVAS, 2022). Pensar de outro modo só seria possível pela desconsideração de que, desde 1815, foi a lógica da sua atuação conjunta que consistia na chave interpretativa capaz de explicar a atuação dos grandes Estados na política internacional.

Em outras palavras, como a *Raison de Système* predominou sobre a *Raison* d´État, esvanecia-se, na seara internacional, a distinção entre potências Liberais e Conservadoras. Uma das formas de observação dessa lógica de atuação conjunta das potências sob o Concerto Europeu consistiu no vasto uso do direito de intervenção, como forma de preservação da própria integridade do sistema. As intervenções legitimadas pelo Concerto, entretanto, jamais se basearam na *Raison d'*État. Em contrário, sempre foram coletivamente autorizadas e justificadas pelo objetivo de manutenção da estabilidade da ordem internacional.

Desse modo, as potências atuam em concerto não apenas para reverter os avanços das forças do nacionalismo e do liberalismo constitucional, mas, por vezes, permitem as independências, tanto em território americano, quanto europeu, assim como o liberalismo na Espanha e em Portugal, sempre visando a estabilidade da ordem internacional.

1.2. Implementando o Equilíbrio de Poder: a dinâmica territorial acordada em Viena

As fronteiras da França, dos estados germânicos e da Península Itálica foram alteradas e a dinastia de Bourbon retornou ao poder na Espanha, em Nápoles e na França. O objetivo foi contrapor o avanço do liberalismo político da França sobre o continente, reequilibrando o poder, ao não permitir que nenhuma potência fosse tão preponderante que se sentisse tentada a implementar uma política de hegemonia aberta sobre as Relações Internacionais.

No entanto, as alterações territoriais resultaram no engrandecimento do poder de alguns mais do que de outros Estados: Reino Unido e Áustria foram Estados bem aquinhoadas em Viena; enquanto a Polônia foi dividida entre a Prússia e a Rússia, perdendo até mesmo sua independência. Outros Estados não sofreram grandes alterações, como a Espanha, a quem se restituiu o reinado de Fernando VII e se fez a transferência da ilha de Trindade para o Reino Unido (HOBSBAWM, 1996).

O Reino Unido foi recompensado com a cessão de territórios conquistados pela França, como as ilhas Maurício, Santa Lúcia e Tobago; recebeu também o Ceilão, da Holanda, e a ilha de Trindade, da Espanha. Malta e as ilhas jônicas também compuseram o espólio britânico (HOBSBAWM, 1996). Já a Áustria se engrandeceu com a soberania sobre o Norte da península itálica: Veneza, Lombardia e Milão; assim como sobre as províncias da Ilíria e da Dalmácia. Da Polônia, recebeu a Galícia (CORREIA, 1994).

Outro Estado beneficiado foi a Rússia, assumindo o controle sobre a maior parte da Polônia; enquanto a Finlândia e a Bessarábia permaneceriam como territórios desse país. Já a Cracóvia passou a ser um território livre, permanecendo, entretanto, sob a proteção da Santa Aliança (PORTAL DIPLOMÁTICO, 2022).

No caso de Portugal, houve grande repercussão, pela elevação do Brasil à condição de Reino Unido a Portugal e Algarves. Além disso, o Brasil teve de restituir à França a posse da Guiana Francesa (PORTAL DIPLOMÁTICO, 2022).

Como responsável pelo conflito, a França celebrou o Tratado de Paris, restaurando a dinastia de Bourbon, com Luís XVIII. Além disso, sofreu ocupação pelas tropas vencedoras, tendo de honrar indenizações de guerra (700 milhões de francos). Seu território retornou às fronteiras estabelecidas em 1792. A Guiana lhe foi restituída por Portugal, enquanto da Suécia recebeu Guadalupe; cabendo-lhe, ainda, a ilha de Martinica e a de Bourbon, cedidas pelo Reino Unido (HOBSBAWM, 1996).

Durante o seu domínio, Napoleão atendeu aos interesses russos e austríacos, abolindo o Sacro Império Romano Germânico, dando surgimento à Confederação do Reno, a partir da brutal diminuição do número de Estados germânicos. No seu interior, sobressaiu-se a Prússia, que absorveu um grande número desses Estados: metade da Saxônia, o Grão-ducado de Berg, parte da Vestfália, Colônia, Trèves e Aachen; porções da Pomerânia, da Suécia; e parte da Polônia (CORREIA, 1994).

Na Península Itálica, decidiu-se restaurar as monarquias destronadas por Napoleão e formar novos Estados, pois grande parte da região havia sido dividida entre os irmãos de Napoleão Bonaparte. Desse modo, Nápoles e Sicília passaram a compor o Reino das Duas Sicílias. O Reino da Sardenha-Piemonte incorporou a República de Gênova, com o objetivo de ser capaz de isolar a França. A Áustria, que ambicionava uma saída para o mar, estendeu seus domínios por territórios costeiros e da porção setentrional peninsular.

2. AS AMEAÇAS AO CONCERTO EUROPEU E AS GUERRAS DE REAJUSTE DO EQUILÍBRIO (1848-1871)

A célebre Primavera dos Povos consistiu nos movimentos liberais deflagrados em 1848 na Europa, em reação à política conservadora implementada pelo Congresso de Viena (1815). Em conjunto com o espírito liberal, o avanço do nacionalismo enquanto nova força política que vinha se desenvolvendo no continente dá origem ao nacionalismo romântico dos anos 1820, transformando-se, paulatinamente, em uma ameaça ao *status quo* prevalecente na Europa, o que determinaria uma série de conflitos entre as forças da ordem e as da transformação social.

No entanto, apesar dessas revoltas equivalerem a uma grande onda reformista que se irradiava com força pelo continente, faltou-lhes uma maior coordenação política ou articulação estratégica, possibilitando que os levantes fossem vencidos pelas forças da ordem e que o conservadorismo da ordem de Viena se mantivesse de pé, a partir de meados do século.

Com o passar do tempo a insatisfação social represada apresentaria desdobramentos fundamentais sobre a política europeia e sobre a ordem internacional. Ressalte-se que um elemento fundamental para esse desfecho consistiu na falta do suporte político de França e o Reino Unido a esses movimentos (FIGES, 2018). Em contrário, ambas as potências se sentiam ameaçadas pela celeridade da vaga reformadora, que ameaçava as bases da ordem política europeia, quanto mais diante da postura russa naqueles anos, pois esse país demonstrava apetite renovado por políticas expansionistas, tornando esses dois Estados apreensivos em relação aos objetivos da sua política externa.

O ponto de não retorno, a partir do qual se tornaria impossível restaurar as bases do equilíbrio de poder sob o qual se assentava o Concerto Europeu, entretanto, consistiu no advento da Guerra da Crimeia (1853-1856). O conflito se iniciou com a ameaça lançada pela França aos interesses russos no interior do Império Otomano. Afinal, o czar, que ambicionava anexar as províncias cristãs ortodoxas no interior daquele império, restringiu-se diante da ausência do consentimento das demais potências do Concerto Europeu. Naquela conjuntura, a França, que obtivera o status de protetora dos cristãos no interior do Império Otomano, iniciou sua oposição contra o avanço russo no interior dos domínios do sultão (RENOUVIN, 1969). Ora, essa situação colocou este soberano em cheque, pois caso não rejeitasse as pretensões francesas, dificilmente manteria seus domínios a salvo de uma investida da Rússia.

A partir desse ponto, os interesses comerciais da rainha dos mares, a Grã-Bretanha, reclamavam defesa, que veio sob a forma do estabelecimento de uma aliança entre ela e a França, construída para refrear a ameaça russa e permitir a continuidade da existência do Império Otomano, bem como preservar a estabilidade política fundamental para a manutenção das trocas e dos interesses britânicos na região (FIGES, 2018). O Reino Unido buscava preservar a neutralidade e possibilidades de navegação através dos estreitos de Bósforo e Dardanelos, sempre visando seus interesses comerciais – simultaneamente, a Rússia queria uma saída para o Mediterrâneo através dos mesmos estreitos, controlados pelos otomanos.

No entanto, nenhuma das potências europeias continentais, Reino Unido à frente, desejavam uma longa guerra. Isso levou os britânicos a buscarem trazer para o interior da aliança a Prússia e a Áustria (RENOUVIN, 1969), de forma a suplantarem o grande poderio militar russo. Enquanto à Áustria interessava obstar à expansão russa no Império Otomano, à Prússia afligia o potencial rompimento definitivo da Santa Aliança. Ao final, a Áustria ameaça entrar na guerra ao lado de franceses, britânicos, piemonteses e otomanos, o que significa a extinção da Santa Aliança. Esta ameaça austríaca foi suficiente para a Rússia aceitar sua derrota.

Após o encerramento das hostilidades, a posição britânica termina prevalecendo e a França emerge bem mais forte do conflito. O Tratado de Paris (1856) celebrou o fim da guerra e da proteção do czar sobre a população cristã no interior do Império Otomano. No entanto, o efeito mais pronunciado da Guerra da Crimeia sobre o Concerto Europeu consistiu na debilidade militar do mais poderoso exército dentre as potências e cujas políticas sempre foram no sentido da implementação de políticas de manutenção da ordem de Viena (RENOUVIN, 1969; FIGES, 2018). Em outras palavras, sem o peso da influência política russa, abriu-se caminho para que a Prússia avançasse no seu projeto de se tornar dominante no mundo germânico com o fim da Santa Aliança e do apoio conservador à Áustria que se interporia entre as iniciativas e o sucesso dos desígnios de Bismarck.

Houve ainda a guerra de reajuste que consistiu na Unificação Italiana e teve na figura do conde de Cavour seu grande inspirador. Também nesse sentido, a grande derrotada foi a Áustria, que detinha parte substancial do norte da Itália. Por outro lado, a França também se veria à frente de um período de dificuldades políticas, que a tornaram menos capaz de exercer seu poder na política internacional, após a queda de Napoleão III (1870). A Itália consegue remover o último obstáculo interno à unificação, quando o papa é derrotado pelos exércitos italianos republicanos de Garibaldi em 1871(RENOUVIN, 1969). No entanto, a política de independência através da instituição da monarquia termina por se consagrar vencedora, com o apoio do Reino Unido. A Itália é unificada sob a liderança do Piemonte, tendo Cavour como seu estadista.

Finalmente, a terceira guerra de reajuste do equilíbrio consistiu na unificação da Alemanha. As possibilidades da unificação decorreram de uma sequência de acontecimentos, pois a aliança de Napoleão III com a Itália colocou a Áustria em posição vulnerável, possibilitando que a Prússia pudesse desafiar Viena e se prevalecer da conjuntura, submetendo-a aos seus desígnios após a Guerra Austro-Prussiana. Acresce a isso a postura desengajada da Rússia, do Reino Unido e da França. Por último, a rápida derrocada da França impossibilitou que outras potências fossem capazes de intervir para evitar sua acachapante derrota para a Prússia (RENOUVIN, 1969; HOBSBAWM, 1988).

A ascensão dessa nova potência torna impossível um retorno da ordem internacional aos compromissos pactuados em Viena, principalmente pelo potencial papel de hegemonia continental exercido pela Alemanha. Inobstante, enquanto Bismarck permaneceu à frente da jovem nação (até 1890), foi possível que o poder se mantivesse em equilíbrio, diante da sua política externa alemã de potência saciada. No entanto, com sua substituição por chanceleres menos prudentes, os resquícios do equilíbrio estabelecido em 1815 se poriam facilmente a perder. Segundo Dopcke:

> *Internamente, o sistema europeu de Estados manteve, após 1871, a sua expressiva hierarquia e estratificação entre, de um lado, as cinco verdadeiras grandes potências (Alemanha, França, Grã-Bretanha, Rússia e Áustria-Hungria) e, de outro lado, as potências de segunda e terceira categorias. Embora, depois de 1871, as grandes potências fossem as mesmas da primeira metade do século XIX, a balança de poder entre elas alterou-se significativamente. A Prússia, que era a mais fraca entre as cinco, catapultou-se (como o Império Alemão) para uma posição de potencial hegemonia no continente. A França, porém, perdeu em 1870-1871, o seu potencial de hegemonia.*

> *A monarquia dual austro-húngara sofreu o perigo de deixar o círculo das grandes potências, devido a problemas internos, originados na heterogeneidade étnica do Estado e no atraso econômico e sua insuficiência militar... (LOWE, 1994). O teste decisivo para o status de grande potência continuou sendo a capacidade de fazer guerra (TAYLOR, 1954). Isso, porém, não mais correspondia apenas à força populacional de um Estado..., mas dependia crescentemente da força industrial" (LOWE, 1994; TAYLOR, 1954 APUD DOPCKE, 2008: 79).*

Portanto, a partir de uma nova correlação de forças entre as potências que sustentaram a ordem de Viena em 1815, as características do novo equilíbrio envolveram a manutenção da estratificação entre as potências e os demais Estados. No entanto, ocorreu uma mudança fundamental no que diz respeito à distribuição de poder relativa: a Prússia, que em Viena era uma das potências mais fracas, dará lugar ao Império Alemão em 1871, que assumirá, progressivamente, a posição de um dos Estados mais fortes da ordem internacional.

3. CONSIDERAÇÕES FINAIS

O Congresso de Viena (1815) representou um marco nas Relações Internacionais, pois as mudanças trazidas pelo Concerto Europeu inauguram uma nova ordem internacional. Alguns dos elementos que fazem sua aparição em Viena permanecem fazendo parte do relacionamento entre as potências até os dias atuais. Um desses elementos consiste na hegemonia coletiva das maiores potências das Relações Internacionais no gerenciamento conjunto da ordem internacional, com vistas à manutenção da estabilidade e das regras pactuadas entre si.

Um outro elemento que cumpre ressaltar foi a ideia de que os Estados poderiam resolver as grandes questões das Relações Internacionais a partir da convocação de conferências entre as potências para a negociação entre elas e o estabelecimento de políticas ou para a tomada de decisão conjunta.

Um terceiro elemento consiste na implementação de uma estratégia de contenção do poder pelo poder nas Relações Internacionais, a partir da compreensão há longo tempo existente de que só o poder pode restringir o poder e de que o seu equilíbrio nas Relações Internacionais pode ser incentivado e gerenciado pelas potências em concerto.

A ordem de Viena se mostrou determinante para a sua estabilidade política até o advento da unificação alemã, em seguida à Guerra Franco-Prussiana (1870-1871). Não obstante, houve conflitos armados nesses anos, mas eles não foram capazes de conduzir a uma abrupta irrupção de hostilidades em âmbito sistêmico e definitivo. Isso só ocorreria muito mais tarde, com a eclosão da Primeira Guerra Mundial (1914).

Em contrário, após o fim do equilíbrio, os novos estadistas que conduziam as Relações Internacionais continuaram buscando evitar a irrupção de guerras, em prol da estabilidade por bastante tempo. Nesse sentido, o papel de Bismarck, crucial para a estabilidade da política internacional, após a unificação da Alemanha, bem o ilustra.

Segundo Lesaffer (2020), apesar de a política de equilíbrio de poder não haver sobrevivido intacta a 1871, outro pilar da ordem internacional de Viena consistia no gerenciamento em conjunto da ordem internacional pelas potências. Este se tornaria a espinha dorsal institucional da organização da segurança coletiva na Sociedade das Nações (1919) e, mais tarde, também assumiria esse papel fundamental na criação da Organização das Nações Unidas, em 1945.

REFERÊNCIAS BIBLIOGRÁFICAS

CERVO, Amado Luiz. *Hegemonia Coletiva e Equilíbrio*: a construção do mundo liberal (1815-1871). SARAIVA, Jose Flavio Sombra (Org). História das Relações Internacionais Contemporâneas. 2ª Edição. São Paulo: Saraiva, 2008.

CORREIA, Maldonado. *Congresso de Viena*: o Fórum da Diplomacia Conservadora no Refazer da Carta Européia. IDN – Revista Nação e Defesa. Ano 19; nº 69. Lisboa: janeiro-março 1994. Disponível em: http://hdl.handle.net/10400.26/1709. Consulta em: 24/03/2022.

DALL'AGNOL, Augusto C. *Guerras locais e limitadas*: mudanças no sistema regional europeu no "século da paz" (1853-1871). Trabalho de Conclusão de Curso (Graduação em Relações Internacionais) – Centro de Ciências Sociais e Humanas, Universidade Federal de Santa Maria, Santa Maria (RGS), 2016. Disponível em: http://coral.ufsm.br/gecap/images/tccs/DALLAGNOL_2016. Consulta em 03/02/2022.

DOPCKE, Wolfgang. Apogeu e Colapso do Sistema Internacional Europeu (1871-1918). In: SARAIVA, Jose Flavio Sombra (Org). História das Relações Internacionais Contemporâneas. São Paulo: Saraiva, 2008.

FIGES, Orlando. *Crimeia*. São Paulo: Record, 2018.

GHERVAS, Stella. *Three Lessons of Peace*: From the Congress of Vienna to the Ukraine Crisis. Disponível em: https://www.un.org/en/chronicle/article/three-lessons-peace-congress-vienna-ukraine-crisis. Consulta em 14/03/2022.

HOBSBAWM, E. J. *A Era das Revoluções*. 9. ed. São Paulo: Paz e Terra, 1996.

HOBSBAWM, E. J. A *Era dos Impérios*. 3ª edição. Rio de Janeiro: Paz e Terra, 1988.

HOUSSAYE, Henry. *Le Retour de Napoléon*: de l'ile d'Elbe a Paris. Paris: Flammarion, 1933.

LESAFFER, Randall. *The Congress of Vienna* (1814–1815)". Oxford Public International Law, 2021. Disponível em: https://opil.ouplaw.com/page/congress-vienna-1814-1815. Consulta em 20/03/2022.

LOWE, Cedric, J. *The Great Powers, Imperialism and the German Problem*, 1865-1925. London: Routledge, 1994.

MATTOSO, Katia Mytilineou de Queirós. *Textos e Documentos para o Estudo da História Contemporânea*. São Paulo: Edusp, 1976.

PORTAL DIPLOMÁTICO. *Congresso de Viena*. Disponível em: https://www.portaldiplomatico.mne.gov.pt/relacoesbilaterais/historiadiplomatica?view=article&id=521:congresso-de-viena&catid=119. Consulta em 20/04/2022.

RENOUVIN, Pierre. *Historia de Las Relaciones Internacionales:* Siglos XIX y XX. Madrid: Aguillar, 1969. (Tomo I).

SILVEIRA, José Renato Ferraz. *Hegemonia Militar Não Tradicional*: O Caso do Reino Unido (1816-1830). 4° SEMINÁRIO DE RELAÇÕES INTERNACIONAIS. UNILA-FOZ DO IGUAÇU. G3. História das Relações Internacionais e da Política Externa FOZ DO IGUAÇU. 27 e 28 de setembro de 2018. Disponível em: http://www.HEGEMONIA%20NAO%20MILITAR%20revisado.pdf. Consulta em 27/03/2022.

TAYLOR, A. J. P. *The Struggle for Mastery in Europe, 1848-1918*. Oxford, New York: Oxford University Press, 1954.

CAPÍTULO 8
OS PROCESSOS DE UNIFICAÇÃO ITALIANA E ALEMÃ

CHRISTIANE ITABAIANA MARTINS ROMEO[22]
RICARDO BASILIO WEBER[23]

INTRODUÇÃO

Os territórios da Alemanha e da Itália atuais fizeram parte do Sacro Império Romano-Germânico, que foi extinto por Napoleão Bonaparte em 1806. Os processos de unificação desses países são considerados tardios, pelo contraste apresentado em relação àqueles que ocorreram ao final da Idade Média, como nos casos da França, da Inglaterra, da Espanha e de Portugal.

---

[22] Doutora em Ciência Política (IUPERJ-2002), Mestre em Ciência Política (IUPERJ-1993), Bacharel em Ciências Sociais (UFF-1991) e Direito (PUC-RIO-1998). Foi Coordenadora Adjunta da Graduação em Relações Internacionais, sendo, atualmente, professora adjunta do Ibmec-RJ, assim como professora adjunta da Fundação Getúlio Vargas-RJ. E-mail: christiane.romeo@gmail.com.

[23] Doutor em Política Internacional (PUC-RIO-2010), Mestre em Ciência Política (UFF-2004), Bacharel em Ciências Sociais (UERJ-1998). Pós-doutorado em Ciência Política (UFF-2015). Doutorando em Direito, Negócios e Instituições (UFF). Foi professor titular de Relações Internacionais e coordenador adjunto de Relações Internacionais no Ibmec-RJ. Foi professor e coordenador pleno de Relações Internacionais do IUPERJ. Email: ricardobweber@gmail.com.

Apenas na segunda metade do século XIX, quando o nacionalismo emergente no início do século se torna mais forte, na esteira da sequência de revoluções que chacoalham a Europa, denominada Primavera dos Povos (1848), foi que os elementos necessários para a emergência desses processos de unificação se conjugaram, possibilitando essas grandes lutas de emancipação nacional.

Precisamos compreender esse nacionalismo dos anos de mil e oitocentos, que passa por importantes transformações no decorrer do século até se tornar capaz de consistir no elemento ideológico fundamental que provê a coesão social imprescindível para a construção dos mitos políticos das novas nações soberanas, animando e sustentando essas longas batalhas fundadoras de Estados nacionais.

O surgimento do nacionalismo na Europa não se dá no momento em que se deu por acaso. Em contrário, foi preciso que dois outros grandes pilares ideológicos das sociedades europeias se transformassem num sentido fundamental: referimo-nos, aqui, ao advento do Iluminismo e seu efeito devastador sobre instituições como a Igreja e o Absolutismo, como regime político.

O Iluminismo, ao atacar as bases ideológicas que sustentavam a coesão social medieval, por si só, carecia de um apelo emocional que levasse os homens a se sentirem parte de algo maior. A razão, simplesmente, não era capaz de criar um vínculo social tão forte que levasse os homens a arriscarem suas vidas em prol de um objetivo transcendente. Ao abalar o trono e o altar, o iluminismo necessitava de um elemento passional que preenchesse o espaço emocional ocupado por essas instituições.

Um conceito fundamental que nos auxilia a compreender o que está por trás desse fenômeno consiste no "Desencantamento do Mundo", conforme desenvolvido pelo sociólogo alemão Max Weber (1982). Esse conceito se refere ao fim dos mistérios, da magia, do encantamento e da mística que faziam parte das tradições das sociedades ocidentais, previamente ao desenvolvimento do capitalismo, da ciência e da técnica, enquanto características da modernidade. Com o passar do tempo, cada vez mais essas características desalojam os mistérios do seu papel precípuo de conferir sentido à vida das pessoas. Desse modo, enquanto a crença num mundo organizado por Deus foi hegemônica a vida humana era plena de sentido, ao passo que o desenvolvimento da ciência irá paulatinamente nos apresentar um mundo composto exclusivamente por relações de causa e efeito e, portanto, mutilado nessa dimensão fundamental da nossa existência. Segundo Pierucci (2003):

> *"Primeiro a religião (monoteísta ocidental) desalojou a magia e nos entregou um mundo natural "desdivinizado", ou seja, devidamente fechado em sua "naturalidade", dando-lhe, no lugar do encanto mágico que foi exorcizado, um sentido metafísico unificado, total, maiúsculo; mas depois, nos tempos modernos, chega a ciência empírico-matemática e por sua vez desaloja essa metafísica religiosa, entregando-nos um mundo ainda mais "naturalizado", um universo reduzido a "mecanismo causal", totalmente analisável e explicável, incapaz de sentido objetivo, menos ainda se for uno e total, e capaz apenas de se oferecer aos nossos microscópios e aos nossos cálculos matemáticos em nexos causais inteiramente objetivos mas desconexos entre si, avessos à totalização, um mundo desdivinizado que apenas eventualmente é capaz de suportar nossa inestancável necessidade de nele encontrar nexos de sentido, nem que sejam apenas subjetivos e provisórios, de alcance breve e curto prazo"* (PIERUCCI, 2003, p. 145).

Desse modo, a razão egressa do Iluminismo que sustentava os novos regimes políticos e as novas relações sociais que acompanhavam o desenvolvimento do capitalismo precisava se conjugar a um novo mito político que fosse portador de um grande impacto emocional, levando os homens a perceberem um sentido maior em suas ações. A resposta consistiu no desenvolvimento do nacionalismo.

No entanto, o nacionalismo percorreu um longo percurso de desenvolvimento, assumindo características diferenciadas nessa trajetória, até ser capaz de cumprir esse papel político fundamental de prover a coesão social para os processos de unificação nacional. Segundo Wheeler (1995):

> *"As principais correntes do nacionalismo na Europa alteraram o seu caráter, ao entrar no período ora estudado. Em geral, o nacionalismo do risorgimento, liberal e libertário, cedeu lugar a um nacionalismo integrista, militante, expansionista e chauvinista. Na primeira metade do século XIX, o nacionalismo associava-se à autodeterminação democrática dos povos e dos indivíduos, assim como à luta contra o domínio aristocrático. A partir da década de 1880, a política de direita reivindicou o monopólio do patriotismo expurgado de ideais democráticos. Como fenômeno de massas, tal nacionalismo direitista caracterizou especialmente Estados como a Alemanha. Nesses Estados, a realização da unidade nacional, a modernização industrial e a passagem para uma sociedade de massas e mercado aconteceram num lapso muito curto, acarretando prejuízos traumáticos e oferta compensatória de grandeza nacional, que não enfrentaram a oposição de uma cultura política*

fortemente consolidada." (WHEELER, 1995 apud DOPCKE, 2008, p. 80)

Desse modo, tanto no caso da Itália, quanto da Alemanha, o nacionalismo foi a argamassa ideológica que ligava os povos de diferentes regiões, por chamar a atenção do seu vínculo comum: étnico, de tradição, de costumes, de crença, de origem etc.

Um segundo elemento fundamental para que as unificações tardias se tornassem possíveis consistiu no desenvolvimento da indústria capitalista, especificamente no contexto da Segunda Revolução Industrial, no momento preciso em que essa expansão a levava para outras regiões europeias, como o Norte da Península Italiana (reino do Piemonte-Sardenha) e a região Nordeste da Europa Central (Prússia), pois foram sempre as regiões industrializadas que conduziram os processos de unificação.

1. O PROCESSO DE UNIFICAÇÃO ALEMÃO OU PANGERMANISMO

O território alemão emergente das ruínas do Sacro Império estava fragmentado em muitos ducados e principados, o que prejudicava muito essas unidades sociopolíticas, pois, nessa condição, eram sujeitas a muitas pressões dos Estados nacionais, que se prevaleciam na política internacional do uso da força, sobretudo.

Esses entes sociopolíticos estavam sendo dominados por duas grandes potências naquele período. Em primeiro lugar, o reino da Prússia, que estava participando de um processo de pronunciado desenvolvimento industrial e acreditava que se fortaleceria se unificasse todos os reinos ao seu redor, a partir da liderança prussiana.

Outra potência que exercia seu poder sobre os territórios da região era a Áustria, que, apesar de menos desenvolvida industrialmente, era forte militarmente e colocava toda a sua força na direção contrária à essa unificação, pois percebia claramente que, caso a Alemanha se unificasse, ela perderia substancialmente sua força e status internacionais de potência. Assim, nenhuma potência seria mais prejudicada pelos processos de unificação do que a Áustria (JOLL, 1999), que após ser extremamente fragilizada pelas guerras originadas dos mesmos, ainda teve que se haver com a questão das nacionalidades no interior de um Império multiétnico e multicultural como o seu.

A Prússia, portanto, será a ponta de lança dessa unificação, diante da firme oposição austríaca a esse processo. Essa oposição entre a Áustria e a Prússia fez parte da estratégia do grande artífice do processo de unificação alemã: Bismarck, figurando como elemento estratégico fundamental do projeto de país por ele idealizado. Conforme nos ensina Hobsbawm (1996):

> *"Bismarck, que não precisava de ajuda externa e não se preocupava com a oposição interna, só podia considerar uma Alemanha unificada que não fosse nem democrática nem demasiado grande que não pudesse ser dominada pela Prússia. Isto implicava a exclusão da Áustria, que ele obteve por meio de duas rápidas guerras brilhantemente conduzidas em 1864 e 1866 e a paralisia do país, que ele conseguiu fomentando e alimentando a autonomia da Hungria dentro do Império dos Habsburgos (1867), simultaneamente com a preservação da Áustria, para a qual dali em diante ele iria dedicar alguns belos presentes diplomáticos. (Isto porque, se a monarquia dos Habsburgos entrasse em colapso com todas as suas nacionalidades,*

seria impossível evitar que os austríacos alemães viessem a se unir com a Alemanha, portanto abalando a supremacia da Prússia tão cuidadosamente construída. Isso foi, de fato, o que aconteceu depois de 1918, e um dos resultados colaterais da "grande Alemanha" de Hitler (1938-45) foi o total desaparecimento da Prússia" (HOBSBAWM, 1996, p. 87).

No Congresso de Viena (1815) os ducados e principados alemães passaram a fazer parte da Confederação Germânica, composta por 39 Estados. Em 1833, a liderança prussiana consegue isolar a Áustria e criar a União Econômica e Aduaneira (Zollverein) (RENOUVIN, 1999). No entanto, com a Primavera dos Povos (1848) houve a tentativa malograda de unificação da Alemanha por parte de liberais nacionalistas da Assembleia de Frankfurt, projeto que foi paralisado pela intervenção das potências conservadoras de Viena.

Nesse ínterim, Bismarck ascendeu à presidência do Conselho Prussiano (1862), buscando sempre recorrer ao sentimento nacional dos alemães como instrumento para a construção da unificação de uma Alemanha sob Berlim. Esse estadista sabia que para o sucesso desse projeto, seria preciso vencer a resistência austríaca.

Nesse sentido, após a restauração da Confederação Germânica, houve a Guerra dos Ducados do Elba (1864), que ocorreu pela aliança da Prússia e da Áustria, unidas para contestar a soberania da Dinamarca sobre os territórios de dois ducados ao sul do país que faziam parte da Confederação Germânica, mas que também continham populações de origem étnica e cultural alemãs. Segundo as potências aliadas, esses ducados deveriam ser subtraídos da Dinamarca, o que aconteceu após a guerra, quando à Prússia coube a soberania sobre o ducado de Schleswig, enquanto à Áustria coube o domínio sobre o ducado de Holstein (JOLL, 1999).

No entanto, dois anos depois, a Prússia enfrentaria a Áustria e tomaria para si, também, o ducado de Holstein. O fim da Guerra Austro-prussiana (1866) representou um grande revés para a Áustria, pois a derrota para a Prússia a retirou do sistema político germânico. Além disso, o fim desse conflito determinou o fim da Confederação Germânica e sua substituição pela Confederação Germânica do Norte e a acordos menos institucionalizados ao sul (HOBSBAWM, 1996).

O próximo passo no processo de unificação consistiria em anexar os Estados do Sul da Europa Central germânica. Para esse objetivo, Bismarck deveria ser capaz de estrategicamente utilizar a diplomacia para tirar partido da sua relação com a França, valendo-se do nacionalismo francês.

A Guerra Franco-Prussiana (1870-1871) ocorreu entre a França, governada por Napoleão III, contra o reino da Prússia de Guilherme I e Otto von Bismarck. A guerra ocorreu por uma motivação externa inicialmente, pois a Espanha estava sem herdeiros, quando Isabel II deveria abdicar do trono (JOLL, 1999). A estratégia magistral de Bismarck envolveu a formulação da candidatura do príncipe prussiano Leopoldo von Hohenzollern ao trono espanhol.

Bismarck provocara a França com esse movimento, pois esse país jamais admitiria o controle da Espanha por parte de um príncipe prussiano. Assim, a França exigiu a retirada da candidatura, no que foi atendida pela Prússia. No entanto, após a retirada da candidatura, a França não se conteve e exigiu que essa retirada fosse perpétua, ou seja, que a Prússia se comprometesse a jamais ocupar o trono espanhol (HOBSBAWM, 1988). Nesse momento, o chanceler prussiano vaza o conteúdo do despacho de Ems, enquanto telegrama que relatava o encontro de 13 de julho de 1870 entre o rei da Prússia, Guilherme I, e o embaixador da França, em Bad Ems, Prússia.

No melhor estilo da Realpolitik, o telegrama foi encurtado por Bismarck, de tal forma que consistia numa afronta aos franceses, gerando a declaração de guerra da França à Prússia, em 19 de julho de 1870, tal como idealizado por Bismarck. Estrategicamente, aquela situação se afigurou para Bismarck como um ótimo motivo para tomar territórios franceses e continuar o processo de unificação da Alemanha.

A guerra foi rápida e consagrou a vitória da coalizão entre a Prússia e os principados germânicos, acachapante ao ponto de proceder-se à fundação do Império Alemão (1871-1918), no Salão dos Espelhos do Palácio de Versalhes, símbolo da realeza e do fausto da monarquia francesa (JOLL, 1999). Guilherme I foi sagrado primeiro imperador da Alemanha unificada, kaiser Guilherme I, enquanto Bismarck deixava de ser primeiro-ministro e passava a ser o chanceler germânico.

Nessa guerra foram incorporadas da França ao novo Império Alemão, mediante o Tratado de Frankfurt, as províncias da Alsácia e parte da Lorena. Há grandes consequências dessa guerra para as Relações Internacionais, pois o novo império entra cada vez mais na corrida imperialista, avançando conquistas tanto no continente europeu quanto no africano, originando grande rivalidade com o Reino Unido.

Além disso, essa vitória foi responsável pelo surgimento do revanchismo francês, que jamais esquecerá as províncias perdidas e tomará posição sempre no lado oposto à Alemanha em qualquer conflito europeu daí em diante (JOLL, 1999). No caso da Alemanha, buscar neutralizar a rivalidade francesa passará a ser o eixo em torno do qual operará a Realpolitik bismarckiana. Como consequências para a França dá-se o colapso do III Império e o surgimento da III República (1870-1940), além do surgimento da Comuna de Paris (1871).

O status da Alemanha unificada alterou significativamente o equilíbrio de poder da política europeia, na segunda metade do século XIX. Esse país vivia um célere processo de industrialização, relacionado à Segunda Revolução Industrial. Como se depreende do trecho abaixo de Hobsbawm (1988):

> *"Em princípio não é de fato surpreendente que a Alemanha, com sua população aumentando de 45 milhões para 65 milhões, e os EUA, passando de 50 a 92 milhões, tivessem alcançado a Grã-Bretanha, territorialmente muito menor e menos populosa. No entanto, isso não torna o triunfo da exportação industrial alemã menos impressionante. No transcurso dos trinta anos anteriores a 1913, eles passaram de menos da metade da cifra da Grã-Bretanha a uma cifra superior a essa (...) as exportações de produtos manufaturados da Alemanha para todos os países ultrapassaram as britânicas. Elas eram um terço mais elevadas no mundo industrial e mesmo dez por cento maiores no mundo não-desenvolvido"* (HOBSBAWM, 1988, p. 74).

A particularidade do modelo de desenvolvimento alemão se baseou no controle do Estado sobre a produção e no intervencionismo estatal no comércio da Alemanha com o exterior. Ao final do século dezenove, um novo balanço de poder havia surgido na Europa, resultante da unificação da Alemanha e da sua pujança industrial (JOLL, 1999).

2. O PROCESSO DE UNIFICAÇÃO ITALIANA

A península Itálica era formada por pequenos reinos e ducados com autonomia política, entretanto, alguns deles se encontravam sob domínio estrangeiro. Embora já existissem ideais nacionalistas, eles ganharam força e postularam a unificação italiana, a partir de 1848. Na verdade, o nacionalismo italiano consistiu num longo processo de amadurecimento que evoluiu desde as suas primeiras manifestações românticas e internacionalistas, como no caso dos *carbonari*, dos anos 1820, que, paulatinamente, vai assumindo um caráter mais instrumental e aguerrido (HOBSBAWM, 1988). Popularmente, a perene e consistente fermentação desse mito da construção nacional italiana ao longo do século XIX, que terminaria bem sucedido, tornou-se conhecido como *Risorgimento*.

O Congresso de Viena (1815) determinou o retorno ao poder das antigas monarquias, destronadas por Napoleão. Ao estabelecerem essa restauração monárquica, ficou acordado que a península itálica ficaria sendo governada por sete Estados distintos, cada qual possuindo sua respectiva casa real. Assim, antes do início do processo de unificação italiana (1848), a região onde hoje se localiza a Itália era governada pelos seguintes reinos: Reino Sardo-Piemontês, Reino da Lombardia, Estados Pontifícios (sob o comando da Igreja), Ducado da Toscana, Parma e Modena (soberania austríaca) e o Reino de Nápoles ou das Duas Sicílias.

Após a primavera dos povos (1848), havia três movimentos diversos que buscavam atingir esse objetivo: o Neo Guelfismo era liderado por Vincenzo Gioberti e postulava um processo de unificação liderado pelo papado, através da instalação de um regime político de monarquia constitucional.

Os Republicanos se organizaram sob a liderança de Giuseppe Mazzini, defensor da unificação a partir da instalação de uma República, acenando com esse objetivo às camadas populares daquele país.

Por último, havia os monarquistas, liderados pelo próprio rei do Piemonte e Sardenha, Vitor Emanuel II, membro da Casa de Savoia, e seu primeiro-ministro, o conde de Cavour. Esta consistia numa alternativa que falava mais alto para as classes abastadas da nova nação. Em 1852, Cavour se torna presidente do Conselho do Reino Sardo-piemontês, visando à criação de um Estado liberal, sob o regime monárquico constitucional.

O processo de unificação se dá a partir das iniciativas combinadas de Mazzini e de Vítor Emanuel II. Mazzini, entretanto, inicia sua luta com a formação de um grupo revolucionário chamado de Jovem Itália na década de 1830 para formar uma República.

Já Vítor Emanuel assumiu o reinado no ano de 1848 e, juntamente a Cavour, realizou uma grande modernização no reino do Piemonte Sardenha, como ponto de partida do processo de unificação, a partir da liderança da Casa de Savoia (RENOUVIN, 1999). Para isso, iniciam campanha por apoio internacional à unificação italiana e contra o Império Austríaco, que ainda dominava muitas regiões da península.

A campanha de unificação italiana se iniciou com a luta contra a Áustria, sob os Habsburgos, em 1848. Um exército de libertação saiu da Sardenha com essa missão de auxiliar os rebeldes. Essa iniciativa não foi bem sucedida. Cavour, então, decidiu participar da guerra da Crimeia, lutando ao lado do Reino Unido e da França, com o fito de captar a benevolência desses países, em 1855. Três anos mais tarde, reuniu-se secretamente com Napoleão III, da França, para planejar uma estratégia para a guerra de libertação. A moeda de troca para atrair a aliança francesa para libertar a Itália da influência da Áustria consistiu na cessão de Savoia e de Nice para a França (BURNS, 1970).

Na verdade, Mazzini contribuiu de forma fundamental para a celebração do tratado secreto de 1859, pelo qual a França se comprometeu com os objetivos e com seu apoio ao movimento de unificação italiana. No entanto, após o início da guerra, Napoleão III se tornou apreensivo em relação às reações dos católicos no seu próprio país, pois o papa se opôs ao processo de unificação. Parte da base de apoio político de Napoleão III, os católicos ultramontanos eram favoráveis à defesa do papa, que se encontrava sitiado e consistia na última resistência a ser vencida para a concretização do processo de unificação (VIDIGAL, 2006). Além disso, as reações de outras potências, como o Reino Unido, Rússia e Áustria, também pesaram nos cálculos do líder francês, que decidiu retirar seu apoio. Na verdade, suas expectativas sempre se associaram ao surgimento de uma Itália como um pequeno poder, que orbitasse em torno da aliança política com a França.

Em seguida, Mazzini, que liderava o movimento republicano no Sul da Itália, também acaba se aliando com o reino do Piemonte-Sardenha, pois o movimento de Mazzini se enfraqueceu e isso o levou à conclusão de que não conseguiria conduzir o processo sozinho. Portanto, abre mão da República para somar seus esforços àqueles do rei Vítor Emanuel, conduzindo juntos o processo de unificação. No entanto, a maior contribuição de Mazzini consistiu na conquista do reino das Duas Sicílias, com as tropas de Giuseppe Garibaldi. Com isso, Vitor Emanuel II se autoproclamou rei da Itália em 1861, apesar de não haver ainda acabado o processo de unificação.

Desde o abandono da França (que anexou as regiões da Savoia e de Nice), o reino do Piemonte-Sardenha não conseguira erradicar da região de Veneza o domínio austríaco, muito embora tenha se valido do apoio francês para conquistar a Lombardia (BURNS, 1970). Ressalte-se que, além disso, a aliança da França com a Itália entrou no radar estratégico do Reino Unido, que, ante a possibilidade do aumento da influência francesa sobre a península, decidiu apoiar o processo de unificação monárquico, tal como a propugnado por Vítor Emanuel e Cavour.

Apenas em 1866, Veneza, que permanecia em poder da Áustria, foi cedida aos italianos por exigência da Prússia, em compensação pela participação dos exércitos italianos na Guerra Austro-Prussiana (BURNS, 1970). Com a derrota da Áustria nesta guerra, os reinos de Parma e da Toscana se revoltam e expulsam seus governantes austríacos. Em seguida, realizam um plebiscito, a partir do qual se unem ao reino do Piemonte-Sardenha, que comandava o processo de unificação.

Depois a luta se voltou para a região dos Estados Pontifícios (reinos católicos), que eram protegidos pelas tropas francesas. Em 1871, como o enfraquecimento da França pela derrota na Guerra Franco-Prussiana, isso se tornou possível.

Nesse ponto, apenas Roma ainda não havia sido conquistada e se conservava independente graças à proteção concedida por Napoleão III. No entanto, a Guerra Franco-Prussiana tornou impossível à França continuar desempenhando esse papel. Aproveitando a retirada das tropas francesas, o mês de setembro testemunhou a ocupação de Roma, que no ano seguinte se tornaria a capital da Itália (BURNS, 1970).

> *"O poder temporal do papa, mantido somente devido à presença de tropas francesas em Roma desde 1867, não sobreviveu à nova situação. Com a retirada dos franceses, os italianos ocuparam Roma a 20 de setembro de 1870. A unificação da Itália seria ratificada a 2 de outubro, quando um plebiscito realizado em Roma determinou sua união com o reino da Itália"* (VIDIGAL, 2006, p. 314).

Esse foi o ponto de partida da Questão Romana. A conquista de Roma tornou a Igreja hostil ao Reino da Itália, pois o Papa governava de forma secular os Estados Pontifícios. Em 1871, foi aprovada no Parlamento da Itália a Lei de Garantias Pontificiais, que reservava ao Papa autoridade plena sobre os jardins e edifícios do Vaticano e de Latrão, assim como capacidade de representação internacional sobre o recém-criado Estado do Vaticano.

No entanto, Pio IX não aceitou a lei, afirmando que essa questão só poderia ser resolvida por um tratado internacional negociado com ele. Em seguida, o papa se retirou da política, assim como seus sucessores, até 1929 quando se estabeleceu um acordo entre Pio XI e Mussolini (BURNS, 1970).

Mais tarde, no Concílio de Latrão (1929), a Igreja católica celebra um acordo com Mussolini, sendo criado o Estado do Vaticano com a sua administração entregue à Igreja de Roma. Somente após o fim da Primeira Guerra Mundial deu-se a incorporação das últimas regiões que conformam as suas fronteiras atuais e definitivas: Trento, Ístria e Trieste, que restavam, até então, sob a posse austro-húngara.

3. CONSIDERAÇÕES FINAIS

Retrospectivamente, essa longa dinâmica de alianças, envolvidas no processo de conquista/unificação territorial, se apresentou fundamental para o seu desfecho. Em outras palavras, os artífices dos novos Estados, italianos e alemães, foram favorecidos por ela. Afinal, no momento em que se aliou à luta do processo de unificação italiana contra a Áustria, a França contribuiu indiretamente com os objetivos do processo de unificação alemã. Esse nexo se estabelece pelo caráter conservador daquela potência que, uma vez derrotada pelos italianos, se tornou mais isolada politicamente no continente, assim como mais fraca militarmente para ser capaz de resistir às inovadoras políticas alemãs, necessárias para avançar com seu processo de unificação.

Ora, isso facilitou a Prússia a atingir seus objetivos no confronto com a Áustria, sendo também capaz de derrotá-la. Por fim, essa mesma Prússia foi capaz de, em seguida, triunfar no seu objetivo de unificação, cujo último obstáculo consistia na própria França, vencida por ela e colocada de joelhos, diante do surgimento da nova potência emergente no centro da Europa e que apresentaria um desafio formidável ao equilíbrio de poder europeu, que jamais funcionaria da mesma forma.

No que diz respeito ao continente europeu e à política externa desses Estados, uma consequência fundamental dos processos de unificação consistiu na rivalidade da França em relação ao novo Estado alemão. Desde então, em qualquer alinhamento das potências continentais, a França se fará presente no polo oposto ao da Alemanha, pois a memória e o consequente revanchismo gerado entre esses países, pela mudança de mãos das províncias perdidas pela França da Alsácia e da Lorena, jamais deixará de se fazer presente no imaginário de ambos.

Enquanto Bismarck permaneceu no poder, sua política externa sempre levaria isso em conta. Por isso, apesar do fim do equilíbrio de poder europeu desenhado em Viena não mais ser capaz de operar no período em que o chanceler alemão continuou responsável pela política externa alemã (1890), houve relativa estabilidade na política internacional. No entanto, após sua saída, o caminho estaria aberto para disputas de poder entre os Estados que terminariam conduzindo aos acontecimentos que se precipitaram em 1914, originando a Primeira Guerra Mundial.

No que diz respeito ao Brasil, a maior implicação das unificações, em conjunto com as revoluções europeias do século XIX, consistiu num magnífico fluxo de imigrantes das regiões onde hoje se localizam a Itália e a Alemanha.

REFERÊNCIAS BIBLIOGRÁFICAS

BURNS, Edward McNall. *História da Civilização Ocidental.* Vol II. 2a Edição. Rio de Janeiro: Editora Globo, 1970.

DOPCKE, Wolfgang. *Apogeu e Colapso do Sistema Internacional Europeu* (1871-1918). In: SARAIVA, Jose Flavio Sombra (Org). História das Relações Internacionais Contemporâneas. São Paulo: Saraiva, 2008.

HOBSBAWM, E. J. *A Era das Revoluções.* 9. ed. São Paulo: Paz e Terra, 1996.

HOBSBAWM, E. J. *A Era dos Impérios.* 3ª edição. Rio de Janeiro: Paz e Terra, 1988.

JOLL, James. *Europe Since 1870: an International History.* UK: Penguin Books, 1999.

PIERUCCI, A. F. O Desencantamento do mundo: Todos os passos do conceito em Max Weber. São Paulo: 34, 2003.

RENOUVIN, Pierre. *Historia de Las Relaciones Internacionales:* Siglos XIX y XX. Madrid: Aguillar, 1969.

VIDIGAL, Armando. *Guerras da Unificação Alemã.* In: MAGNOLI, Demétrio (Org). História das Guerras. São Paulo: Contexto, 2006.

WEBER, M. *A ciência como vocação:* In: Ensaios de sociologia. 5 ed. Rio de Janeiro: Zahar, 1982.

WHEELER, Hans-Ulrich. *Grundzüge der amerikanischen Aussenpolitik*, I:1750-1900. Von der Englishchen Kustenkolonie zur amerikanischen Weltmacht. Frankfurt: Suhrkamp, 1984.

CAPÍTULO 9
A ERA DO NACIONALISMO E DO IMPERIALISMO

BERNARDO KOCHER[24]
RENATO SALGADO MENDES[25]

1. NACIONALISMO

INTRODUÇÃO

"Proponho-me a analisar com os senhores uma ideia, clara em aparência, mas que se presta aos mais perigosos mal-entendidos." Dita há 140 anos, a introdução de Ernest Renan à pergunta "o que é uma nação?" continua sendo a melhor forma de se iniciar uma descrição do fenômeno do nacionalismo. Uma busca que tenta definir os conceitos de nação e nacionalismo em meio ao uso e à manipulação de crenças coletivas.

---

[24] Doutor em História (UFF), mestre em História (UFF), graduado em História (UFF), professor da Universidade Federal Fluminense.

[25] Doutor em Ciência Política (UFF), mestre em Relações Internacionais (UFF), bacharel em jornalismo (UFRJ), professor do Ibmec-RJ.

1.1. O QUE É UMA NAÇÃO?

Etimologicamente, o termo nação deriva do latim *natio*, que foi usado como particípio passado do verbo nascer, algo como "ter nascido". A mais antiga menção registrada é de Cícero, que no primeiro século antes da Era Comum usa o termo para dizer que todas as *nationes* podem ser escravizadas, mas não a comunidade (*civitas*) grega. Nas universidades medievais, *natio* servia para designar grupos de estudantes que vinham da mesma região e/ou falavam idiomas semelhantes entre si, com o termo acabando por ser emprestado à língua francesa medieval. (HOBSBAWM, 1990) Nos últimos dois séculos, o significado do termo evoluiu, e hoje dicionários e discursos políticos dizem que nação pode até ser um sinônimo de país – uma inversão que remete à ideia galvanizada no século XIX de que cada Estado deve ser também uma nação.

Não é apenas no senso comum que o significado da palavra nação é impreciso. No campo teórico já se tentou dar um sentido objetivo a ela, como Anthony D. Smith: "uma nação é uma população humana detentora de um nome que compartilha um território histórico, mitos comuns e memórias históricas, uma cultura de massa e pública, uma economia comum, e direitos e deveres legais comuns para todos os membros." (SMITH, 1995)

Dada a dificuldade de encaixar tal definição em muitas nações, e devido ao fato de suas narrativas mudarem com o passar do tempo, o mais seguro é descrever o fenômeno pela percepção coletiva do grupo. Benedict Anderson propõe aquela que é a mais influente descrição do fenômeno da nação: uma "comunidade imaginada":

> "É uma comunidade política **imaginada** – e imaginada por ser inerentemente tanto limitada quanto soberana. Ela é **imaginada** porque os membros mesmo da menor nação jamais conhecerão a maioria

> *de seus co-membros. (...) A nação é imaginada como algo **limitado** por mesmo a maior delas, compreendendo talvez um bilhão de seres humanos, ter fronteiras, mesmo que elásticas, finitas, depois das quais há outras nações. (...) Ela é imaginada como **soberana** porque o conceito nasceu numa era na qual o Iluminismo e a revolução estavam destruindo a legitimidade dos reinos dinásticos hierárquicos baseados na vontade divina. (...) Finalmente, é imaginada como uma **comunidade** porque, não importando a desigualdade e a exploração que podem prevalecer em cada uma delas, a nação é sempre concebida como uma camaradagem profunda e horizontal. Em última instância, é esta fraternidade que torna possível, nos últimos dois séculos, que tantos milhões de pessoas não apenas matem, mas se disponham a morrer por tais imaginações limitadas." (ANDERSON, 1991, p. 40)*

Ernest Gellner dá um passo além de Anderson e afirma que nações são simplesmente inventadas, e devido à ausência de solidez de qualquer descrição de uma nação específica define o termo pela forma como as pessoas se sentem:

> *"1) Dois homens são da mesma nação se, e somente se, eles compartilham da mesma cultura, onde cultura, por sua vez, significa um sistema de ideias e sinais e associações e modos de comportamento e comunicação.*
>
> *2) Dois homens são da mesma nação se, e somente se, eles reconhecem um ao outro como pertencentes à mesma nação." (GELLNER, 1983, p. 7)*

Durante o século XIX, as revoluções nas áreas de transporte e comunicação tornaram possível imaginar (ou inventar) a existência de um grupo ampliado de pessoas que, supostamente, compartilha determinados marcadores – características que ele possui, mas não outros grupos humanos. As nações e o nacionalismo são fenômenos recentes que floresceram no último quartel do século XIX. Processos como a industrialização, o secularismo e o Estado moderno possibilitaram sua ocorrência. Quase todos também afirmam que, como sintetizou Eric Hobsbawm: "o nacionalismo vem antes das nações. As nações não formam os Estados e os nacionalismos, mas sim o oposto." (HOBSBAWM, 1990, p. 19)

Um dos principais responsáveis pela mudança na percepção da antiguidade do fenômeno da nação – que de algo herdado de séculos passou a ser encarado como algo recentemente produzido, politicamente manipulável e frequentemente manipulado – foi o historiador Eugen Weber em seu estudo sobre o interior da França no século XIX.

Weber mostrou que o sentimento nacional num país que era considerado um precursor do nacionalismo não existia no interior da França até o último quarto do século XIX. "O menor de nossos vilarejos considera a si próprio um *pays* em sua língua, suas lendas, seus costumes e seu modo de agir", afirma Weber (1976, p. 45), citando o que escreveu um funcionário público ao viajar pelo interior.

Os moradores do interior em nada compartilhavam com os habitantes de Paris ou das cidades grandes o sentimento de pertencer a uma mesma comunidade, pois viviam num mundo diferente. Um mundo no qual os vilarejos, devido à ausência de estradas e ferrovias, encontravam-se em isolamento quase total não apenas das cidades, como também de outras aldeias relativamente próximas. O idioma francês não era falado em grande parte do país em 1863 segundo dados oficiais, e sim dialetos, que impediam a comunicação entre franceses da capital e "nativos" do interior. (WEBER, 1976)

A ideia de pertencer à outra comunidade além da família e do vilarejo só se tornou possível depois que um mundo maior passou a existir para os camponeses, que eram a maioria da população de todos os Estados no século XIX. Estradas e ferrovias – também o correio – aproximaram o campo da cidade, e tornaram as migrações temporárias para a busca de trabalho durante os invernos sem colheita possíveis. Os trabalhadores voltavam para suas aldeias com a visão de outro mundo, o mesmo que ocorria quando voltavam do serviço militar, cada vez mais frequente. O surgimento de novos equipamentos para trabalhar a terra aumentou a produtividade e o tempo disponível para outras atividades, e permitiu que as crianças permanecessem na escola. A alfabetização criou as condições para que a tradição oral desse lugar às histórias escritas, comuns aos estudantes de todas as regiões, jovens que passaram a não apenas falar a mesma língua como, mais importante, ter as mesmas referências que pessoas do outro lado do país.

Como afirma Wittgenstein, "o que não podemos pensar, não podemos pensar; portanto, tampouco podemos *dizer* o que não podemos pensar". A nação e o discurso que a alimenta, o nacionalismo, portanto, foram precedidos por condições que só se materializaram no século XIX. (WITTGENSTEIN, 2010)

Mas o que é o nacionalismo? Para Gellner, é impossível desvincular a política do nacionalismo: "O nacionalismo é, em primeiro lugar, um princípio político que sustenta que a unidade política e a unidade nacional devem ser congruentes." (GELLNER, 1983, p. 1) O nacionalismo pode ser entendido como um princípio político que busca justificar o exercício do poder através de um consentimento popular à ideia de pertencer a uma mesma comunidade.

O nacionalismo serviu como instrumento para legitimação de profundas mudanças políticas dentro de Estados ou como justificativa para ações externas, desde o apelo de idealistas pelo princípio das nacionalidades até a validação de conquistas territoriais nos últimos dois séculos.

Na busca por novas formas de legitimação do Estado com o lento esgotamento dos governos dinásticos que baseavam sua legitimidade no direito divino, movimentos liberais se uniram aos românticos interessados nos costumes culturais do campo e a grupos literários. Paralelamente, Estados multinacionais recorriam a traumáticos processos de homogeneização cultural, uma vez detectada uma maior facilidade para a imposição de políticas governamentais ao se lidar com apenas "um povo". Nas palavras de Gellner, o monopólio da educação se tornara mais importante do que o da violência, pois a aculturação passou a ser produzida por "professores, não carrascos" (GELLNER, 1983, p. 34).

1.2. NACIONALISMO E O SISTEMA DE ESTADOS

A ideia transformadora do nacionalismo era a transferência da legitimação do poder dos governantes de tradições dinásticas ou jurídico-políticas para a "nação-povo". A ideia ganhou força na Europa Central e em outros territórios depois das invasões napoleônicas. Foi a primeira vez que um discurso de resistência a uma ocupação estrangeira se baseou em argumentos puramente nacionalistas.

A força do discurso nacionalista cresceu nas décadas seguintes, e a valorização da nação acabou se tornando parte integral de movimentos políticos e artísticos. O italiano Giuseppe Mazzini (1805-1872), defendendo ideais democráticos, afirmava que era necessária uma transformação da autoridade na Europa que substituísse o Concerto Europeu inaugurado em 1815. Ele criou grande parte de sua ideia de nação enquanto buscava a unificação italiana, mas outras tentativas de sistematizar a lógica nacionalista a partir de um ponto de vista não governamental ocorreram em momentos em que a autonomia de uma população estava em risco. A pergunta de Renan mencionada acima ocorreu apenas 11 anos depois de a França ter perdido a Alsácia para a Prússia em 1871[26].

No século XIX, a nação passou a ser parte do discurso político na América e na Europa. Em termos cronológicos, os primeiros Estados-nacionais surgiram na América. Sob a justificativa de assumirem o controle das colônias espanholas durante o período da ocupação da Espanha por Napoleão (1808-1814), as elites *criollas* tomaram para si os governos locais. Estas tiveram condições de imaginarem tais comunidades nacionais devido à verticalização da estrutura de poder – um integrante da elite branca nascido em Lima ou Buenos Aires jamais teria cargos em Madri que, por sua vez, desde a década de 1760 proibira as relações diretas entre estas regiões – tudo tinha que passar por Madri, mesmo transações entre áreas vizinhas. Inversamente, nas Treze Colônias no norte do continente não havia tal barreira, o que permitiu que se pensasse em "estados unidos" na América do Norte, mas ainda assim diferenças administrativas não permitiram que os falantes de inglês mais ao norte (Canadá) se unissem ao projeto. No fim do século XVIII, o espalhamento das publicações locais calçou o espaço da comunidade a ser imaginada. Por fim, o temor que as elites locais tinham das vastas populações submetidas a elas (pessoas escravizadas e populações originárias) se insurgirem levou à tomada do poder "legitimada" pela ideia de nação.

A segunda onda de nacionalismo ocorreu na Europa no século XIX e teve como principal elemento o idioma. Movimentos

---

26 Para Renan, fazer parte de uma nação era um ato de vontade, um "plebiscito diário". (RENAN, 1989)

intelectuais passaram a encontrar na horizontalidade do compartilhamento da mesma língua o principal símbolo da nação. Originalmente, tais movimentos ocorreram de baixo para cima, sem controle governamental, e normalmente contra este. Em áreas de estrutura estatal fragmentada, como a Península Itálica e a Europa Central germânica, estes movimentos tinham características unificadoras. No caso italiano, a uma versão originada nas classes médias do sul se somou uma ação de elites governamentais do Piemonte ao norte que, juntas, unificaram a Itália em 1861. Em outros casos, a nacionalização foi controlada pelo próprio Estado, de cima para baixo, como em França, Reino Unido e Portugal. (ANDERSON, 2008)

Em comum, porém, há a forma como a ideia de pertencer a uma nação se consolida em cada Estado. A percepção de uma maior coesão social quando vastas camadas da população passam a se considerar parte de um todo incentiva uma ação ativa de nacionalização da população. Com ferrovias, serviço militar, escolas e presença do Estado os governos centrais tiveram as ferramentas para disseminar a ideia de que todos pertencem à mesma comunidade.[27]

Onde o Estado fracassou neste trabalho no século XIX, os movimentos de baixo para cima tiveram chance de se consolidar. A Áustria cresceu em demasia no início do século e se tornou multinacional. O mesmo ocorreu com a parte europeia do Império Otomano e na Espanha, onde a crise que assolava o país desde a invasão napoleônica e a perda das colônias impediu a consolidação de Madri em áreas periféricas, como Catalunha, País Basco e Galícia. Na vasta Rússia, a brutalidade da imposição tardia (década de 1880) do idioma russo não foi suficiente para eliminar movimentos nacionalistas no Báltico, na Finlândia, na Ucrânia, no Cáucaso.

---

27 Isso não quer dizer que a maioria dos próprios governantes não acreditem na ideia de nação.

No caso alemão, a unificação liderada por Bismarck se deu contra o pangermanismo. Aristocrata, ele temia que a Europa Central germânica fosse unificada pelo democratizante nacionalismo. Ao unificar sob a Prússia a região através de guerras contra vizinhos, ele se tornou um símbolo do uso da "cartada nacionalista" – o discurso nacionalista, não por convicção, mas pela facilidade de conseguir apoio popular.

A terceira onda se dará pela reação à imposição imperialista. Isso já pode ser percebido em áreas da Europa, como Áustria-Hungria, Bálcãs, Polônia. Em grande parte da África e da Ásia, os movimentos nacionalistas se dão por reação ao imperialismo, seja no Japão da Revolução Meiji contra a imposição ocidental (e na população coreana contra o Japão posteriormente) ou na África Central. A tentativa de imposição cultural encontra como resposta a resistência de intelectuais, que criam movimentos nacionalistas locais. Os nacionalismos na China e Índia são exemplos disso. (ANDERSON, 2008)

2. IMPERIALISMO

2.1. IMPERIALISMO: UMA ABORDAGEM HISTÓRICA INICIAL

Imperialismo e nacionalismo são processos sociais interligados, formados no interior da complexa crise econômica de 1873 até 1895. Foram inúmeros os desdobramentos econômicos, políticos, sociais e ideológicos derivados desta situação. Assim, a conquista de territórios, uma das soluções para o enfrentamento das debilidades econômicas, significou um acréscimo de poder material e simbólico para os colonizadores. Indicar o caminho para compreender tal situação, seguindo o marco conceitual e histórico delineado por Eric Hobsbawm, em "A Era dos Impérios" (HOBSBAWM, 1981), é o objetivo desta sessão.

No último quartel do século XIX – um período dominado pela proliferação de correntes científicas, religiosas, literárias e ideologias terminadas pelo sufixo *ISMO* (nacionalismo, socialismo, comunismo, anarquismo, positivismo, evolucionismo, pragmatismo, naturalismo etc.) –, os impérios europeus se desenvolveram, tomando escala mundial. A consorciação entre projeção de poder externo e a valorização ideológica do espaço nacional decorre das transformações radicais produzidas na vida política dos países metropolitanos: de sociedades economicamente liberais para as de caráter marcantemente monopolista e protecionista na economia, além de xenófobos na vida social e política. Em larga medida (em torno de 1875), as economias capitalistas ocidentais já não conheciam o livre-mercado clássico, tendo se desenvolvido no seu interior os oligopólios econômicos que clamavam pela defesa do espaço nacional como forma de sobrevivência dos povos.

O imperialismo europeu está intimamente vinculado ao processo de colonização, mas não só. Atuando de forma marcante na América Latina – área de disputa com uma potência regional, os Estados Unidos sob o manto da Doutrina Monroe (1823) –, o imperialismo pode ser detectado com um novo viés: as áreas de influência. Tal situação pôde ser percebida no ambiente asio-africano, palco principal das disputas das potências imperialistas. Um país como o Egito era informalmente independente do Império Otomano, mas era controlado pelo Reino Unido.

O termo imperialismo nos remete a uma realidade eterna na vida em sociedades politicamente organizadas, a formação de impérios. O processo ora em análise é o que denominamos de impérios de tipo *novo*, diferente dos impérios de tipo *antigo* que ainda existiram na "era do imperialismo". Aqueles estavam constituídos há séculos, mas como no caso do Império Russo, continuavam a sua expansão com a absorção de terras vizinhas. Outros dois exemplos neste caso são o Império Otomano e o Império Austro-Húngaro. Também são impérios coloniais resilientes Portugal e Espanha, formados no século XVI sob a dominância do capitalismo comercial e da política mercantilista. Na "era do imperialismo", os quatro últimos casos estavam perdendo poder decisório sobre suas possessões e, por vezes, estas áreas se tornavam objetos de disputa dos impérios de tipo novo.

O imperialismo foi um difusor de um ideário baseado na superioridade da Europa e na necessidade de que seus habitantes levassem tais qualidades a povos e culturas tidas como carentes de amparo. Este argumento procurou legitimar política e socialmente a dominação das sociedades colonizadas, caracterizado no argumento de que existia um "fardo do homem branco", expressão consagrada em poema de Rudyard Kipling. Tal abordagem fundamentou a percepção de que o processo colonial estava exclusivamente calcado na pressuposta superioridade do colonizador europeu. Aí foram criadas as bases do racismo, constituído como um dos instrumentos fundamentais de subjugação dos colonizados. Assim, imperialismo é tanto uma prática colonial e de dominação de áreas de influência quanto uma ideologia, incorporada de alguma forma ao patrimônio político de todos os envolvidos.

A montagem dos impérios coloniais não foi, no entanto, resultado exclusivo da vontade do colonizador. Ele foi beneficiado pela fragilidade interna das sociedades que se tornaram colônias. Conforme aponta Mike Davis (2006), há décadas as economias agrárias da Ásia e da África estavam sendo inseridas nos mercados mundiais de produtos agrícolas, modificando as estruturas econômicas, culturais e de poder destas sociedades. Esta expansão prévia de uma economia mercantil – monetizando relações sociais até então fundadas em códigos próprios – propiciou o controle da capacidade produtiva local pelo mercado mundial mais desenvolvido. Tal situação produziu um abalo das relações entre os habitantes nas futuras colônias – e destes com os Estados aos quais estavam inseridos. Acrescente-se a este quadro a ocorrência de uma situação climática inesperada, o surgimento do fenômeno meteorológico do *El Niño*, que transformou rápida e drasticamente o clima e o regime de chuvas em todo o mundo. As três secas que ocorreram no período de implantação do imperialismo – 1876-79, 1889-1891 e 1896-1902 – aprofundaram a instabilidade de estruturas tradicionais de sobrevivência material das sociedades asiática e africana, ainda mais prejudicadas pela ocorrência de epidemias de diversas doenças. Neste ambiente, segundo Mike Davis:

> *"Os impérios europeus, conjuntamente com Japão e Estados Unidos, exploraram selvagemente esta oportunidade para arrebatar novas colônias, expropriar as terras comuns e recrutar mais mão de obra para suas plantações e minas. O que, desde uma perspectiva metropolitana, parecia o resplendor último da glória imperial do século dezenove foi, do ponto de vista asiático e africano, tão somente a luz odiosa de uma gigantesca pira funerária."* (DAVIS, 2006)

Segundo Terence Ranger (2010), estudando o caso africano, esta fragilidade possui outros contornos a serem considerados. Ele aponta as imensas desigualdades entre os colonizadores e as sociedades africanas, o que explica por que o conhecimento científico dos europeus (como, por exemplo, a cartografia) favoreceu a conquista do continente. A tecnologia médica não os expunha às doenças tropicais, com a utilização do quinino contra a malária. Em terceiro lugar, a capacidade financeira europeia, e daí a sua força militar, fornecia aos invasores condições de enfrentar com sucesso as resistências das populações ao domínio estrangeiro. Outro aspecto relevante para viabilizar a dominação colonial foi um período longo de paz na Europa – após a Guerra Russo-Turca de 1877-8 –, que encontrou o continente africano em situação diversa (vivenciando vários conflitos entre povos locais), provavelmente devido à piora das condições de vida causada pela situação alinhada acima.

2.2. O IMPACTO DO IMPERIALISMO NAS RELAÇÕES INTERNACIONAIS

Apontamos duas características que devem ser enfatizadas para a análise do nosso objeto. A primeira é que o colonialismo de fins do século XIX é uma política assertiva, ou seja, foi sistemática e metodicamente construído por atores estatais. A segunda é o caráter altamente competitivo entre as metrópoles por conquistas. Sem estas duas percepções, que devem ser vistas como integradas, a compreensão da historicidade do imperialismo se perde. Torna-se um fator a-histórico e normativo da vida dos Estados, impérios e outras formas de organização política. Esta é a perspectiva, por exemplo, de Max Weber (WEBER, 1999), que atribui o mesmo valor ao imperialismo romano e aquele desenvolvido no século XIX.

A disputa colonial por parte das metrópoles europeias encerra – sem fornecer sinais evidentes – um longo período de equilíbrio e relativa paz no continente iniciado em 1815, no Congresso de Viena. Após o longo conflito generalizado (iniciado com a Revolução Francesa e seguido pelas Guerras Napoleônicas) foi firmado um acordo de divisão de responsabilidades pela manutenção da ordem internacional (europeia e internacional como um todo). A *pentarquia* (Reino Unido, Prússia, Rússia, Áustria e França) foi instituída como meio de operacionalizar o *equilíbrio de poder* europeu, inicialmente através de um mecanismo diplomático, o Sistema de Congressos. Mesmo que formalmente não tenha sobrevivido, devido à saída do acordo do Reino Unido em 1820, os princípios desta pactuação sobreviveram durante todo o século XIX, o que produziu um século de relativa paz, entremeada sempre por guerras de curta duração. Ao final dos conflitos o equilíbrio era restaurado e a estabilidade política europeia retornava.

O imperialismo modificou esta situação, projetando para os demais continentes as tensões existentes entre as metrópoles. Nesta quadra a paz interna na Europa já não era sólida, já que o clima de competição era acompanhado por uma corrida armamentista acelerada. Mas a maioria das populações ainda tinha convicção de que as guerras estavam afastadas pela expansão ilimitada da riqueza, o que ajudava a conferir legitimidade às ambições coloniais. Tal estado de espírito ilusório, não obstante, o aumento das contradições entre os Estados metropolitanos, sobrevivia às tensões recorrentes, retratadas em inúmeros exemplos de conflitos. Estes alargavam o escopo de uma crise política internacional estrutural, invisível dentro da perspectiva chauvinista predominante durante a "era do imperialismo". Como exemplo da competição das metrópoles por áreas coloniais, que apontavam para conflitos de grande porte, apontamos três casos. O primeiro foi conhecido como o "Incidente de Fachoda" (1898); o segundo foram as Guerras dos Bôeres (1881-2 e 1889-1902); o terceiro, a segunda Crise Marroquina (1911).

Tais episódios não foram, no entanto, suficientes para cancelar a prática de negociação pautada no equilíbrio de poder, que conseguia se fazer presente com acordos importantes que foram firmados pelas potências coloniais. Apontamos nesta direção, em primeiro lugar, a Conferência de Berlim (1884-5). Nesta o acesso ao interior da África foi estabelecido para a livre utilização da bacia do Rio Congo. Um segundo exemplo é o acordo de partição de parte do território chinês, demandado pelos Estados Unidos, conhecido como "política de portas abertas".

Avaliando a compreensão do imperialismo nas relações políticas internacionais temos que ter em conta que ele rompeu (silenciosamente) com as práticas do equilíbrio pactuado entre as maiores potências. Esta ruptura foi produzida pelas transformações sociais internas estruturais do continente europeu: industrialização, urbanização, emigração, surgimento de forças pró-democráticas, concentração industrial etc. Uma das modificações mais importantes, neste sentido, foi a unificação alemã, que alterou as condições da forte competição colonial. Devido tanto à sua expressão geográfica quanto ao tamanho da sua população e do seu parque industrial, a Alemanha inviabilizou o equilíbrio europeu quando passou, a partir de 1890, a buscar colônias numa fase em que grande parte deste espaço geográfico já se encontrava em franco processo de ocupação. A *Weltpolitik* ("Política Mundial"), a nova política externa do kaiser Guilherme II, ao modificar a posição alemã vigente nos vinte anos posteriores à sua unificação produziu uma agressiva política colonial. Uma vez que chegou tardiamente ao cenário colonial, abandonando a sua prioridade em manter o predomínio apenas no continente europeu – tentando neutralizar o poderio da França –, sua adesão à formação de um império potencializou a natureza intrinsecamente conflituosa da conquista colonial.

2.3. Análise política e econômica do imperialismo no século XIX

O imperialismo é uma construção social complexa, já que é uma política pública consorciada com interesses privados. Após a Revolta dos Cipaios (1857) o Reino Unido moldou o modelo que seria desenvolvido duas décadas mais tarde, mas sem justificativas bem delineadas. Na década de 1890 um debate intelectual foi inaugurado, já que era tanto um assunto indispensável na análise social quanto uma polêmica popular.

Ressaltamos aqui que, neste momento, os argumentos alinhados possuíam três características básicas. A primeira era de que havia uma superioridade intrínseca dos colonizadores, que possuíam a (quase) obrigação de realizar uma tarefa inevitável. Sem se dar conta das causas materiais, focalizando as imateriais, os defensores ardorosos da colonização, como Rudyard Kipling, apenas seguiam as linhas de força da época resumindo-se a defender a implementação de políticas que ampliassem o espaço imperial das suas metrópoles. Apologistas do processo de conquista colonial passaram, então, a defender a adoção desta política. Defensores do colonialismo, como Cecil Rhodes, agregaram ao debate inicial justificativas morais e sociais, procurando neutralizar os críticos da adoção do expansionismo e levar o grande público a apoiar seus governos em sua busca de colônias. Mesmo que vários analistas considerassem a importância da exportação de capitais, o debate não era ainda econômico, o que fez com que os apologistas da colonização dessem, em terceiro lugar, uma ênfase positiva ao imperialismo.

A partir do início do século XX este debate ganhou novos participantes, vinculados à esquerda europeia. Agora as motivações da formação de impérios possuíam uma causa material: a busca de riquezas pelas metrópoles. A crise econômica criou uma situação de dificuldades para o investimento privado. Havendo acumulado riqueza monetária que não encontrava taxa de lucro satisfatória – dada a inelasticidade dos mercados criada pelos investimentos em capital constante crescentes (derivados da 2ª Revolução Industrial) e da deflação dos preços que ocorria então –, a colonização tornou-se um meio de investir em áreas onde os capitais e mercadorias metropolitanas poderiam monopolizar e compensar a perda de lucratividade. Em meio à luta política, vários pensadores irão caracterizar para o movimento operário europeu a natureza do imperialismo. O mais expressivo destes é Lênin, que em "Imperialismo, Fase Superior do Capitalismo" discerniu os mecanismos econômicos, de exploração da colônia pela metrópole.

Lênin definiu o imperialismo como a instituição da dominação econômica mundial pelo *capital financeiro*. Este ator seria o motor interno do imperialismo, e não a ambição política dos governantes. Sua ênfase no imperialismo como causador da Primeira Guerra Mundial, tida uma guerra inter-imperialista, foi argumento decisivo na nova compreensão do imperialismo e marcou definitivamente a percepção negativa sobre ele.

3. CONSIDERAÇÕES FINAIS

As circunstâncias culturais, tecnológicas e políticas do século XIX criaram o contexto no qual os fenômenos do nacionalismo e do imperialismo surgiram. As transformações provocadas por eles marcaram este período e terão papel importante nas tensões que levariam às guerras mundiais do século XX.

REFERÊNCIAS BIBLIOGRÁFICAS

ANDERSON, Benedict. *Comunidades Imaginadas*. São Paulo: Companhia das Letras, 2008.

DAVIS, Mike. *Los Holocaustos de la Era Victoriana Tardía*. El Niño, las bambrumas y la formación del Tercer Mundo. Valencia: Universitat de Valencia, 2006.

GELLNER, Ernest. *Nations and Nationalism*. Nova York: Cornell University Press, 1983.

HOBSBAWM, Eric. *A Era dos Impérios*. Rio de Janeiro: Paz e Terra, 1981

HOBSBAWM, Eric. *Nações e Nacionalismos desde 1780*. Rio de Janeiro: Paz e Terra, 1990.

RANGER, Terence O. *"Iniciativas e resistência africanas em face da partilha e da conquista"*. IN: BOAHEN, Albert Adu. *História Geral da África*. A África sob dominação colonial, 1880-1935. Brasília: Unesco, 2010, vol. VII.

SMITH, Anthony D. *Nations and Nationalism in a Global Era*. Cambridge: Polity, 1995.

WEBER, Eugen. *Peasants into Frenchmen*. Stanford: Stanford University Press, 1976.

WEBER, Max. *Economia e Sociedade*. Fundamentos da sociologia compreensiva. Brasília/São Paulo: UNB/Imprensa Oficial do Estado de São Paulo, 1999, vol. 2.

WITTGENSTEIN, Ludwig. *Tractatus Logico-Philosophicus*. São Paulo: Editora da Universidade de São Paulo, 2010.

CAPÍTULO 10
A PRIMEIRA GUERRA MUNDIAL

LIER PIRES FERREIRA[28]
RENATO SALGADO MENDES[29]
RICARDO BASÍLIO WEBER[30]

INTRODUÇÃO

Um crime contra a civilização? Uma cadeia inevitável de eventos? Uma surpresa? Há várias maneiras de abordar este conflito que, ao envolver algumas das maiores potências do planeta, tornou-se mundial. No entanto, a palavra mais recorrente para designar a I Guerra Mundial é "tragédia". Quase 20 milhões de pessoas morreram e muitas outras tiveram suas vidas destroçadas,

---

[28] Pós-Doutor em Direito (USAL). PhD em Direito (UERJ). Mestre em Relações Internacionais (PUC-RJ). Bacharel em Direito (UFF). Bacharel e Licenciado em Ciências Sociais (UFF). Professor Titular do IBMEC; FIURJ e CP2. Pesquisador do LEPDESP (IESP-UERJ/ESG) e do NuBRICS (UFF).

[29] Doutor em Ciência Política (UFF). Mestre em Relações Internacionais (UFF). Bacharel em jornalismo (UFRJ). Professor do Ibmec-RJ.

[30] Pós-doutor em Ciência Política (UFF); Doutor em Política internacional (PUC-RJ); Mestre em Ciência Política (UFF); Bacharel em Ciências Sociais (UERJ). Doutorando em Direito, Negócios e Instituições (UFF). Foi professor e coordenador de graduações no IBMEC/RJ e IUPERJ/UCAM-RJ.

pois, dentre outros tantos males, cidades e países deixaram de existir. Entender como a Europa saiu de mais de quatro décadas sem guerras entre grandes potências para o maior conflito de todos os tempos até então é um desafio que persegue internacionalistas, historiadores e cientistas políticos há mais de um século.

1. O DESMANTELAMENTO DO CONCERTO EUROPEU

A ordem europeia após o Congresso de Viena, em 1815, foi abalada pela unificação da Alemanha. O Concerto Europeu, que previa um equilíbrio entre o Reino Unido, Áustria, Rússia, França e Prússia, e um consenso entre estas cinco grandes potências para submeter os demais Estados europeus, era a marca deste período. No entanto, o surgimento da Alemanha alterou a balança de poder (DAVIES, 1997).

1.1. A RIVALIDADE ALEMANHA X FRANÇA

Além da sua criação, a própria forma pela qual a Alemanha surgiu provocou efeitos duradouros. Otto von Bismarck visava criar um Estado politicamente estabilizado, definindo que a participação destes na Alemanha deveria se dar por adesão. Territórios que há muito existiam paralelamente à Prússia deveriam solicitar a entrada no novo Estado. Para tal, Bismarck traçou o plano de fundar o novo país depois de derrotar o inimigo histórico, a França.

Com Paris derrotada, os príncipes germânicos exigiram que uma parte da França fosse anexada ao novo Estado – a Alsácia e parte da Lorena. Também exigiram que o inimigo fosse humilhado, formalizando a unificação da Alemanha, em 1871, no Palácio de Versalhes. A unificação da Alemanha provoca o surgimento de uma rivalidade incontornável na Europa: o revanchismo francês diante da mutilação de seu território e da humilhação de ver um Estado vizinho sendo proclamado na casa dos reis da França.

A rivalidade entre a Alemanha e França é um dos fatores fundamentais para as tensões na Europa, gerando constrangimentos recíprocos. Para a Alemanha, significava que Bismarck não conseguiria repetir o feito anterior – travar guerras contra um Estado de cada vez como fizera por três vezes durante o período pré-unificação. A próxima guerra da Alemanha certamente seria contra pelo menos dois Estados: qualquer um mais a França, pois, se esta não iniciaria uma guerra contra a Alemanha, assim que outro Estado o fizesse a França entraria ao lado deste. A situação também constrangia a própria França, que sabia que dificilmente poderia resistir à pressão popular em caso de uma guerra entre a Alemanha e outro Estado. Ou seja, a França seria incapaz de decidir quando e ao lado de quem lutaria sua próxima guerra (KISSINGER, 1994).

1.2. A RIVALIDADE RÚSSIA X ÁUSTRIA-HUNGRIA

Outro Estado que buscava o prestígio perdido era o Império Áustro-Húngaro. A derrota para a Prússia, em 1866, o obrigou a se reconhecer, em 1867, como um estado multinacional e criar uma Monarquia Dual, um país com duas capitais: Viena e Budapeste (DAVIES, 1997). O *status* de grande potência estava em jogo e a Áustria-Hungria buscava uma reabilitação. Uma vitória militar estava fora de questão, pois não possuía uma marinha competitiva. Devido a isso, o país entrou na corrida colonial.

Sem chances no tabuleiro afro-asiático, os austro-húngaros buscaram uma aventura colonial na própria Europa: aproveitar-se da fragilidade do Império Otomano e avançar sobre os Bálcãs, com os quais fazia fronteira. Num momento em que grande parte das elites governamentais já admitia a falácia do "racismo científico", que dividia os seres humanos entre mais e menos capazes conforme sua "raça", a Áustria-Hungria se preparava para carregar o "fardo do homem branco" e levar a "civilização" para os eslavos balcânicos. A experiência colonial concedia prestígio não apenas devido aos ganhos econômicos, mas por supostamente consistir num dever moral dos povos mais desenvolvidos para com as regiões do globo tidas como necessitando dessa ajuda para o seu desenvolvimento.

Entretanto, a mesma área era cobiçada pela Rússia. O Estreito do Bósforo era fundamental para o Império Russo, que pretendia se tornar uma potência mundial. Apesar de suas dimensões, o país não possuía portos de águas perenes: todos congelavam no inverno. A saída era o Mar Negro. Por isso, a Crimeia foi conquistada em 1783. No entanto, a marinha russa permaneceu limitada, pois Istambul, capital do Império Otomano, ficava na passagem do Mar Negro para o Mediterrâneo. Além disso, o discurso nacionalista tardio acrescentaria mais uma camada identitária ao processo de russificação dos povos do vasto império do czar. Nos anos 1880 formou-se um movimento pan-eslavista, que ligou a "mãe de todas as Rússias" à ideia de "proteger" os povos eslavos dos Bálcãs, os mesmos que eram alvo do desejo imperialista austro-húngaro (MacMILLAN, 2013).

1.3. Bismarck e sua rede de alianças

Para diminuir as chances de uma nova guerra enquanto avançava o processo de construção institucional do Estado Alemão,

Bismarck optou por uma política de neutralidade nas disputas europeias. Em 1876 começa um levante nacionalista búlgaro na parte europeia do Império Otomano. Apesar das desconfianças, França, Reino Unido e Áustria-Hungria autorizam uma invasão do território otomano pela Rússia, para proteger a população búlgara. Nesse momento, a Alemanha permanece neutra.

A crise foi iniciada quando tropas russas foram além do território dos búlgaros e se aproximaram de Istambul. Ficou claro para Paris, Londres e Viena que a Rússia pretendia avançar sobre o Bósforo. Os quatro Estados se prepararam para um confronto. Seria a maior guerra da história europeia, a primeira entre quatro das grandes potências depois da industrialização. Diante desta ameaça, os líderes desistiram da guerra, mas se defrontaram com outro problema: a opinião pública de seus Estados. Os governos tinham investido para convencer suas populações da necessidade moral de participar da guerra. Voltar atrás seria politicamente custoso. A não ser que houvesse um bode expiatório. E havia um disponível: a Alemanha (KISSINGER, 1994).

Como única potência neutra na disputa, a Alemanha não teve como recusar a mediação da questão búlgara no Congresso de Berlim, de 1878, com Bismarck na posição de árbitro de uma guerra que não ocorreu. Como no início das negociações, todos os Estados pediram mais do que sabiam ser possível obter, no final Bismarck foi acusado por todos de ter sido injusto, o que provocou o isolamento da Alemanha. Todavia, o único que se considerou verdadeiramente prejudicado por Bismarck foi a Rússia; único Estado europeu a entrar na guerra e que conseguiu anexar apenas um pequeno território. Sérvia, Romênia e Montenegro se tornaram Estados independentes. A Bulgária se tornou um principado autônomo, mas ainda otomano. A Áustria-Hungria recebeu a promessa britânica de uma futura anexação da Bósnia (KISSINGER, 1994).

Com o fracasso do projeto de neutralidade, Bismarck apostou numa rede de alianças. A primeira ocorreu em 1879, com a Áustria-Hungria. Três anos depois, a Itália sugeriu uma aliança militar com a Alemanha, depois de ver a França anexar a atual Tunísia. Bismarck então incentivou que Roma se unisse à aliança com a Áustria-Hungria. A questão era difícil para a Itália, formada sobre bases nacionalistas, e parte expressiva deste discurso consistia na necessidade de se anexar a região austríaca do Tirol. Roma, porém, optou por entrar naquela que ficou conhecida como a Tripla Aliança (Alemanha, Áustria-Hungria e Itália), em 1882.

Bismarck ainda se preocupava com a Rússia, mas acreditava possuir uma proposta aceitável para São Petersburgo: garantir a segurança do extremo ocidente da Rússia (a Europa) seria benéfico para os interesses do país, que poderia levar suas forças para o extremo oriente e conquistar portos que não congelassem na península coreana ou na costa da China. Assim, em 1887, Berlim propôs o Tratado de Resseguro, um pacto de neutralidade entre a Alemanha e Rússia, que terminou por aceitá-lo (KISSINGER, 1994).

Com Londres, a questão era mais complexa. Isolacionista, o Reino Unido não se enredava em alianças. No entanto, a situação internacional levou o Estado a ficar mais próximo da Alemanha do que da França ou da Rússia. Londres tinha disputas coloniais com a França na América, na Ásia e na África. A Rússia vinha fazendo anexações na Ásia Central, o que era considerado perigoso pelo Reino Unido pela proximidade com a Índia Britânica.

1.4. A DEMISSÃO DE BISMARCK E A FORMAÇÃO DA ALIANÇA FRANCO-RUSSA

Quando Bismarck parecia ter estabilizado a situação alemã, morreu o kaiser Guilherme I. Quem assumiu o trono foi seu neto, Guilherme II, de 29 anos. Por desgastes na política interna, já havia certa resistência em manter o chanceler no poder. Entretanto, Bismarck também vinha sendo cobrado por contradições na política externa. Afinal, como ser aliado da Áustria-Hungria e garantir a São Petersburgo neutralidade numa possível guerra iniciada por Viena entre este país e a Rússia? Pressionado, Bismarck pediu demissão em março de 1890. Sua saída deu início à sequência de eventos que levou o mundo à Grande Guerra (MacMILLAN, 2013).

Ainda em 1890, Guilherme II surpreendeu São Petersburgo ao não renovar o Tratado de Resseguro. A Rússia já iniciara a movimentação de tropas para o oriente e ficou vulnerável. Meses depois, ela recebeu a notícia de que Alemanha e Reino Unido tinham celebrado um acordo (sobre questões coloniais). Num tempo em que tratados frequentemente tinham cláusulas secretas, a Rússia imaginou que se formava uma aliança militar entre Londres e Berlim. Sentindo-se ameaçada, buscou um aliado e encontrou a França. Em 1894, os dois países formaram uma aliança militar especificamente voltada contra a ameaça germânica (CLARK, 2014).

1.5. A OPÇÃO DO REINO UNIDO

Guilherme II decidiu que a melhor forma de se contrapor à ameaça franco-russa era conseguir uma aliança com o Reino Unido, que resistia. A Alemanha adotou posturas mais agressivas: iniciou a construção de uma marinha de guerra e apoiou rebeldes que lutaram contra os britânicos na Guerra dos Bôeres (1899-1902). Apesar da postura alemã, o Reino Unido permaneceu tendo como seus principais adversários estratégicos a França e a Rússia. Naquele momento, os antagonismos com franceses e russos não permitia a Londres cortar laços com Berlim.

O Reino Unido, então, decidiu modificar sua relação com a França e a Rússia. Em 1898, tropas francesas na África avançaram sobre o rio Nilo Branco. A área, no entanto, também era cobiçada pelo Reino Unido, que controlava o Egito. Os interesses envolvidos e o grande número de soldados fizeram com que a disputa em Fachoda ultrapassasse as costumeiras escaramuças entre tropas coloniais. Percebendo a situação, os comandos militares no terreno evitaram iniciar os combates e esperaram a resposta das capitais.

Londres e Paris perceberam os danos de uma guerra. A questão foi resolvida com a retirada dos franceses, mas as negociações entre a França e o Reino Unido continuaram. Em 1904, os países formaram a Entente Cordiale, um acordo para evitar futuras tensões por razões coloniais. Uma vez resolvida essa questão, Paris e Londres perceberam que seus interesses restantes eram coincidentes, dando fim a um longo período de desconfiança.

Para resolver a tensão com a Rússia, o Reino Unido anunciou, em 1902, uma aliança militar com o Japão. No acordo, o Reino Unido se comprometeu a entrar em guerra ao lado do Japão se este país entrasse em uma guerra contra dois países por questões relacionadas à China ou à Coreia. No caso de uma guerra contra um só país, Londres não entraria no conflito. O Reino Unido queria garantir que o Japão travasse uma guerra contra a Rússia sem a participação de qualquer outro Estado, já que a marinha francesa estava na Indochina. A aposta britânica era ousada: o Japão venceria uma guerra contra a Rússia. Esta guerra começou em 1904 e o Japão derrotou os russos em 1905. Humilhada, a Rússia foi a primeira grande potência europeia derrotada por um país não europeu.[31] Como resultado, houve revoltas internas e parte da nobreza passou a criticar o czar.

---

31 Antes disso, a Espanha, que já não era uma grande potência, havia sido derrotada pelos EUA na Guerra Hispano-Americana, 1898.

Aproveitando a fragilidade russa, o Reino Unido ofereceu uma abertura de diálogo sobre a Ásia Central. Em vez de exigir uma retirada russa (que não poderia resistir naquele momento), Londres ofereceu uma divisão da Pérsia em zonas de influência, cedendo o controle do Mar Cáspio para a Rússia. A conquista da região ajudou a debelar a crise interna na Rússia, que iniciou a renovação de suas forças armadas. A ação britânica gerou uma aproximação entre os Estados e permitiu o surgimento da Entente Anglo-Russa. As alianças que combateram na Grande Guerra estavam prontas (CLARK, 2014).

2. CORRIDA ARMAMENTISTA

A divisão das grandes potências europeias em duas alianças engessou as relações de poder no continente. O investimento militar concentrado de um lado levava a uma reação da coalizão oposta, que buscava compensar o incremento armamentista adversário, com a superação pelo seu próprio arsenal. A primeira grande corrida armamentista da história arrastou os Estados para uma consequência inevitável: a próxima guerra seria a maior de todos os tempos. Entretanto, não foi apenas a necessária violência da próxima guerra que fez deste um momento singular: as circunstâncias tecnológicas motivaram o surgimento de situações sem precedentes.

2.1. A POLÍTICA SE SUBMETE À TÉCNICA

A Revolução Industrial mudou a forma de se pensar a guerra. Dentre os novos processos, estavam as revoluções nos sistemas de transporte e comunicação. A construção de uma densa malha ferroviária permitia o deslocamento rápido de materiais e pessoas. No entanto, não adiantaria poder enviar tantas pessoas para uma frente de batalha se não fosse possível estabelecer uma cadeia de comando, em que as ordens chegassem prontamente ao *front*. Foi nesse ponto que o telégrafo se tornou fundamental.

As ferrovias e o telégrafo tornaram possível para um Estado enviar não mais dezenas de milhares de soldados para uma frente de batalha como durante as Guerras Napoleônicas, mas milhões de pessoas em questão de horas. O romantismo do "gênio" militar deu lugar aos cálculos matemáticos. Se um Estado tem a possibilidade de enviar milhões de soldados para o campo de batalha, o Estado inimigo vizinho teria a obrigação de fazer o mesmo.

Assim, na próxima guerra europeia não haveria espaço para improvisos. Não seria uma guerra heroica protagonizada por oficiais de cavalaria, mas por intendentes. Bravura e logística se equivaliam na guerra industrial. A política se submeteria à técnica, pois os Estados precisavam de planos militares previamente traçados. O processo de mobilização nacional – de conversão de um Estado civil em um Estado marcial – exigia não apenas planos detalhados para a transfiguração de fábricas, vias públicas e estrutura política civil em uma máquina de guerra, como também um plano para enviar a maior quantidade de pessoas e equipamentos para a frente de batalha no menor tempo possível. Os jovens em idade militar já tinham em mãos um documento que indicava a hora e a estação de trem para a qual se dirigiriam quando fosse declarada a mobilização nacional.

Um bom exemplo desta subordinação da política à técnica ocorreu na Rússia. Em um momento crítico do pré-guerra, o czar Nicolau II decidiu converter uma ordem previamente estabelecida de mobilização geral para uma mobilização parcial contra a Áustria-Hungria. Queria evitar a guerra contra a Alemanha. Os comandantes militares se reuniram no dia seguinte e o convenceram da impossibilidade prática de enviar os soldados russos apenas para esta fronteira, pois não havia planos para isso e a complexa logística russa teria que ser inteiramente revisada. Convencido, o czar deu a ordem para a mobilização geral (CLARK, 2012). Os aspectos técnicos da guerra impediram o czar de decidir contra quem a luta seria travada.

2.2. Tensão nos Bálcãs

A partir de 1907, as grandes potências europeias estavam divididas entre a Tripla Aliança (Alemanha, Áustria-Hungria e Itália) e a Tríplice Entente, que não era uma aliança militar, mas três diferentes relações de proximidade diplomática: a Aliança Franco-Russa, a Entente Cordiale (França e o Reino Unido, de 1904) e a Entente Anglo-Russa (de 1907).

A sequência final de eventos que levaria à Grande Guerra teve início em 1908. Neste ano, a Áustria-Hungria anexou a Bósnia, pertencente ao Império Otomano. Esta anexação foi considerada uma humilhação pela Rússia, que tinha interesse nos Bálcãs. São Petersburgo, que se recuperava da derrota para o Japão, nada pôde fazer. A Bulgária também declarou sua independência em 1908, tornando-se uma nova potência eslava balcânica, ao lado da Sérvia.

Em 1912, os países balcânicos se uniram para afastar de vez o Império Otomano da região, na I Guerra dos Bálcãs. Sérvia, Bulgária, Grécia e Montenegro atacaram os otomanos, que foram derrotados. Entretanto, a divisão prévia dos territórios a serem anexados não foi inteiramente respeitada e os búlgaros se sentiram prejudicados pela Sérvia. A tensão aumentou e a Bulgária ameaçou os antigos aliados de Belgrado.

A Rússia, fiadora da autonomia búlgara desde 1878, atuou diplomaticamente para conter Sófia. No entanto, a Bulgária ignorou os apelos russos e invadiu a Sérvia, provocando a II Guerra dos Bálcãs, em 1913. Ao lado dos sérvios, Grécia, Romênia e os otomanos derrotaram a Bulgária. O resultado prático das guerras de 1912 e 1913 foi que, a partir de então, a Rússia só tinha um aliado nos Balcãs: a Sérvia (CLARK, 2014).

2.3. O ESTOPIM DA GUERRA

Em 28 de junho de 1914, o herdeiro do trono austro-húngaro, Francisco Ferdinando, fazia um passeio em carro aberto pelas ruas de Sarajevo, capital da Bósnia-Herzegovina. Naquela ocasião, um grupo pan-eslavista sérvio, com auxílio de militares sérvios, se infiltrou na Bósnia e, aproveitando a vulnerabilidade do herdeiro do trono austro-húngaro, executou um atentado bem sucedido, no qual o jovem sérvio-bósnio, Gavrilo Princip, matou a tiros Francisco Ferdinando e sua mulher, Sophie.

Aparentemente isolado, esse assassinato mudaria a história. O que o tornou possível? A decadência do Império Otomano nos Balcãs estimulou o surgimento de um movimento, que visava a unificação política dos territórios eslavos da região, o pan-eslavismo. À frente deste movimento estavam grupos sérvios que pretendiam construir um Estado eslavo com base em Belgrado. Alguns destes ultranacionalistas se encontravam em posições de destaque nas forças armadas da Sérvia, já que o Rei e o governo sérvios aprovaram as suas intenções, embora não necessariamente a violência destes grupos. (CLARK, 2014).

O assassinato iniciaria uma série de movimentações políticas que levariam o mundo à guerra. Após garantir "carta-branca" da Alemanha às suas futuras ações, em 23 de julho a Áustria-Hungria estabeleceu uma série de exigências para a Sérvia, acusada de envolvimento com o crime em Sarajevo. Apesar da dureza do ultimato, o governo sérvio aceitou todas as exigências, com uma exceção: os terroristas presos na Sérvia deveriam ser julgados por juízes sérvios, não por juízes austro-húngaros (HASTINGS, 2013).

A recusa sérvia serviu como estopim para o início das declarações de guerra. Em 28 de junho de 1914, a Áustria-Hungria declarou guerra à Sérvia e bombardeou Belgrado. Em 30 de julho, a Rússia declarou uma mobilização nacional. Em 1º de agosto, Alemanha e França mobilizaram suas forças. Dois dias depois, a Alemanha declarou guerra à França. Em 4 de agosto, a Alemanha invadiu a Bélgica, o que levou à declaração de guerra do Reino Unido a Berlim. Em uma semana, todas as grandes potências estavam em guerra (HASTINGS, 2013).

3. A GRANDE GUERRA

A I Guerra Mundial deveria ter sido um conflito rápido. Encantada com a retórica nacionalista, a maioria das populações dos Estados envolvidos apoiava a guerra. Além disso, os Estados tinham à sua disposição o maquinário que deveria acelerar a movimentação das tropas e o desfecho dos combates, com uma grande vantagem para os ataques. Todavia, isso não ocorreu.

3.1. As batalhas

Apesar de a guerra ter começado nos Bálcãs, as primeiras grandes batalhas ocorreram na Bélgica, invadida pela Alemanha que buscava surpreender a França. Porém, o sucesso das operações militares alemãs impediu que os objetivos do Plano Schlieffen fossem alcançados. Cada avanço das tropas era precedido por ataques de artilharia. A destruição provocada pelas bombas tornava o avanço posterior cada vez mais lento: ferrovias desapareciam, estradas se tornavam intransitáveis, cidades ardiam. O planejado arco ao norte de Paris se tornou lento demais. E os russos se aproximavam da frente oriental alemã.

A Alemanha decidiu mudar os planos e avançar sobre Paris. As forças francesas e britânicas realizaram o Grande Recuo, para assumir posições defensivas no Marne e outros rios. Os invasores empurraram as tropas defensoras, mas não conseguiram chegar a Paris. Com o fim do avanço, os dois lados tentaram flanquear o outro, iniciando a Corrida para o Mar. Numa linha de trincheiras praticamente estática do mar até a Suíça, morreram centenas de milhares de soldados nos quatro anos seguintes (KEEGAN, 1998).

Diversos Estados entraram na guerra. Do lado das Potências Centrais (Alemanha e Áustria-Hungria), a Bulgária e o Império Otomano. Do lado da Entente, que já contava com o Império Britânico, somou-se a Itália, em 1915. Roma, que fazia parte da Tripla Aliança, afirmou que o acordo era defensivo e entrou na guerra com o objetivo de anexar territórios da Áustria-Hungria. O Japão avançou sobre posses coloniais alemãs no Pacífico e na costa da China. A Europa ficou cravejada de trincheiras, túmulos de milhões de jovens soldados.

Na frente oriental, a Rússia chegou a realizar alguns avanços em 1914, mas logo perdeu terreno para a Alemanha. A pequena capacidade industrial russa e a má qualidade de sua hierarquia militar fizeram com que o país perdesse terreno em 1916 (KEEGAN, 1998). Em 1917, as derrotas militares se somaram à resistência interna ao czar Nicolau II, derrubado na Revolução de Fevereiro. Meses depois, as forças bolcheviques fizeram a Revolução de Outubro (DAVIES, 1998). Derrubado o império, os líderes da futura União Soviética (URSS) assinaram, em 1918, o Tratado de Brest-Litovsk, no qual a Alemanha anexou cerca de 1/3 do território russo na Europa.

Em 1918, após a vitória sobre a Rússia, a Alemanha deixou de ter um conflito em duas frentes e direcionou suas tropas para um ataque final a Paris. A entrada dos Estados Unidos na guerra (em abril de 1917, devido aos ataques dos submarinos alemães às embarcações estadunidenses) significou a chegada de novos soldados, enquanto a Alemanha atingiu o limite de suas forças (KEEGAN, 1998). Muitas trincheiras foram superadas, mas o avanço de Berlim foi novamente contido. Exaurida, a liderança militar alemã perdeu as esperanças de vencer a guerra em setembro de 1918 e convenceu o governo alemão a solicitar um armistício. Em 11 de Novembro de 1918, depois de mais de 4 anos e quase 20 milhões de mortos, terminou a Grande Guerra.

4. A AMÉRICA LATINA E O BRASIL NA PRIMEIRA GRANDE GUERRA

A América Latina teve uma participação modesta no conflito, seguindo a liderança estadunidense, que apenas em 1917 ingressou na contenda. Se os EUA se abstiveram tanto quanto possível de participar por conta do isolacionismo de sua política externa, que, naquele momento, privilegiava exercer sua influência sobre a América Latina, como ilustrado pela Doutrina Monroe e pelo Corolário Roosevelt, os países latinoamericanos perseguiram outros objetivos.

O México lidava com os desdobramentos da Revolução Mexicana, de 1910, esquivando-se de uma aliança com a Alemanha após o vazamento do Telegrama Zimmermann, pelo qual os germânicos lhes ofereciam apoio para uma futura guerra com os EUA. Já a Argentina estava perfeitamente integrada à economia global, como grande fornecedora de produtos primários para os contendores. Assim, da mesma forma que Bolívia, Chile, Colômbia, El Salvador, Paraguai e México, os portenhos optaram pela neutralidade no conflito. O mesmo ocorreu com a Venezuela, que abastecia de petróleo as potências europeias. Logo, o Brasil foi o único país a enviar tropas para o teatro de guerra.

Entretanto, o Brasil manteve, inicialmente, uma política de neutralidade. Para tal, pesaram o intercâmbio bélico com a Alemanha e a forte imigração germânica no sul do país. Todavia, apesar do seu bom relacionamento com a Alemanha, o Brasil também era próximo das potências da Tríplice Entente, em particular o Reino Unido e a França, com os quais tinha fortes laços políticos, socioculturais e econômicos. Em face desses laços, em abril de 1917 o país teve o navio Paraná torpedeado por submarinos teutões, o que levou ao rompimento das relações internacionais com a Alemanha. Subsequentemente, dois outros navios, o Tijuca e o Lapa, foram torpedeados e afundados.

O fim da neutralidade brasileira deu-se com o ataque ao navio Macau. Assim, em 26 de outubro de 1917, após emendar sua Constituição, o Brasil seguiu o exemplo dos EUA que, em abril do mesmo ano, havia declarado guerra à Alemanha. O que o Brasil pretendia? O país visava a possibilidade de fortalecimento de suas Forças Armadas, mediante o recebimento de linhas de créditos euro-estadunidenses, bem como de indenizações de guerra em face dos danos sofridos. Já do ponto de vista político, o ingresso na guerra lhe garantiria um lugar na mesa de negociação dos tratados de paz. Por fim, do ponto de vista econômico, a antecipação do final da guerra permitiria a reabertura das rotas do Atlântico Sul pelas quais escoava sua principal riqueza, o café.

Mobilizado para a guerra, o Brasil formou seu contingente bélico com dez aviadores, uma Divisão Naval para Operações de Guerra (DNOG) e uma equipe médica (DARÓZ, 2016). Entretanto, nossos aviadores foram designados somente para treinamento no Reino Unido, pois, àquela altura, não tínhamos uma aeronáutica. Já a DNOG, constituída por 8 embarcações, foi formada para apoiar a patrulha britânica no Atlântico Sul. No entanto, essa iniciativa também soçobrou. Primeiramente, um surto de gripe espanhola se abateu sobre os brasileiros, no Senegal, deixando mais de 150 mortos. Outrossim, as naus brasileiras eram obsoletas e apenas 4 embarcações, o cruzador Bahia e os contratorpedeiros Piauí, Paraíba e Santa Catarina, chegaram a Gibraltar; e o fizeram apenas um dia antes do armistício que encerrou o conflito. Restou, contudo, a equipe médica. Esta, embora também tenha sofrido baixas pela gripe espanhola, cumpriu sua missão, instalando um hospital em Paris.

Como de praxe, algumas das narrativas nacionais sobre a participação do Brasil na guerra não corresponderam aos fatos. No que diz respeito à *expertise* e capacidade técnica dos nossos efetivos, a realidade foi bem outra: as tropas eram mal treinadas, os oficiais mal formados e os equipamentos precários. Dois episódios mostram o quão pífia foi a participação brasileira no conflito. Além da chegada ao teatro de guerra já no final, nossa Marinha protagonizou dois vexames internacionais: durante a viagem de ida, a Marinha promoveu a patética "Batalha das Toninhas", quando abriu fogo contra um cardume de toninhas, julgando se tratar de um submarino alemão. Igualmente, atacou um navio de guerra estadunidense, isto é, um navio aliado, acreditando ser uma embarcação germânica.

Entrementes, não se pode dizer que o país não tenha alcançado algum êxito no contexto da guerra. O Brasil equacionou seus interesses comerciais, no que tange ao café; participou da Conferência de Paz de Paris, em Versalhes; e veio a integrar a Sociedade das Nações, na qual permaneceu até 1926 (VINHOSA, 1990).

5. CONSIDERAÇÕES FINAIS

A Primeira Guerra Mundial foi um divisor de águas na política internacional, representando uma ruptura que alterou a identidade dos seus *players* e as regras do jogo das relações internacionais. Dentre outros câmbios, os Impérios Austro-Húngaro e Otomano deixaram de existir; potências como França e o Reino Unido perderam parte de seu *status* internacional; e a região dos Bálcãs se tornou uma das mais sensíveis da geopolítica do século XX. Além disso, a outrora ameaçadora Alemanha foi posta de joelhos, levada ao limite para ressurgir mais tarde, perseguindo a reconquista do seu *status* de grande potência.

Como se não bastasse, a hegemonia estadunidense começou a se afirmar, configurando um cenário no qual a influência política e econômica europeia declinou, abrindo caminhos para um mundo cada vez mais caracterizado pela influência estadunidense. Mas talvez o mais importante é que o armistício não significou o fim das tensões entre as grandes potências. Deste modo, os anos vindouros conhecerão as causas que irão desaguar na Segunda Guerra Mundial.

REFERÊNCIAS BIBLIOGRÁFICAS

CLARK, C. *Os sonâmbulos*: Como eclodiu a Primeira Guerra Mundial. SP: Cia. das Letras, 2014.

DARÓZ, C. *O Brasil na Primeira Guerra Mundial*: a longa travessia. SP: Contexto, 2016.

DAVIES, N. *Europe*: a history. Nova York: Harper Perennial, 1998.

HASTINGS, M. *Catástrofe – 1914*: a Europa vai à guerra. RJ, Intrínseca, 2014.

KEEGAN, J. *The First World War*. Nova York: First Vintage Books, 2000.

KISSINGER, H. *Diplomacy*. Nova York: Simon & Schuster, 1994.

MacMILLAN, M. *A Primeira Guerra Mundial*. SP: Globo Livros, 2014.

STEVENSON, D. 1914-1918: *A história da Primeira Guerra Mundial – Parte 3*. Barueri: Novo Século Editora, 2016.

VINHOSA, F. L. T. *O Brasil e a Primeira Guerra Mundial*: a diplomacia brasileira e as grandes potências. RJ: IHGB, 1990.

CAPÍTULO 11
O ENTRE-GUERRAS

MARIANA BERNUSSI[32]
IBERÊ MORENO[33]

INTRODUÇÃO

O alvorecer do mundo pós-Primeira Guerra Mundial corresponde à consolidação de uma sociedade internacional ampliada. As tecnologias, como o rádio e o cinema, aproximaram os povos e deram a eles um novo acesso ao poder. Adentramos uma era da comunicação de massa que gerou a reacomodação dos poderes em suas diversas dimensões, com novas propostas de política internacional e novas lideranças nacionais. A sociedade global que se formou no século XIX, e teve sua primeira ebulição entre 1914-1918, viveu duas décadas de transformações.

---

[32] Doutora pelo Programa de Pós-Graduação em Relações Internacionais San Tiago Dantas (UNESP, UNICAMP, PUC-SP). Mestre e graduada em Relações Internacionais pelo IRI-USP. Professora de Relações Internacionais do IBMEC-SP e da Universidade Anhembi Morumbi. Pesquisadora do Núcleo de Estudos Transnacionais de Segurança (NETS/PUC-SP).

[33] Doutor e mestre em História pela PUC-SP. Mestre em Comunicação Social pela Universidade Metodista de São Paulo. Graduado em Relações Internacionais pela PUC-SP. Professor de História da Universidade Anhembi Morumbi nos cursos de Relações Internacionais, Economia e Comunicação.

Sem dúvidas a crise financeira de 1929 é um dos ápices desse processo e representa a crise do liberalismo em sua faceta financeira. Não havia ali apenas uma questão econômica em jogo, mas toda uma lógica de organização da sociedade e de defesa de interesses. Os efeitos dessa crise podem ser observados em todo o globo, tanto nas mudanças de políticas econômicas como nos próprios regimes de governo. Tanto a economia liberal quanto a democracia estão em questionamento.

Os vinte anos que separam as duas grandes guerras são a justificativa para pensarmos ambas como parte de uma mesma tensão. Na Rússia, até então um império czarista, se consolidou uma nova experiência com o socialismo soviético. Na Alemanha, a culpabilizada pela guerra, a recessão e humilhação alimentaram o movimento nazista. Nos EUA, por sua vez, a euforia econômica seguida do desespero financeiro forçou a reformulação do Estado.

O objetivo deste capítulo não é esgotar o tema ou detalhar o suficiente para eliminar questionamentos sobre todas as nuances da realidade; mas sim provocar na leitura a compreensão de que a sociedade do entreguerras não é mais de grandes imperadores, mas sim de grandes massas populares e de possibilidades.

1. CONTEXTO GERAL PÓS-PRIMEIRA GUERRA

No continente europeu, o fim da Primeira Guerra Mundial corresponde ao momento de enfraquecimento dos antigos impérios e a formação de novos Estados, em um contexto de superação dos absolutismos e crise do seu principal opositor, o liberalismo. Os debates políticos nos ajudam a compreender que as lentes teóricas até então operadas pelos estadistas já não correspondem mais às demandas da sociedade que as revoluções industriais impuseram. Viveu-se entre 1914 e 1918 a primeira guerra industrializada da humanidade.

Com isso, em 1919 encontramos sociedades devastadas e desmanteladas, e vinte milhões de pessoas perderam suas vidas na guerra, inclusive civis. As cidades e indústrias foram bombardeadas, e os jovens que foram para o *front* de batalha voltaram para suas casas traumatizados pelos horrores da guerra. Traumas estes que eles carregarão pelo resto de suas vidas e comporão parte das principais discussões políticas e sociais do período. A falta de apoio aos ex-combatentes, somada à culpabilização pela guerra, alimentou um anti-liberalismo nas massas, crucial para que se mobilizassem movimentos sociais como os Camisas Negras na Itália.

Entre as principais potências europeias da época, a França saiu da guerra com uma considerável destruição material, sobretudo em termos de infraestrutura. Além disso, o país foi financeiramente impactado pela Revolução Russa, uma vez que era o maior investidor europeu na Rússia czarista e perdeu boa parte de seus investimentos com a mudança para o modo de produção socialista. Com poucas fontes de financiamento, uma elevada dívida externa decorrente do esforço de guerra e um país estruturalmente arruinado, o governo francês foi uma das principais vozes na demanda por reparações de guerra que garantissem a sua reconstrução.

De maneira semelhante, no pós-guerra o Reino Unido tinha como principal preocupação a estabilidade econômica da Europa. Com o avanço dos EUA e do Japão, somado às políticas de industrialização por substituição de importações na América Latina, o país sofreu uma perda significativa de mercados consumidores, além de também ter contraído significativa dívida de guerra com os EUA. Assim, a recuperação econômica da Europa era considerada um elemento essencial para a retomada do comércio e do crescimento econômico britânico. Seguindo essa lógica, a Alemanha era um ator chave e importante mercado consumidor para os britânicos, que passaram então a defender o caminho da conciliação entre as potências.

O império alemão, por sua vez, teve um baixo nível de perdas materiais durante a guerra, logo, grandes investimentos em reconstrução não se faziam necessários para o país. Além disso, o bloqueio comercial feito durante a Primeira Guerra Mundial evitou que a Alemanha contraísse dívidas externas para financiar seu esforço de guerra. Assim, no imediato pós-guerra os danos à economia alemã poderiam ser considerados irrisórios, o que não se sustentará nos anos seguintes.

Do outro lado do Atlântico, o presidente estadunidense Woodrow Wilson culpava o militarismo pela guerra. Ele entendia que a guerra seria a consequência dos desejos da aristocracia e da elite militar dos países europeus por poder. Wilson esperava que a organização política em torno da democracia e de um sistema econômico liberal, associados ao desarmamento universal e à criação de uma organização internacional, poderiam resultar na paz. Dessa forma, em 8 de janeiro de 1918, enviou uma mensagem ao Congresso norte-americano propondo as bases para a paz e a reorganização das relações entre os Estados quando a guerra chegasse ao fim. Essa proposta ficou conhecida como os "Quatorze Pontos de Wilson".

Os Quatorze Pontos refletem a inclinação liberal, democrática e desarmamentista de Wilson, pois propõem a eliminação da diplomacia secreta em favor de acordos públicos, a liberdade nos mares, a abolição das barreiras econômicas entre todas as nações, e a redução dos armamentos nacionais. Wilson ainda defendia que nenhuma nação deveria ser punida ou ignorada, mas que todas passariam a ter igualdade nas relações dentro e fora da Europa. Além disso, também são abordadas questões de cunho político e fronteiriço, com a preocupação em evitar novos confrontos motivados pelo revanchismo ou interesses políticos e econômicos.

O último ponto propunha a criação de uma Sociedade de Nações, uma organização internacional composta por Estados liberais e democráticos. A Sociedade de Nações deveria ser baseada no princípio da autodeterminação dos povos, ou seja, no direito de autonomia de governo aos grupos nacionais. Segundo Wilson, a estabilidade do sistema seria muito mais provável com o cumprimento desses Quatorze Pontos. Contudo, apesar desse projeto ter servido de inspiração para as negociações de paz após o fim da Primeira Guerra Mundial, o resultado prático foi distinto dessa idealização.

2. OS TRATADOS QUE ENCERRAM A PRIMEIRA GUERRA MUNDIAL

O encerramento formal da Primeira Guerra Mundial se dá com a assinatura do Tratado de Versalhes, em 28 de junho de 1919, celebrado durante a Conferência de Paz de Paris, que tinha como missão o estabelecimento de uma paz duradoura na Europa. A Conferência contou com delegações de 25 países, ainda que sob a liderança dos Estados Unidos, Reino Unido e França. As negociações foram longas, tendo durado por seis meses, uma vez que as reivindicações eram diversas, antagônicas e diziam respeito aos interesses individuais dos participantes. O principal ponto de debate consistia nos termos que seriam impostos à Alemanha, que não teve direito de participar da Conferência, assim como à Áustria-Hungria e aos otomanos.

O resultado foi que o Tratado de Versalhes não apenas consagrou a vitória dos Aliados, como também definiu que a Alemanha e seus aliados foram os responsáveis pela guerra e pelas perdas decorrentes dela. Além disso, o Tratado obrigou a Alemanha a pagar os custos econômicos da guerra, por meio da cobrança de uma indenização de 132 bilhões de marcos alemães, valor que correspondia a 33 bilhões de dólares na época, como reparação pelos danos causados (HOBSBAWM, 1994). À Alemanha também foram impostas perdas territoriais e militares. Os alemães foram obrigados a abrir mão de 13% do território e 10% da população para seus vizinhos, além de terem perdido todos os seus domínios coloniais, especialmente para França e o Reino Unido. A proposta do Tratado de Versalhes também era neutralizar a força militar alemã, para evitar que o país fizesse algum tipo de retaliação no futuro. Dentre as imposições estavam a destruição de armamentos, a proibição de possuir artilharia pesada, de realizar recrutamento militar, de ter mais de 100 mil soldados, de ter marinha e aviação de guerra. Os alemães se sentiram humilhados e injustiçados pelas determinações do Tratado, o que levou a um sentimento de revanchismo.

Além do Tratado de Versalhes, a Paz de Paris também é composta por outros cinco tratados (Tratado de Saint-Germaine-en-Laye, de 1919; Tratado de Neuilly, de 1919; Tratado de Trianon, de 1920; Tratado de Sèvres, de 1920; e Tratado de Lausanne, de 1923), que provocaram uma mudança significativa na geografia da Europa a partir do desmembramento dos antigos impérios. O império Austro-Húngaro se dissolveu nos Estados da Áustria, Hungria, Polônia, Tchecoslováquia e Iugoslávia. O Império Otomano também foi dividido em diversas partes, sendo a principal delas a Turquia. Já as regiões árabes passaram a ser controladas pelo Reino Unido e França pelo sistema de mandatos.

O momento representava um incentivo para que os vencedores buscassem a institucionalização da nova configuração de poder na

Europa. Assim, a primeira parte do Tratado de Versalhes estabelecia a criação da Sociedade das Nações (SDN), uma organização intergovernamental que tinha como propósito declarado evitar guerras futuras por meio da cooperação entre os Estados soberanos. A SDN representava uma visão específica da ordem mundial pós-Primeira Guerra Mundial: aquela ancorada nos Quatorze Pontos de Wilson. Contudo, apesar dos nobres objetivos, a SDN se constituía como uma forma de impor a paz dos vencedores sobre os vencidos, e por isso ficou conhecida como "Liga dos Vitoriosos".

Inicialmente a SDN contou com 44 Estados, mas esteve aberta ao futuro ingresso de outros países. Sua estrutura organizacional contemplou a tradição liberal ocidental da divisão de poder entre um órgão legislativo, a Assembleia; um executivo, o Conselho; e um judiciário, a Corte Permanente de Justiça Internacional. A organização também contava com um Secretariado, que possuía funções administrativas; e a Comissão Permanente de Mandatos, um órgão que regularizava o processo de transferência de possessões coloniais, configurando a primeira ingerência internacional no funcionamento do colonialismo. O desenho institucional da organização definiu padrões que foram posteriormente aplicados à Organização das Nações Unidas (ONU).

Outro elemento de continuidade entre a SDN e a ONU é a criação de um sistema de Segurança Coletiva, que consiste na transferência do direito do Estado à autodefesa para a comunidade internacional. Esse mecanismo de defesa entre os Estados segue a lógica "um por todos, todos por um" e tem como objetivo prevenir a agressão de um Estado contra outro, mantendo ou impondo a paz mediante medidas coletivas. Esse mecanismo procurava substituir a lógica do equilíbrio de poder que existia até então e que não levou à estabilidade, mas à Primeira Guerra Mundial.

A Sociedade das Nações foi uma instituição internacional efêmera, pois teve dificuldades de implementar as diversas demandas dos vencedores e dos vencidos. Sua própria legitimidade foi contestada, uma vez que muitos conflitos não foram evitados pelo sistema. Ademais, o processo decisório foi considerado ineficaz, pois exigia a unanimidade entre seus membros, enquanto as resoluções não tinham cumprimento obrigatório, tornando o sistema refém de interesses particulares. A SDN também foi considerada fraca por não ter referências claras quanto à definição das situações em que o sistema deveria ser acionado e quanto à inexistência de mecanismos que assegurassem a implementação da coerção militar.

Ademais, a Sociedade teve sua credibilidade e operacionalidade comprometidas devido à falta de peso político decorrente da não adesão de duas importantes potências da época: EUA e Rússia. Apesar dos esforços do presidente Woodrow Wilson, o Tratado de Versalhes não foi ratificado pelo Congresso estadunidense. Esse descompasso ocorreu justamente em razão das pressões políticas internas do país, entre aqueles que acreditavam que a SDN não era suficientemente ambiciosa em seus objetivos e os que temiam que os EUA fossem forçados pela organização a agir contra seus próprios interesses nacionais. Dentre os argumentos contrários à participação do país na Sociedade das Nações estavam também a contradição entre a obrigação de garantir a integridade territorial e a independência de todos os membros da organização e a defesa da soberania dos EUA; e o fato de o Pacto não assegurar aos Estados Unidos o mesmo número de votos que o Império Britânico detinha. Assim, os EUA não conseguiriam garantir institucionalmente um status especial no continente americano. Isso colaborou para que o país adotasse uma política externa mais isolacionista no período.

A Rússia, por outro lado, se manteve fora do projeto da Sociedade das Nações em um primeiro momento, pois passava por reorganizações internas decorrentes da Revolução de 1917 e estava empenhada em exportar a revolução proletária e o socialismo para outros lugares do mundo. Após a criação da União Soviética, sua incorporação à SDN ocorreu em 1934. Ao todo 63 países chegaram a fazer parte da organização, embora não ao mesmo tempo, e 17 países a deixaram. A Alemanha esteve presente apenas entre 1926 e 1933, o Japão deixou a organização em 1933, a Itália em 1937 e 13 países latino-americanos seguiram o mesmo caminho, dentre eles o Brasil. Assim, apesar de o sistema da SDN se propor a ser universal, não é possível considerá-lo como tal.

As propostas da Paz de Paris foram amplamente criticadas na época pelo historiador e diplomata britânico Edward Hallett Carr em seu livro "Vinte Anos de Crise. 1919-1939". Carr busca compreender quais foram os erros de concepção filosófica e de análise política que resultaram no colapso das condições que tornaram possível a ordem no século XIX. Em sua concepção, os políticos da época se comportaram contentando-se em advogar soluções utópicas e imaginativas, propondo uma nova ordem política que contrastava com os fatos existentes e que era uma mera expressão de desejo. A Sociedade das Nações não teria sido então produto da análise, da prática e da realidade política, mas da aspiração e idealização de uma sociedade com princípios homogêneos (CARR, 2001). Assim, por não levar em consideração a conjuntura política, os tratados estabelecidos após a Primeira Guerra Mundial falham.

A dissolução formal da Sociedade das Nações aconteceu somente em 18 de abril de 1946, quando suas atribuições foram transferidas para a ONU, mas antes mesmo do início da Segunda Guerra Mundial a SDN já era um ator marginal na política internacional.

3. A CRISE DA DÉCADA DE 1930

Os vinte anos entre 1919 a 1939 representam para Carr um mundo turbulento, marcado por diversas crises: a crise econômica global resultante da queda da Bolsa de Valores dos EUA e o colapso da economia alemã, as invasões territoriais, e a crise sócio-política por toda a Europa somada aos desafios impostos pela ascensão do fascismo e do nazismo. Cada uma dessas crises será discutida a seguir.

A crise econômica global se estruturou principalmente a partir de um ciclo econômico eufórico anterior. A Primeira Guerra Mundial realocou a centralidade produtiva e com o final dos conflitos, os desenvolvimentos tecnológicos militares vão sendo adaptados para serem aplicados para a indústria de massa, aumentando ainda mais a circulação de capital especulativo.

Com novas demandas de trabalho e de organização da sociedade, vemos o desenvolvimento industrial de novos tipos de produtos: eletrodomésticos, que mudaram a relação da família com a casa; meios de transporte, como automóveis e trens, alterando a organização das cidades e as lógicas de consumo; e a expansão da construção civil, tanto em razão dos novos materiais quanto pela demanda de reconstrução do que havia sido destruído durante a Primeira Guerra Mundial. Uma das inovações tecnológicas mais importantes do período foi a popularização do rádio, possível pela redução do seu tamanho e preço, que fez com que as sociedades de massas se conectassem. As novas redes de comunicação que surgiram foram cruciais para a ascensão dos regimes totalitários e a eclosão da Segunda Guerra Mundial.

Globalmente, o período também é caracterizado pela criação e expansão das multinacionais. Com as integrações dos mercados financeiros, o capital não está mais restrito a circular sob tutela de um governo, fazendo com que as empresas passassem a ser consideradas como atores internacionais e seus interesses privados relevantes para as relações internacionais. É o caso de companhias principalmente de exploração de petróleo e minérios. Esses capitais estavam buscando se instalar onde havia abundância de matérias-primas e onde os custos de produção e mão de obra eram mais baixos. Trata-se da contínua expansão do modo de produção capitalista, em sua fase imperialista, em que tanto a produção fabril quanto o capital bancário ganharam proporções globais.

Com essa transferência de conhecimento, houve aumento no número de patentes e produtos que revolucionaram os mercados, como o caso da indústria têxtil e da moda. A revolução de comportamento das mulheres nesse período, com roupas mais justas e curtas, tem como um dos fatores as inovações de tecidos e de costura, que baixaram os custos e permitiram novas modelagens. É central destacar que muitas mulheres passaram a integrar a força de trabalho durante a Grande Guerra, fazendo com que houvesse demanda por roupas que atendessem também as necessidades das trabalhadoras.

Em alguns países, as mulheres conquistaram direitos políticos, como o voto (é o caso do Reino Unido, pioneiro em 1918, dos EUA em 1919, e do Brasil, em 1932), e ações sociais, como o controle de natalidade, impactaram diretamente o cotidiano das mulheres. A integração feminina ao mercado de trabalho também representou uma tentativa de romper com a dependência em relação ao salário dos homens. Contudo, as mulheres ainda assim assumiram tipos de trabalho e condições trabalhistas inferiores aos dos homens, e muitas permaneceram renegadas ao trabalho doméstico ou à agricultura, em funções servis e atreladas à esfera do cuidado, associado aos filhos, ao marido, aos idosos, enfermos e aos cuidados do lar.

O mundo que emergiu da guerra é outro em todos os âmbitos. Se no século XIX a Inglaterra era a fábrica do mundo, agora quem passa a assumir essa função são os EUA. A industrialização estadunidense já vinha em um crescimento intenso e acelerado, mas foi durante o conflito, e logo no período posterior, com os concorrentes diretos sem condições de competir, que se construiu o cenário de ascensão e consolidação da potência econômica. A percepção vigente era de pujança, ou seja, de que estaríamos entrando em um momento da humanidade que fosse de ampliação do comércio e de integração, que reduziriam as tensões e permitiriam um desenvolvimento econômico sem precedentes. Mas, ao mesmo tempo em que o ímpeto era esse, os resultados foram caminhando no sentido oposto.

Focalizando no mercado financeiro dos EUA, o que podemos identificar é que ele foi inflado durante essa primeira década analisada, uma vez que a garantia do crescimento industrial era, na visão dos investidores, quase certeira. Durante o período do conflito as indústrias estadunidenses ampliaram ainda mais suas capacidades produtivas e lucros. Como pode ser observado na tabela abaixo, a participação dos EUA na produção industrial mundial já dera um salto de 13% em uma janela de 40 anos, ou seja, antes mesmo do conflito mais de um terço de tudo que era produzido no mundo era *made in USA*.

Tabela 1 – Distribuição da Produção Industrial Mundial em % (1870-1913)

Distribuição da Produção Industrial Mundial (1870 - 1913) - %

ANOS	EUA	INGLATERRA	ALEMANHA	FRANCA
1870	23	32	13	10
1881-1885	29	27	14	9
1896-1900	30	20	17	7
1906-1910	35	15	16	6
1913	36	14	16	6

Fonte: Rostow (1978: 52-3), in Chandler (1996: 4).

A Primeira Guerra Mundial catalisou ainda mais esse processo, tendo naturalmente na indústria bélica uma das maiores beneficiárias do conflito, com um salto de US$ 2,3 bilhões entre 1910 e 1914 para US$ 5,5 bilhões em 1918 (MAZZUCCHELLI, 2009). Isso permitiu ao sistema financeiro dos EUA uma leitura de ganhos econômicos garantidos, o que gerou uma corrida por investimentos nas bolsas de valores. Os ganhos advindos dos investimentos financeiros durante o conflito eram reais, uma vez que havia uma demanda produtiva que mantinha o crescimento das empresas e alimentava outras especulações no mercado. Mas esse cenário não era sustentável a longo prazo. Em poucos anos a indústria europeia se reativou e essa especulação se tornou uma bolha.

A lógica por trás dos bancos de investimento, assim como a das linhas de crédito, era de buscar tirar o maior lucro possível desse contexto. John Maynard Keynes, em sua obra "A Teoria Geral do Emprego, do Juro e da Moeda", de 1936, identifica como uma das principais questões que levaram à quebra da bolsa o fato de o comportamento dos investidores ser muito mais guiado por expectativas e psicologia do que pela análise econômica. Naquele recorte não haviam grandes limitadores fiscais ou jurídicos para a especulação, fazendo com que fosse comum que qualquer um conseguisse um empréstimo com juros baixos para investir em ações. Sem garantias de retorno ou mesmo dos valores investidos, era apenas uma questão de tempo até vermos os movimentos que aconteceram em outubro de 1929.

Houve uma forte atuação coordenada dos grandes bancos, como o Chase National Bank, da multimilionária família Rockefeller, e o Morgan Bank, predecessor do JP Morgan, que fizeram aportes de altos valores, visando reconquistar a confiança do mercado, porém, não foram suficientes para reverter a percepção de crise. Entre 1929 e 1932 o que ocorreu foi uma vertiginosa redução dos mercados, o que contribuiu para alimentar sobremaneira as crises políticas que ocorreram a partir desse momento.

Imagem 1 – Índice Dow Jones (1920-1939)

Fonte: Mazzucchelli, 2009.

O gráfico acima, que apresenta as oscilações do Índice do momento de fechamento da Bolsa de Dow Jones entre 1920 e 1939, nos ajuda a compreender que até as medidas do New Deal de Roosevelt serem adotadas, em 1933, não houve nenhuma ação suficiente para refrear a queda da bolsa de valores estadunidense. A representação gráfica nos ajuda a compreender o tamanho que a bolha alcançou e a velocidade com a qual ela despencou, reiterando o argumento sobre a euforia especulativa dos anos 1920, seguida da quebra da Bolsa de Valores.

A recessão rapidamente se espalhou pelo mundo, levando ao fim dos empréstimos e investimentos dos EUA na Europa, além do fechamento das multinacionais de origem estadunidense que atuavam no continente. Com a redução da circulação de capitais, os bancos centrais europeus também sofreram uma perda de suas reservas de ouro, o que levou a uma "corrida" por ouro. É importante relembrar que os países europeus tinham recém-saído de uma guerra, e por isso o sentimento de desconfiança e insegurança eram dominantes em suas relações. Assim, não apenas não havia cooperação entre os Bancos Centrais da Europa, nem mecanismos que possibilitassem uma resposta coordenada a um ataque especulativo, como também não era interessante manter suas moedas lastreadas nas moedas dos países inimigos.

A crise de 29 também teve como consequências um impacto direto sobre a produção e o consumo, que passaram a ser cada vez mais regionalizados, além de um aumento dos juros e de tarifas alfandegárias. O protecionismo era a resposta econômica e nacionalista que estava posta. A crise do liberalismo econômico se apresenta nesse contexto com o fim do livre comércio e a redução dos fluxos de comércio internacional.

Esse cenário é particularmente dramático na Alemanha, onde a inflação chegou a níveis elevados em decorrência da necessidade de se imprimir dinheiro para pagar tanto os trabalhadores comuns quanto as reparações de guerra estipuladas pelo Tratado de Versalhes. Se, por um lado, o resultado objetivo foi a desvalorização da poupança das famílias, por outro essa situação acentuou o sentimento de amargura, a percepção de injustiça e o revanchismo pós-guerra.

Por um lado, essas seriam as circunstâncias necessárias para dar início a um momento revolucionário. Em termos sociais, a expansão mundial do capital foi acompanhada por uma deterioração das condições de trabalho e de vida dos trabalhadores, o que levou a demandas sociais e a ampliação da luta trabalhista. Conforme conclamava o texto de 1848 do Manifesto do Partido

Comunista, "proletários de todo o mundo, uni-vos", com isso esperava-se que os trabalhadores de outros países capitalistas se unissem para resistir às diversas formas de opressão e exploração perpetradas pela classe burguesa. Após a Revolução Russa de 1917, a expectativa, ou temor, de muitos é que as condições de exploração acabariam criando uma explosão de movimentos comunistas vitoriosos. A década de 1920 correspondeu ao surgimento de importantes movimentos políticos e sociais que questionavam o liberalismo. Os partidos comunistas, ou as respectivas Seções da Internacional Comunista, foram fundados na China (1921), em Cuba (1920), na Espanha (1921), no México (1917/1919) e também no Brasil (1922).

Todavia, por outro lado, esse também foi o contexto que levou à ascensão de movimentos ultra-nacionalistas, contra-revolucionários e imperialistas, como o fascismo na Itália e o nazismo na Alemanha. Tanto à esquerda quanto à direita se questionou o liberalismo e a própria democracia, tornando plausível todo tipo de resposta, inclusive as autoritárias. Enquanto a crise do liberalismo econômico nos levou ao protecionismo e à autarquia política, a crise do liberalismo político nos trouxe os nacionalismos, a descrença nas instituições do Estado, o acirramento das lutas partidárias, a ascensão da extrema direita autoritária, a violência política e as expulsões de minorias étnicas (SARAIVA, 2007).

No mundo colonizado, o efeito das crises foi o crescimento de um sentimento anti-imperialista, que levou a organização de movimentos políticos nacionalistas, ainda que seus efeitos práticos tenham sido vistos apenas após a Segunda Guerra Mundial. Já na América Latina, podemos observar expressões do radicalismo político tanto à direita, como no caso da Argentina, quanto à esquerda, como no Chile, Peru e Colômbia. No Brasil, as crises levaram ao fim da "República Velha" e à ascensão do governo nacionalista e populista de Getúlio Vargas, em 1930 (HOBSBAWM, 1994).

Como tentativa de contornar esses desafios, os Estados procuraram fomentar a indústria bélica e de infraestrutura para gerar desenvolvimento econômico. Mas foram as invasões territoriais que simbolizaram de fato o uso das máquinas militares pelos Estados: o Japão invadiu a Manchúria em 1931, a Itália invadiu a Abissínia em 1935, Alemanha e Itália interferiram na Guerra Civil Espanhola entre 1936 e 1939, a Alemanha invadiu a Áustria (1938) e a Tchecoslováquia (Sudetos em 1938, o restante em 1939). Em 1939, com a invasão alemã na Polônia, teve início uma guerra total: a Segunda Guerra Mundial.

4. CONSIDERAÇÕES FINAIS

A Primeira Guerra Mundial terminou com a esperança de construção de um mundo pacífico, liberal e democrático. Contudo, os vinte anos entre 1919 e 1939 significaram o fim dessa idealização da construção de um mundo a partir da ausência de guerras. O que se seguiu foram múltiplas crises que desestabilizaram o sistema e culminaram na Segunda Guerra Mundial.

No campo econômico, as dívidas adquiridas após a Primeira Guerra e as punições impostas aos perdedores pelos tratados internacionais foram agravadas com a crise de 29 e a queda da Bolsa de Valores dos EUA. O caos econômico foi refletido em descontentamento e instabilidade social, levando ao surgimento de movimentos trabalhistas, à esquerda, e nacionalistas, à direita do espectro político.

Com relação ao mecanismo institucional de coordenação que impediria o surgimento de uma nova guerra por meio de negociações, é evidente que ele falhou. Também no campo da política internacional, a incapacidade das potências de resolverem o "problema alemão", tratando o país de maneira punitiva anunciava a alta probabilidade de haver uma nova guerra.

A junção de todas essas crises abriu espaço para a ascensão do nazismo e do fascismo, e para a eclosão da Segunda Guerra Mundial, que serão discutidos nos capítulos seguintes.

REFERÊNCIAS BIBLIOGRÁFICAS

CARR, Edward H. *Vinte Anos de Crise. 1919-1939*. Brasília: UNB, 2001.

HOBSBAWM, Eric. *Age of Extremes*: the short twentieth century 1914-1991. Londres: Abacus, 1994.

JAMES, H. (2010). *1929: The New York Stock Market Crash*. Representations, 110(1), 129-144. doi:10.1525/rep.2010.110.1.129.

MAZZUCCHELLI, Frederico. *Os anos de chumbo*. Economia e política internacional no entreguerras. Campinas: FACAMP/UNESP, 2009.

Peace Treaty of Versailles. 28 de junho de 1919. Yale Law School. Disponível em: https://avalon.law.yale.edu/imt/partiii.asp Acesso em: 11 de maio de 2022.

SARAIVA, José Flávio Sombra (Ed.). *História das Relações Internacionais Contemporâneas*: da sociedade internacional do século XIX à era da globalização. Editora Saraiva, 2008.

CAPÍTULO 12
A ASCENSÃO DO NAZIFASCISMO E DO STALINISMO

VICTOR YAMASAKI BERNARDO[34]
PEDRO H. VILLAS BÔAS CASTELO BRANCO[35]

INTRODUÇÃO

No período entre-guerras, houve um grande fortalecimento de movimentos e regimes, à esquerda e à direita, que se opunham à ordem liberal. Nesse capítulo, abordaremos brevemente algumas de suas principais manifestações no contexto europeu e latino-americano.

---

[34] Doutorando em Ciência Política no IESP-IUPERJ, Graduado e Mestre em História pela UFF. Professor da Sociedade Brasileira para a Solidariedade, do Centro de Referência de História Fluminense do Museu do Ingá, da UFMG e Estágio docência da UERJ.

[35] Professor Associado do IESP-UERJ. Professor do PPGD/UVA. Coordenador do LEPDESP/UERJ/ESG). Doutor em Ciência Política pelo antigo IUPERJ atual IESP-UERJ), com bolsa de extensão DAAD/CAPES no *Otto-Suhr-Institut für Politikwissenschaft* na *Freie Universität Berlin*. Mestre em Teoria do Estado e Direito Constitucional – PUC/RJ. Recentemente foram publicados seus livros Populist Governance (2021) e Populismos (2021).

1. A ASCENSÃO DO FASCISMO NA ITÁLIA

Após o fim da Primeira Guerra Mundial, a Itália se encontrava em uma situação de crise. Embora estivesse do lado dos vencedores, os ganhos territoriais prometidos pelos aliados não foram cumpridos; centenas de milhares de soldados morreram sob o poderio superior das potências centrais e os custos da guerra geraram uma enorme dívida pública, seguida de inflação e desemprego. Esse cenário levou a uma grande mobilização das classes trabalhadoras urbanas e rurais, o que gerou grande temor entre as classes médias e as classes proprietárias. Considerando-se desamparadas pelo que julgavam como a inação de um governo liberal, alguns de seus membros passaram a ver com bons olhos um novo movimento que surgia, o fascismo liderado por Benito Mussolini.

Mussolini começou sua carreira como um militante socialista, mas o desenrolar da guerra o levou a um progressivo afastamento do socialismo. De uma busca por confluir luta de classes com a questão nacional, ele migrou para a completa rejeição da primeira em nome da unidade da nação, entendida como uma "nação proletária" na ordem internacional.

Após o fim da guerra, Mussolini fundou o movimento denominado *Fasci Italiani di Combattimento*, que contava com o apoio de veteranos da Grande Guerra insatisfeitos e antigos adeptos do sindicalismo revolucionário. Nessa primeira fase, o fascismo unia demandas da esquerda, como a abolição do Senado e uma forma de governo republicana; e da direita, como a demanda por territórios na margem leste do Mar Adriático. O movimento recém-criado sofreu uma acachapante derrota nas eleições. (BERMAN, 2018).

A partir de então, os fascistas passaram a enfocar na tática do *squadrismo*. Os *squadristi*, que também ficariam conhecidos como Camisas Negras, passaram a usar de práticas terroristas e a atacar e perseguir socialistas. Os grandes proprietários de terra passaram a apoiar o movimento. Em alguns lugares, os Camisas Negras chegaram a ocupar cidades inteiras, formando uma espécie de poder paralelo dentro do Estado italiano (PAXTON, 2007).

Outro aspecto que favoreceu o fortalecimento do fascismo foi a abertura que as elites políticas tiveram para se aliar ao movimento. Nas eleições gerais de 1921, Giolitti convidou os fascistas para formar uma coalizão. O então primeiro-ministro acreditava que poderia controlar Mussolini e "domesticar" o fascismo. No entanto, naquele ano o resultado das eleições levou à perda de votos dos liberais e a um parlamento fragmentado, o que atrapalhava a governabilidade. A inclusão dos fascistas no "bloco nacional" liderado pelos liberais deu ao movimento de Mussolini um maior grau de legitimidade.

Nos dois anos que separam a fundação do movimento do congresso realizado em Roma em novembro de 1921, o fascismo foi de um grupo de algumas centenas de militantes para um movimento de massa com mais de 300.000 membros. O programa emitido nessa época reforçava a importância da construção de um Estado forte que garantisse a unidade nacional e disciplinasse os conflitos de classes através de uma organização corporativista. Nesse período, os *Fasci Italiani di Combattimento* foram reorganizados como *Partito Nazionale Fascista*.

O uso da violência e o controle de partes do território italiano pelas milícias fascistas persistia e o fantasma da ameaça de uma marcha sobre Roma liderada por Mussolini se fazia presente. Em 1922, Luigi Facta, o primeiro-ministro liberal que havia acabado de ser eleito, precisava reprimir a ameaça de um golpe fascista, mas a falta de apoio fez com que ele necessitasse de poderes extraordinários para controlar a situação. A recusa do rei Vítor Emanuel III a aceitar a declaração de um estado de sítio levou Facta a renunciar ao cargo. O rei não só não declarou o estado de sítio, como convidou Mussolini para Roma. No final de outubro, o líder fascista e seus Camisas Negras marcharam sobre a capital italiana e, acuado, o rei nomeou Mussolini como primeiro-ministro.

Nos próximos anos, Mussolini usou de diversas estratégias para perseguir opositores e concentrar poder. Em 1923, foi aprovada a lei Acerbo, que favorecia desproporcionalmente os fascistas. Após o assassinato do parlamentar socialista Giacomo Matteoti e contínuas fraudes eleitorais, Mussolini concentrou cada vez mais poder sobre o partido e sobre o Estado. Nos próximos anos, as eleições seriam suspensas, os demais partidos dissolvidos e demais resquícios de controle constitucional abolidos, consolidando, por fim, um regime ditatorial sob a figura do *Duce* (BERMAN, 2018).

2. A ASCENSÃO DO NAZISMO NA ALEMANHA

A derrota alemã na Primeira Guerra Mundial gerou um cenário de instabilidade social, política e econômica que derrubou o império e instaurou uma república democrática pela primeira vez no país, a República de Weimar. Inicialmente liderada pelo Partido Social Democrata (SPD), a jovem república herdou diversos problemas do regime anterior. A presença de uma elite conservadora no exército, no serviço público e no aparato judiciário era um empecilho para a consolidação da democracia. Por outro lado, os ataques à esquerda ao governo, como a breve República Soviética da Baviera, e as manifestações lideradas pela Liga Espartaquista fizeram com que o governo social-democrata utilizasse os *Freikorps*, grupos militares formados por veteranos de caráter reacionário, como instrumentos de repressão. Soma-se a tudo isso o humilhante Tratado de Versalhes de 1919, que impunha severas punições à Alemanha, responsabilizada pelo conflito de 1914-1918. (BERMAN, 2018).

Nesse contexto, pululavam movimentos extremistas à esquerda e à direita. Em setembro de 1919, o jovem cabo austríaco Adolf Hitler foi enviado pelo Serviço de Inteligência do Exército para investigar um movimento nacionalista denominado de Partido dos Trabalhadores Alemães (*Deutsche Arbeiterpartei* – DAP). Cativado pela ideologia do partido e dotado de uma notável oratória, Hitler galgou posições e, em fevereiro de 1920, deu um novo nome ao partido: o "Partido Nacional-Socialista dos Trabalhadores Alemães" (*National sozialistiche Arbeiterpartei*), conhecido pela sigla NSDAP ou pela abreviação "nazi" (PAXTON, 2007). Também publicou um programa que defendia uma reorganização das fronteiras alemãs de modo que incluísse todos os povos de sangue germânico e garantisse cidadania apenas aos "membros da raça", excluindo os judeus e outros.

Em 1923, Hitler liderou um golpe fracassado que ficou conhecido como o *putsch* de Munique. Esse golpe resultou na prisão de Hitler e no banimento do partido. Mas Hitler ficou preso apenas nove meses e, nesse período, escreveu a obra *Minha Luta* (BERMAN, 2018). O final dos anos 1920 presenciou uma estabilização da economia que favoreceu o SPD e diminuiu o impacto dos radicais. Mas a crise de 1929 logo reverteria esse quadro. Com a crise, a coalizão de partidos democráticos que reunia sociais-democratas, católicos e liberais, ruiu. Nas eleições de setembro de 1930, os nazistas tiveram um crescimento surpreendente, alcançando o segundo lugar. Em 1932, o chanceler conservador Franz von Papen convocou eleições nacionais para julho. Nelas, o NSDAP tornou-se o maior partido da Alemanha. Von Papen ofereceu a Hitler o cargo de vice-chanceler, mas o líder nazista só aceitaria o cargo máximo. Com o intuito de gerar ainda mais instabilidade, os nazistas intensificaram os atos de violência cometidos por seus paramilitares, as SA (*Sturmabteilung*), escolhendo cuidadosamente seus alvos. Em algumas semanas, 103 pessoas foram mortas. (PAXTON, 2007)

Em 2 de dezembro, o presidente Hindenburg substituiu Franz von Papen pelo general Kurt von Schleicher. Durante seu governo, grupos conservadores intentavam utilizar Hitler para findar a democracia e pôr o líder nazista de escanteio. Em 30 de janeiro de 1933, persuadido por von Papen de que esta era a única opção conservadora, Hindenburg nomeou Hitler como chanceler (BERMAN, 2018; PAXTON, 2007). No final de fevereiro daquele ano, o prédio do *Reichstag*, o parlamento alemão, foi incendiado por Marinus van der Lubbe, um jovem comunista holandês. Em pouco tempo, o presidente Hindenburg assinou um "Decreto para a Proteção do Povo e do Estado", que suspendia praticamente todos os direitos civis em nome do combate ao "terrorismo". Em 24 de março, foi aprovada a Lei Capacitadora proposta pelos nazistas, que exigia 2/3 dos votos do parlamento e permitia ao chanceler governar por decreto por quatro anos. Nas semanas seguintes, Hitler dissolveu todos os outros partidos e transformou a Alemanha em uma ditadura de partido único (PAXTON, 2007).

3. DESCRIÇÃO DOS ELEMENTOS ESSENCIAIS DA IDEOLOGIA NAZIFASCISTA

A busca por encontrar uma definição e um enquadramento do fascismo gerou um longo e rico debate. Herdeiros do giro linguístico-cultural na história, autores como Roger Griffin e Zeev Sternhell buscaram compreender o fenômeno com o foco nas ideias mais do que nas relações sociais e práticas políticas, indo de encontro a uma tradição que não reconhecia no fascismo uma ideologia coerente, sendo uma pseudo-ideologia meramente reativa e negativa (PINTO, 2012). Críticos dessa abordagem, autores como Michael Mann e Robert Paxton retomaram a importância das relações sociais para o estudo do fascismo, sem ignorar, porém, a importância da ideologia fascista. Paxton defende que aquilo que os fascistas fizeram foi, pelo menos, tão importante quanto o que disseram, em uma crítica ao enfoque demasiado culturalista dos autores anteriormente mencionados. Desse modo, o historiador estadunidense busca compreender tais movimentos em seu desenvolvimento a partir de cinco etapas: criação; enraizamento na sociedade e nos sistemas políticos; chegada ao poder; exercício do poder; e o longo prazo, no qual os regimes podem se radicalizar ou moderar, se tornando "mais autoritários que fascistas" (PAXTON, 2007).

Mann, por sua vez, define o fascismo como "a tentativa da construção de um Estado-nação transcendente e expurgado por meio do paramilitarismo" (MANN, 2008). Cabe uma elucidação dos principais pontos dessa definição pelas palavras do próprio autor:

1. O nacionalismo: "[...] os fascistas tinham um profundo compromisso populista com uma nação "orgânica" e "integral", implicando acentuada preocupação com seus "inimigos", tanto no exterior quanto, particularmente, no próprio país".

2. O estatismo: "Os fascistas adoravam o poder do Estado. O Estado corporativo autoritário supostamente seria capaz de resolver crises e gerar o desenvolvimento social, econômico e moral [...]."

3. A transcendência: "O nacionalismo de Estado fascista seria capaz de 'transcender' os conflitos sociais [...], para

em seguida incorporar as classes e outros grupos de interesse nas instituições corporativistas de Estado".

4. Os expurgos: "Como eram vistos como "inimigos", os adversários precisavam ser eliminados, sendo a nação expurgada de sua presença".

5. O paramilitarismo: "O fascismo sempre foi um movimento uniformizado, em marcha, armado, perigoso e radicalmente desestabilizador da ordem vigente" (MANN, 2008).

Essas são características gerais dos movimentos fascistas. Outros aspectos poderiam variar consideravelmente de país para país. Em alguns lugares, um marcado anticlericalismo; em outros, uma imagética cristã; em alguns, um nacionalismo de corte cultural, em outros, uma noção de superioridade racial. As duas formas mais conhecidas de fascismo, o italiano e o nacional-socialismo alemão, possuíam algumas diferenças notáveis. O nacionalismo do primeiro apresentava um caráter mais cultural, enquanto o do segundo era marcado pelo racismo biológico e pela ideia de superioridade da raça ariana.

Como afirma Mann ao referir-se aos expurgos, "movimentos como o fascismo italiano e o nacionalismo espanhol identificavam a maior parte dos inimigos em termos predominantemente políticos. Assim, o extremo nazista do espectro, de caráter mais étnico, era também mais homicida que o italiano" (MANN, 2008). Na Itália, leis raciais de exclusão dos judeus da vida pública, por exemplo, só passaram a existir a partir de 1938, com a aproximação diplomática de Mussolini com o regime nazista.

4. A ASCENSÃO DO STALINISMO NA UNIÃO SOVIÉTICA

Para compreendermos a ascensão do stalinismo, se faz necessário abordar o período que a antecede, marcado pela Nova Política Econômica ou NEP. Proposta por Lênin em 1921, a NEP promoveu um retorno parcial à economia de mercado na Rússia socialista, visto como um movimento provisório e excepcional. No campo, a requisição forçada dos produtos foi substituída por um imposto. Pago esse imposto, os camponeses poderiam comercializar livremente seus excedentes. Nas cidades, foram permitidas pequenas propriedades na área de serviços e na indústria. Uma mínima recuperação econômica foi alcançada e o problema mais grave da fome foi superado. No entanto, diversos problemas sociais persistiam, como a mendicância e o desemprego. Enquanto isso, os *nepmen* enriqueciam com a liberdade econômica permitida pelas novas políticas (REIS FILHO, 2003).

Em 1923, Lenin se retirou da vida pública após sofrer derrames consecutivos e morreu no ano seguinte. Esse vácuo de liderança deixou ainda mais nebuloso qual deveria ser o caminho a ser seguido pela União Soviética, criada em 1922, a partir da morte de sua figura principal. A luta pelo poder se polarizou, gradualmente, entre Trótski, chefe do Exército Vermelho, e Stálin, secretário-geral do Partido.

Essa luta pelo poder trazia consigo diferentes respostas para uma mesma pergunta. Poderia a União Soviética sobreviver isolada em um mundo capitalista? Do lado de Trótski, estava a proposta da necessidade de uma revolução internacional para a sobrevivência do regime. De Stalin, a necessidade da construção do socialismo em um só país como alternativa viável. No XV Congresso do Partido, em 1927, Trótski e seus apoiadores foram expulsos do partido, sendo alguns deles presos e outros exilados.

Com o passar do tempo, Stálin e outros dirigentes do partido apontaram para a importância das cidades e da industrialização. A hostilidade aos *nepmen* e aos *kulaks* (camponeses mais ricos que poderiam ter um ou dois animais, algum excedente a ser comercializado e alguma poupança) se acirrava junto da demanda pela coletivização do campo. No entanto, a necessidade do apoio do campesinato durante a Revolução Russa levou à implementação de um programa de partilha das terras sob o controle dos comitês agrários. Essas práticas, porém, incomodavam aqueles que as consideravam um "entrave à modernização socialista" (REIS FILHO, 2003).

Em abril de 1929, o Comitê Central do Partido aprovou o I Plano Quinquenal, que previa metas altíssimas para serem alcançadas até 1934. Em dezembro do mesmo ano, as metas foram revistas para a coletivização total das terras (antes seria de apenas 15%) nas mais importantes áreas agrícolas do país. Desse modo, a NEP foi abandonada e teve início um processo de modernização pelo alto, a partir de uma economia cada vez mais estatizada. Os principais alvos governamentais foram os *kulaks*. Mas a repressão não alcançou apenas os *kulaks*, mas também os camponeses médios, "o que se evidencia na deportação de um milhão de famílias camponesas" (REIS FILHO, 2003).

A coletivização do campo permitiu um controle mais preciso da produção, com demandas cada vez maiores do que e quanto deveria ser produzido. Desse modo, "as entregas obrigatórias ao Estado em relação ao total da produção evoluíram de 14,7% em 1928 a 38% em 1940" (REIS FILHO, 2003, p. 90). Além disso, houve uma grande migração dos campos para as cidades. Embora tal migração estivesse de acordo com o objetivo de urbanização e industrialização dos bolcheviques, a dimensão tomada por esses fluxos migratórios levou o governo a proibir a saída dos camponeses das unidades coletivas sem uma autorização expressa. Os fugitivos corriam o risco de serem condenados a trabalhos forçados (REIS FILHO, 2003). Já os camponeses que chegavam às cidades passavam por um duro processo de desenraizamento. Seus valores tradicionais herdados do ambiente rural pouco serviam de guia em um contexto social e cultural muito diverso, enquanto "a capacidade do novo ambiente de oferecer valores satisfatórios era gravemente limitada" (LEWIN, 1986, p. 227).

Aliado ao processo de coletivização do campo estava a política de industrialização acelerada. Como estipulado pelos planos quinquenais, os esforços de industrialização voltavam-se, sobretudo, para a indústria pesada. No final dos anos 30, "a União Soviética já tinha se transformado em uma economia industrial capaz de produzir aço, máquinas, turbina, petróleo, tratores, tanques de guerra e aviões a partir de seus próprios recursos" e "apesar de ineficiente e onerosa, a capacidade produtiva da indústria russa aproximava-se da alemã" (FERREIRA, 2000, p. 86). Isso tudo foi alcançado através de rigorosas metas produtivas demandadas aos operários e presentes nos planos quinquenais emitidos pelo Partido.

Apesar do discurso igualitário socialista, persistiam diversas formas de desigualdade: geracional, entre trabalhadores urbanos já estabelecidos e os recém-chegados do campo e a desigualdade gerada pela política de incentivos materiais. Muitos trabalhadores não conseguiam cumprir as altas metas exigidas, o que gerava uma série de recompensas e regalias para aqueles que conseguiam. No topo da pirâmide social soviética estava uma cúpula formada por altos burocratas, militares e trabalhadores especializados que formavam os gestores da nova sociedade. Seus salários eram consideravelmente mais altos e gozavam de diversos privilégios como melhores moradias, transportes particulares e viagens para o exterior. A sociedade soviética era marcada pela escassez: com a produção voltada para a indústria pesada os bens de consumo ficavam em segundo plano e o trigo era vendido para financiar a industrialização acelerada. Nesse contexto, esses privilégios eram tão ou mais importantes do que altos salários. Essa classe de gestores passou a ter uma participação cada vez maior no Estado e no Partido, embora seja importante ressaltar que muitos tinham origem operária ou camponesa, o que denota a grande mobilidade social existente no período (REIS FILHO, 2003).

Todo esse processo de modernização exigiu consideráveis sacrifícios por parte da população. Mas não podemos atribuir tais sacrifícios simplesmente à coercitividade estatal ou à propaganda oficial. A modernização em curso garantiu a melhoria das condições de vida de largas parcelas, permitindo crescente grau de mobilidade social. Além disso, o sonho da construção de uma sociedade igualitária, que não atendia aos padrões individualistas da modernidade ocidental, mobilizou multidões dentro e fora da União Soviética (FERREIRA, 2000). Isso não significa, entretanto, que a repressão não tenha exercido um papel fundamental, como explicitado pelo Grande Terror. Em meados dos anos 1930, muitas críticas aos excessos de Stalin vinham de diversos setores da sociedade, incluindo o próprio Partido Comunista. Em reação a políticos como Kirov e outros críticos, Stálin denunciou a presença de conspiradores dentro do Partido, iniciando, em 1936, os grandes expurgos. Lideranças comunistas históricas foram acusadas e confissões públicas foram extraídas a base de tortura. Também foram organizados comícios em diversas cidades, mobilizando milhares de pessoas contra os "inimigos internos" do regime.

Em 1938, os expurgos começaram a retroceder, pois sua continuidade ameaçava a própria manutenção do poder" (FERREIRA, 2000). Já a grande mobilização popular, inicialmente voltada contra supostos inimigos internos e externos, seria novamente acionada para a chamada "Guerra Patriótica" que estava por vir.

5. DESCRIÇÃO DOS ELEMENTOS ESSENCIAIS DO MARXISMO-LENINISMO E STALINISMO

O marxismo-leninismo corresponde às interpretações teóricas e práticas do marxismo feitas por Lênin no contexto da Rússia de seu tempo. Seus elementos essenciais são o partido e sua relação com a conquista revolucionária do Estado, além da teoria do imperialismo. Na organização partidária, Lênin defendia um partido formado por uma vanguarda marxista que exerceria um papel de conscientização política das massas operárias e camponesas e que evitaria desvios oportunistas e reformistas. Lênin entendia que a crise gerada pela Primeira Grande Mundial havia gerado um contexto no qual a revolução seria possível, mesmo sem a plena maturação do capitalismo. Portanto, o partido operário deveria desenvolver a industrialização do país "pulando etapas" em direção ao socialismo. Também defendia o chamado "centralismo democrático", que permitia a livre discussão em um primeiro momento, mas a submissão à decisão da maioria após a discussão.

Além disso, Lênin defendia que o capitalismo de seu tempo estava em uma etapa diversa daquela descrita por Marx, sendo essa a etapa do imperialismo, caracterizado pela formação de grandes monopólios; pela fusão entre o capital bancário e o industrial; e pela anexação colonialista. Logo, o imperialismo teria levado à Grande Guerra e oportunizado a tomada do poder pela via insurrecional (LÊNIN, 2012).

Nos anos 1930, o marxismo-leninismo tornou-se ideologia oficial do Estado soviético, gerando um ambiente muito diferente da década anterior. A interpretação das práticas do stalinismo como deturpações das ideias de Lênin ou como consequências naturais delas é alvo de disputa. Alguns aspectos das ideias e práticas de Stálin que podemos considerar como próprios são a defesa do socialismo em um único país e o progressivo esvaziamento do centralismo democrático. Assim, entre 1939 e 1952 não houve um único congresso. Por outro lado, "sem a existência de um partido político organizado nos moldes leninistas, não é possível explicar o terror stalinista" (FERREIRA, 2000, p. 101), já que:

> *Em busca de uma transparente e límpida "ideologia proletária", os comunistas acreditavam que aqueles que não pertencessem às fileiras da classe operária eram indignos de entrar ou permanecer na organização revolucionária, restando-lhes tão-somente as qualificações de "inimigos" e "traidores". Denunciá-los, portanto, tornou-se um mecanismo fundamental para definir a identidade do proletariado e do partido.* (FERREIRA, 2000, p. 102)

6. OUTRAS EXPRESSÕES DO AUTORITARISMO: PORTUGAL, ESPANHA E AMÉRICA LATINA

A onda autoritária do Entre Guerras também se fez presente no mundo ibero-americano. Uma das principais ideias que marcaram esses regimes foi o corporativismo, que pregava a superação dos conflitos entre classes a partir de corporações em que trabalhadores e patrões negociavam seus conflitos, que seriam mediados pelo Estado. Isso garantiu uma forma de representação que ajudou a dar legitimidade a esses regimes, ao mesmo tempo em que controlava a classe trabalhadora. Desse modo, era criticada a representação "individualista" do parlamentarismo liberal para uma que era considerada mais "orgânica" e atinente às necessidades reais dos indivíduos.

No início dos anos 1920, a Espanha vivia uma grave crise, marcada por vergonhosas derrotas no Marrocos e agitações de anarquistas, socialistas e nacionalistas catalães. Nesse contexto, o regime parlamentar de caráter liberal parecia fraco para lidar com tais questões. O general Miguel Primo de Rivera pronunciou-se contra o governo em 1923. No mesmo ano, o rei Alfonso XIII nomeou Primo de Rivera primeiro-ministro, que logo fecharia o parlamento e implantaria uma ditadura de cunho militar.

Em seu governo, reprimiu os sindicatos ao mesmo tempo em que promoveu leis trabalhistas, pautando-se em ideias do corporativismo; encerrou a guerra do Marrocos com operações bem sucedidas e iniciou um período de desenvolvimento econômico através de obras públicas. No entanto, o endividamento do Estado crescia e, com a crise de 1929, a Espanha novamente entrava em uma época de decadência econômica. Incapaz de lidar com tais problemas, Primo de Rivera renunciou ao cargo em 1930 e exilou-se em Paris, onde morreria poucas semanas depois. A monarquia também não sobreviveria a esse baque, com a renúncia de Afonso XIII no ano seguinte e a instauração da República que a seguiu. (BUADES, 2013)

Em 1936, um levante militar contra a República levaria uma guerra civil entre uma coalizão de direita conhecida por "bando nacional", apoiada pela Itália fascista e pela Alemanha nazista, e uma coalizão de esquerda conhecida por "bando republicano", formada por republicanos, socialistas, anarquistas e comunistas. A vitória do bando nacional em 1939 levou a implementação de um novo regime ditatorial de caráter corporativista, dessa vez encabeçado pelo general Francisco Franco, que perduraria até a sua morte em 1975.

Em Portugal, um golpe militar derrubou a república parlamentar em 1926 e levou a uma instável ditadura militar. Em 1928, o então presidente general Óscar Carmona nomeou António de

Oliveira Salazar como Ministro das Finanças. Suas políticas bem sucedidas lhe renderam um grande prestígio. Em 1932, Salazar foi nomeado Presidente do Conselho de Ministros, cargo equivalente ao de primeiro-ministro. No ano seguinte, aprovada a Constituição de 1933, teve início o Estado Novo, regime autoritário de caráter corporativista que sobreviveria à morte do ditador em 1970, sendo derrubado com a Revolução dos Cravos de 1974. (PINTO, 2007).

Os regimes de Primo de Rivera e Salazar, assim como a Itália fascista de Mussolini, serviram de inspiração para diversos governos autoritários da América Latina. Segundo António Costa Pinto, o corporativismo se disseminou pela região alimentado pelo catolicismo social; por movimentos tradicionalistas como a *Action Française* e seus correlatos ibéricos, a *Acción Española* e o Integralismo Lusitano; e partidos e movimentos fascistas que, salvo raras exceções como a Ação Integralista Brasileira, tiveram impacto menor.

Durante a década de 1930, houve uma ebulição de governos de inspiração corporativista e autoritária, dos quais podemos mencionar a breve ditadura de Uriburu na Argentina (1930-1932), a de Ibáñez no Chile, iniciada já na década anterior (1927-1931), o governo de Gabriel Terra no Uruguai (1933-1938) e de David Toro na Bolívia (1936-1937). Esses governos conseguiram diferentes graus de institucionalização (PINTO, 2021).

No Brasil, o golpe que levou ao Estado Novo (1937-1945) se deu em cima da "descoberta" de uma conspiração judaico-comunista intitulada Plano Cohen. Na verdade, tal conspiração se baseava em um documento forjado. Tal golpe se deu após um longo processo de aumento da repressão em nome da segurança nacional enquanto a Constituição de 1934 ainda estava formalmente em vigência (ARAÚJO, 2000). Desse modo, em 1937, Getúlio Vargas pôde consolidar seu poder como ditador e implementar um Estado corporativista autoritário que concedia direitos trabalhistas ao mesmo tempo que restringia a liberdade dos sindicatos. Os intelectuais do Estado Novo afirmavam que o novo regime apresentava uma nova forma de representação pautada nos direitos sociais e diversa da falsa representação das democracias liberais (GOMES, 2005, p. 201).

7. CONSIDERAÇÕES FINAIS

Os movimentos nazi-fascistas, bem como o stalinismo e os outros regimes autoritários foram determinantes para a eclosão da Segunda Guerra Mundial, que será analisada adiante. Antagônicos ao liberalismo, eles irão impactar fortemente os anos seguintes.

REFERÊNCIAS BIBLIOGRÁFICAS

ARAÚJO, M. C. S. D'. *O Estado Novo*. Rio de Janeiro: Jorge Zahar Ed., 2000.

BERMAN, S. *Democracy and dictatorship in Europe*: from the Ancien régime to the present day. Nova York: Oxford University Press, 2018.

BUADES, J. M. *A Guerra Civil Espanhola*. São Paulo: Contexto, 2013.

FERREIRA, J. O socialismo soviético. *In*: REIS FILHO, D. A.; FERREIRA, J.; ZENHA, C. (orgs.). *O século XX, v. 2. O tempo das crises*: revoluções, fascismos e guerras. Rio de Janeiro: Civilização Brasileira, 2000.

GOMES, A. M. C. *A invenção do trabalhismo*. Rio de Janeiro: Editora FGV, 2005.

LÊNIN, V. I. *Imperialismo, estágio superior do capitalismo*: ensaio popular. São Paulo: Expressão Popular, 2012.

LEWIN, M. *O século soviético*. Rio de Janeiro: Record, 2007.

LEWIN, M. Para uma conceituação do stalinismo. *In*: HOBSBAWM, Eric (org.). *História do marxismo*: o marxismo na época da terceira internacional. Rio de Janeiro: Paz e Terra, 1986.

MANN, M. *Fascistas*. Rio de Janeiro: Record, 2008.

PAXTON, R. *A anatomia do fascismo*. São Paulo: Paz e Terra, 2007.

PINTO, A. C. *A América Latina na era do fascismo*. Porto Alegre: EDIPUCRS, 2021.

_____. O Estado Novo português e a vaga autoritária dos anos 1930 do século XX. In: PINTO, A. C.; MARTINHO, F.P. (orgs.). *O corporativismo em português*: estado, política e sociedade no salazarismo e no varguismo, 2007.

PINTO, A. C. *The nature of fascism revisited*. Nova York: Columbia University Press, 2012.

REIS FILHO, D. A. *As revoluções russas e o socialismo soviético*. São Paulo: Editora UNESP, 2013.

CAPÍTULO 13
A SEGUNDA GUERRA MUNDIAL

DELMO DE OLIVEIRA TORRES ARGUELHES[36]

1. TRÊS VISÕES DE MUNDO: DEMOCRACIA LIMITADA, NAZIFASCISMO E COMUNISMO DE ESTADO

Na grande maioria dos manuais históricos, se tornou lugar comum a assertiva de que a democracia, na sequência da Crise de 1929 e da Grande Recessão, entrou em crise, sendo questionada por duas grandes forças emergentes: o comunismo e o nazifascismo. Tal visão pode implicar num problema inicial. Segundo o senso comum, estar em crise implica necessariamente numa fase anterior de pleno funcionamento, o que é um problema quando se pensa nos países efetivamente democráticos na primeira metade do século XX. Antes de 1914, havia apenas três repúblicas; após 1918, já se contavam treze. Se a ascensão das repúblicas parlamentares na Europa do Entre Guerras foi muito rápida, o declínio foi ainda mais veloz.

---

[36] Doutor em História das Ideias (UnB, 2008). Pesquisador Associado Sênior do Núcleo de Estudos Avançados do Instituto de Estudos Estratégicos da Universidade Federal Fluminense. Autor do livro Sob o céu das valquírias: as concepções de honra e heroísmo dos pilotos de caça na Grande Guerra (1914-1918). Contato: delmo.arguelhes@gmail.com.

A democracia de massas, de base parlamentar, nos anos 1930 não era frágil apenas pelo aspecto de novidade e falta de vivência. Não se pode perder de vista que um regime democrático, além do desenho institucional, necessita de adesão popular. Esta aconteceu menos por uma base cidadã consciente. As vantagens da democracia foram vendidas como o exato oposto da autocracia monárquica, pré-1914. Ou seja, a primeira adesão aos regimes neófitos constitucionalistas, parlamentares e representativos, para parte considerável do continente europeu, se deu como o remédio mágico contra todos os males da autocracia dos velhos impérios. Contudo, não se mostrou eficiente em fornecer uma resposta rápida a todos os anseios dos diversos segmentos sociais.

Diante disso, havia a esperança da emancipação das classes operária e camponesa, vislumbrada pelo sucesso da Revolução de 1917. Do outro lado, havia também a pressão contrarrevolucionária das elites, com todo apelo ideológico para as classes médias. O medo do avanço da classe proletária estimulou a preferência por regimes de extrema-direita. Se não podemos identificar o conservadorismo com a extrema-direita, pelo menos podemos afirmar que os conservadores abraçam o fascismo como um mal menor, quando privilégios são questionados.

Enquanto a Grande Guerra acabou de fato em novembro de 1918 na Frente Ocidental, no Leste a violência se prolongou, pelo menos, até 1921. As revoluções proletárias na Rússia, Hungria e Alemanha acarretaram numa luta extremamente violenta. Ao avançar e recuar dos exércitos, populações de grupos minoritários eram vitimadas, independentemente da facção que estivesse controlando o território. No intervalo entre a tomada do poder pelos bolcheviques, em outubro (no calendário juliano) de 1917, até o fim da Guerra Civil, em 1921, a Revolução esteve ameaçada na Rússia diariamente, tanto interna quanto externamente.

A ideia de exportar a revolução, ou seja, transformá-la numa guerra civil europeia, dos dominados contra os dominantes, foi redimensionada, entre 1918 e 1921, para a implementação do socialismo num só país. Uma das primeiras providências dos bolcheviques, ao tomar o poder, foi preparar a saída da Rússia da Grande Guerra, assinando uma paz em separado com a Alemanha e Áustria-Hungria. A Paz de Brest-Litovski – assinada em 3 de março de 1918 (já no calendário gregoriano) – impôs uma série de perdas territoriais para a Rússia, deixando Lênin e Trotski como alvos de uma série de críticas de todos os setores na sociedade russa, incluindo os próprios bolcheviques.

A interpretação marxista tradicional sobre o fenômeno nazifascista classifica este como um *excesso obsceno do capital*, que se mobiliza para proteger a economia capitalista. Como se o mercado, entidade dominante e senciente, criasse salvaguardas para barrar qualquer tentativa de sobrepujá-lo. Assim, o fenômeno nazifascista seria um produto do capitalismo, embalado e vendido para as massas. Tal assertiva funciona melhor como slogan do que categoria analítica, pois considera o fenômeno como um movimento de causa e consequência – no qual, mecanicamente, uma determinada causa provoca *necessária e obrigatoriamente* uma consequência específica –, agindo de forma automática. A assim chamada realidade funciona de modo mais diverso e cheio de variações.

A condição humana não comporta ações e reações mecânicas, mas abriga, com maior desenvoltura, condicionantes e desdobramentos – não vinculantes, por natureza –, fluidos, sutis e cheios de nuances. É importante chamar a atenção para isso, pois a situação de crise – política, econômica, social e jurídica – levou à aglutinação progressiva de vários setores da sociedade, insatisfeitos com a situação presente, temerosos do que o futuro imediato poderia representar, ao redor de pequenos grupos, detentores de discursos radicais.[37] Mais do que um elemento inconsciente, em defesa do capital, o nazifascismo foi o somatório de vários descontentamentos e medos, sob lideranças carismáticas, que prometiam uma nova era de ouro, a qual nada mais seria do que um retorno a um passado glorioso da nação, onde esta, expurgada dos elementos perniciosos, atingiria o lugar merecido. Talvez não seja desnecessário insistir que tais passados gloriosos possuem existência exclusiva na imaginação.

No pós-guerra de 1945, muitos industriais, banqueiros e altos funcionários públicos alemães alegaram tão somente cumprir ordens; obedeciam para se manter vivos. Mesmo considerando a presença do carisma do líder, essa visão não corresponde à realidade. Nenhum sistema político se estabelece, ou sobrevive, sem apoio de alguns setores estratégicos. No caso italiano, o apoio da elite econômica, da Igreja e dos proprietários fundiários foi essencial. No caso alemão, a ascensão e consolidação do poder nazista se firmou com a adesão dos grandes proprietários, banqueiros, industriais, altos oficiais da *Wehrmacht* e do alto escalão do funcionalismo público. Mesmo alguns setores conservadores que não apreciavam os nazistas, ou os fascistas, odiavam a esquerda – e temiam uma revolução popular, seja pela ameaça de perder propriedades e privilégios, seja pela proximidade incômoda da massa – de tal modo que os nazifascistas apareciam para eles como uma opção plenamente suportável, e até desejável. Mussolini sonhava em restaurar a glória e influência do antigo

---

[37] Um estudo interessante, editado recentemente no Brasil, é Sedgwick (2020). O autor define o movimento tradicionalista como uma revolta contra a modernidade, e a busca de uma tradição religiosa e hermética primordial. Nas décadas de 1920 e 1930, esses grupos de pessoas acabaram por se envolver, em alguma medida, com os movimentos nazifascistas e, principalmente, com suas ideologias. O tradicionalismo seria, *grosso modo*, além da busca de um passado idealizado, a procura de uma religião primeira, antes de ser corrompida pelas instituições ou pela modernidade.

Império Romano, enquanto Hitler planejava congregar um *Reich* para todos os alemães. A aventura militar era a porta adequada para os planos de ambos.

A partir de 1935, Hitler denunciou o Tratado de Versalhes, afirmando que era um entrave para a defesa da Alemanha. Foram anunciados o aumento de efetivos da *Wehrmacht*, a criação de divisões blindadas e de uma força aérea. Essas já existiam, em segredo. Até março de 1939, Reino Unido e França lançaram mão da política de *apaziguamento*. Partia-se do pressuposto que se concessões fossem feitas à Alemanha, chegaria o momento que Hitler ficaria satisfeito e menos agressivo. Isso, obviamente, na superfície. O apaziguamento também era um sintoma das limitações de manobra dos franco-britânicos. Uma resposta aguerrida aos avanços nazistas poderia desembocar numa nova guerra, o que seria algo bem desagradável de explicar aos eleitores, depois do desastre que representou a Grande Guerra, tanto em sacrifícios humanos quanto materiais. Quando Hitler remilitarizou a Renânia, a França estava sem primeiro-ministro. Além disso, tal política também mal disfarçava uma esperança dos conservadores britânicos e franceses: de que a Alemanha e a União Soviética se destruíssem mutuamente.

Após a denúncia da Paz de Versalhes, Hitler e Mussolini auxiliaram as forças golpistas na Espanha, que escalou para uma guerra civil, entre 1936 e 1939. Do lado republicano, houve ajuda soviética. França e o Reino Unido permaneceram neutros – o que beneficiou em larga escala a causa fascista – e a ajuda externa à República foi providenciada pelas Brigadas Internacionais, de voluntários antifascistas. Estima-se o número de vítimas na guerra civil entre 500.000 e um milhão de pessoas, até março de 1939. Nesse ínterim, a Áustria foi anexada pela Alemanha, em março de 1938. Foi o *Anchluss*. Ainda em 1938, Hitler exigiu a posse da região dos Sudetos, na Tchecoslováquia. A crise do

Sudetenland foi justamente o canto do cisne da política de apaziguamento. Na conferência de Munique, Neville Chamberlain (primeiro-ministro britânico), Édouard Daladier (primeiro-ministro francês), Mussolini e Hitler chegaram a um acordo para garantir a paz europeia, em troca da anexação dos Sudetos, pela Alemanha. O governo da Tchecoslováquia nem sequer foi convidado ou consultado. Após a conferência, Chamberlain voltou a Londres brandindo a minuta assinada, afirmando ter garantido a 'paz por uma geração'.

2. ALIANÇA CONTINGENTE ENTRE ESTADOS DEMOCRÁTICOS E A URSS DE STÁLIN

A paz por uma geração durou poucos meses. Em março de 1939, Hitler se sentiu livre para mais um lance ousado, apostando na imobilidade franco-britânica. A partir dos Sudetos, a *Wehrmacht* ocupou todo o restante do país. Sem disparar um único tiro, a Alemanha havia conquistado dois países, em doze meses: Áustria e Tchecoslováquia. Era a prova que apaziguar os alemães não daria certo. Quando Hitler passou a exigir uma ligação terrestre entre o *Reich* e a Prússia Oriental, o que levaria a violação do território polonês, Reino Unido e França declararam que garantiriam a independência da Polônia.

Na União Soviética, Stálin já havia se consolidado no poder, gradativamente, desde o início da década de 1930. Em 1936-7, Stalin promoveu o *Grande Expurgo*, o qual, dentre vários alvos, objetivava principalmente o Exército Vermelho. Estima-se que cerca de 80% dos oficiais foram assassinados. Os desdobramentos do Grande Expurgo foram sentidos na Guerra do Inverno (1939-40), quando os soviéticos invadiram a Finlândia. Faltava, essencialmente, a liderança do oficialato aos soldados. Os finlandeses, operando em esquema de *guerrilha*, conseguiram impor muitas derrotas aos invasores. A vitória soviética, concretizada num acordo de paz, só foi obtida com a força massiva, pelo número de soldados.

Até o ataque alemão, em junho de 1941, Stálin mantinha distância do Ocidente; não costumava confiar em ninguém. A atitude do Reino Unido, França e os Estados Unidos em relação aos soviéticos servia para reforçar todos os receios do líder. Assim, a tentativa de coordenar uma aliança defensiva com o Ocidente fracassou primeiramente pelo próprio imobilismo deste, em 1939. Mas também os soviéticos estavam explorando todas as possibilidades, e precisavam de um tempo para recompor e reorganizar o Exército Vermelho depois dos expurgos. Em 23 de agosto de 1939, o mundo foi surpreendido com o anúncio do Pacto Ribbentrop-Molotov, o qual previa um acordo de não agressão entre a Alemanha e a União Soviética pelos dez anos seguintes.

Para além das conveniências imediatas de Hitler e Stálin, uma garantia de estabilidade nas fronteiras, o Pacto também possuía cláusulas secretas, as quais previam a divisão do território polonês. Em primeiro de setembro de 1939, as divisões blindadas alemãs cruzaram a fronteira com a Polônia, colocando em prática a Guerra Relâmpago (*Blitzkrieg*), que havia sido proposta num livro de 1937, do general Heinz Guderian, *Achtung Panzer!* (Atenção, blindado!). Ao contrário de servir de apoio à infantaria, Guderian propunha a concentração blindada, junto com apoio aéreo, para romper e dizimar as linhas inimigas, colocando a velocidade mecanizada como fator surpresa. Em cerca de três semanas, o exército polonês foi dizimado. Após tal acontecimento, o Exército Vermelho ocupou o leste polonês. Simbolicamente, na cidade de Brest-Litovski, houve o encontro das forças ocupantes.

No mesmo dia da invasão, Paris e Londres enviaram um ultimato a Berlim, estabelecendo o prazo de 48h para cessar a agressão à Polônia e retração, às próprias fronteiras, das unidades da *Wehrmacht*. Diante da falta de resposta de Hitler, no dia 3 de setembro, França e o Reino Unido declararam guerra à Alemanha. No entanto, nenhuma medida militar prática foi tomada. Os franceses chegaram a ensaiar uma incursão à Linha Siegfried – o perímetro defensivo alemão, contraposto ao francês; este conhecido como Linha Maginot –, sem haver qualquer contato com tropas adversárias. Pouco depois, os franceses recuaram para as próprias linhas. Antes ou depois da queda de Varsóvia, e da total anexação do território polonês por Hitler e Stálin, não houve qualquer iniciativa por parte de britânicos e franceses, até abril de 1940. Foi a fase conhecida como *Phony War* ou *Drôle de Guerre* (Guerra Engraçada) ou como *Sitzkrieg* (Guerra Sentada). Essa trégua tácita coincidiu com o inverno no hemisfério norte.

Com o início da guerra, Winston Churchill, político conservador britânico, não apreciado por muitos de seus pares, retornou ao serviço ativo, como Primeiro Lorde do Almirantado. Churchill havia pregado a necessidade de rearmar o país para a guerra vindoura, ao longo da segunda metade dos anos 1930. No início de 1940, ele propôs um plano para cortar o suprimento de minério de ferro sueco para o *Reich*. O minério era exportado pelos portos noruegueses para a Alemanha. Assim, a conquista do litoral ocidental escandinavo privaria a indústria alemã de um suprimento vital. No entanto, Hitler antecipou esse movimento e as forças expedicionárias franco-britânicas enfrentaram os alemães no território norueguês.

A derrota foi humilhante para os aliados, e levou à queda do primeiro-ministro britânico, Neville Chamberlain, em 10 de maio. Paradoxalmente, o novo primeiro-ministro foi o autor do infeliz plano de conquista da Noruega, Churchill. Ele assumiu num momento crucial: no mesmo dia em que a *Wehrmacht*, já recomposta e abastecida invadiu França, Holanda, Bélgica e

Luxemburgo. O *Plano Manstein* foi uma iniciativa ousada e muito bem-sucedida do Estado-Maior Alemão.

Enquanto algumas tropas alemãs cruzavam as fronteiras com Holanda e Bélgica, boa parte das divisões blindadas atravessaram a floresta das Ardenas, região montanhosa, de floresta densa. Essa estava mal protegida porque o comando aliado acreditava que as *Panzerdivision* jamais passariam por lá. Ao sul das Ardenas, parte considerável da *Armée de Terre* (o exército francês) se posicionava atrás da Linha Maginot. Ao norte, a BEF (*British Expeditionary Force*, Força Expedicionária Britânica) estava concentrada na defesa da Bélgica. A brecha explorada fez com que a *Wehrmacht* separasse as forças aliadas. Os britânicos, com algumas unidades belgas e francesas, foram cercados em Dunquerque. Uma combinação de fatores – *fricção*, segundo Carl von Clausewitz[38] – fez com que o Reino Unido conseguisse evacuar mais de 300.000 soldados de lá, na *Operação Dynamo*. Uma quantidade muito superior às expectativas mais otimistas.

Após a retirada de Dunquerque, os alemães continuaram a ofensiva ao sul, oeste e sudoeste, até a rendição francesa. Durante a Grande Guerra, em mais de quatro anos os alemães não conseguiram nem chegar a Paris – o auge do avanço para oeste foi a Batalha do Marne, em setembro de 1914 –; em 1940 foram necessárias tão somente seis semanas para conquistar a França e expulsar os britânicos do continente. Foi o auge para a popularidade do *Führer* na Alemanha. A humilhação de 1918 havia sido vingada.

Nos meses que seguiram a queda da França, ocorreu aquilo que foi nomeado como Batalha da Inglaterra, a luta pela superioridade aérea sobre os céus britânicos. Era o primeiro passo

---

[38] Fricção, em Clausewitz, é todo o acaso que interfere na batalha, escapando ao planejamento. É imprevisível e inevitável (2010: 83-8).

para a invasão das Ilhas Britânicas, segundo as diretivas do OKW (*Oberkommando der Wehrmacht* – Comando Supremo das Forças Armadas). A primeira fase da batalha, quando os bombardeiros alemães – Heinkel 111, Junkers 87 e Junkers 88 – se concentravam no ataque às bases aéreas, com cobertura dos caças Messerschmitt 109, foi favorável à *Luftwaffe*. Mesmo com a rede de radares, a RAF (*Royal Air Force* – Força Aérea Real) estava perdendo pilotos de Hurricanes e Spitfires mais rápido do que conseguia treinar novos.

Tudo mudou quando o subúrbio de Londres foi bombardeado por um avião, que havia perdido o alvo designado. O Comando de Bombardeios da RAF retaliou, atacando Berlim. Hitler, furioso, mandou que Hermann Göring, comandante da *Luftwaffe*, abandonasse o ataque às bases e se concentrasse apenas nas cidades inglesas. Apesar das cidades britânicas arderem em chamas, o Comando de Caças da RAF conseguiu se reorganizar e reverter o índice de perdas nas batalhas aéreas. Novamente a fricção clausewitziana interferiu no ritmo do combate. Segundo o *Generalleutnant* (Tenente General) Adolf Galland – comandante alemão do Esquadrão de caças 26 –, o principal problema na Batalha da Inglaterra era o fato da *Luftwaffe* ser uma força aérea tática, que foi colocada para lutar como uma força estratégica.

Enquanto os poucos pilotos lutavam nos céus das Ilhas Britânicas, o pensamento de Hitler já estava em outro lugar: no leste. No outono de 1940, foi ordenado ao OKW iniciar os preparativos para a invasão da União Soviética. Antes que esse ataque acontecesse, as ações de Mussolini obrigaram a Alemanha a fazer alguns desvios no planejamento. Incomodado com o fato de ter declarado guerra à França e ao Reino Unido e não ter conseguido nenhuma conquista militar, o *Duce* resolveu atacar o Egito, a partir da Líbia. Mesmo em inferioridade numérica, os soldados britânicos no Norte da África não apenas repeliram a invasão, como também invadiram a Líbia italiana e avançaram. Além de continuar sem nenhuma conquista, Mussolini ainda perderia a colônia.

Para socorrer o aliado, os alemães enviaram um corpo expedicionário, DAK (*Deutsche Afrika Korps*), para o deserto, comandado pelo general Erwin Rommel. Até 1942, britânicos e alemães ficariam avançando e recuando nas areias do Norte da África, sempre dependentes das linhas de suprimento. Frustrado pela desventura no lado oposto do Mediterrâneo, Mussolini resolveu conquistar a Grécia de surpresa, de modo que Hitler apenas ficasse sabendo através dos jornais. A invasão italiana foi um novo fracasso e abriu caminho para a intervenção britânica. As forças alemãs já estavam sendo mobilizadas para o ataque à URSS, mas tiveram que ser deslocadas, às pressas, para conquistar os Bálcãs, protegendo o flanco sudeste. A invasão do território soviético – nomeada *Operação Barbarossa* – foi postergada até 22 de junho de 1941.

Stálin, sempre desconfiado de tudo e de todos, ignorou deliberadamente todos os avisos que a invasão era eminente, incluindo a concentração de mais de três milhões e meio de soldados, tanques, artilharia e aviação alemães na fronteira com a União Soviética. A principal suspeita de Stálin era que os britânicos estavam manipulando as informações, incluindo as obtidas pelos agentes soviéticos, para forçar que URSS e Alemanha se destruíssem. Em retrospecto às atitudes britânicas, tal desconfiança não era destituída de base factível. No entanto, daquela vez não era um engodo.

O avanço alemão no território soviético, nos primeiros meses, parecia confirmar a fala de Hitler: "basta chutar a porta, e o edifício inteiro virá abaixo". O avanço, no entanto, parou nas portas de Moscou. O Exército Vermelho mantinha, na Sibéria, centenas de milhares de soldados, para conter um eventual ataque japonês. Porém, dessa vez, Stálin acreditou no relato dos próprios espiões, de que o alvo japonês se encontrava alhures. O marechal Georgy

Jukov, que comandava a defesa da capital, colocou os siberianos como reserva na retaguarda. Quando a ofensiva alemã foi paralisada, tanto pelas condições climáticas, quanto pela resistência da linha de frente, Jukov mandou a reserva avançar, expulsando os alemães das portas de Moscou.

A historiografia ocidental tem por costume amplificar a importância da luta dos britânicos, e dos estadunidenses, em detrimento dos embates na Frente Oriental. A explicação usual, dessa historiografia, para a vitória russa seria a ação do assim chamado General Inverno. No entanto, é inegável a reformulação do Exército Vermelho enquanto combatia a invasão alemã – *mutatis mutandis*, foi semelhante a uma troca de pneu com o carro em movimento – entre os verões de 1941 e 1943. De uma massa sem liderança, o exército soviético tornou-se uma força avassaladora, que não podia ser contida. Dentre os comandantes, além de Jukov – que organizou as defesas de Leningrado, Moscou e Stalingrado –, destaca-se também o general Semyon Timochenko.

Com a invasão da Rússia, a aliança entre estes e os britânicos se torna o passo lógico a ser seguido. Em dezembro de 1941, os Estados Unidos entram na guerra, graças ao ataque japonês a Pearl Harbour, que mudou a tendência isolacionista da opinião pública interna. Entre junho e dezembro de 1941, o conflito extrapola o espaço europeu e atlântico; de fato tornou-se mundial, envolvendo o continente americano, o extremo oriente asiático e o Oceano Pacífico. O Japão – em guerra contra a China, desde a invasão da Manchúria (1931) e o ataque generalizado a todo território chinês (1937) – não teve alternativa a não ser envolver mais um ator naquele conflito isolado, o que levou a unificar as duas conflagrações, numa só.

3. A GUERRA TOTAL

Quando o Japão, após a queda da França, em 1940, anexou a Indochina, colônia francesa, provocou a reação estadunidense, na forma de um amplo embargo comercial, o qual incluía petróleo e derivados. As alternativas nipônicas seriam ou se curvar às imposições de Washington e se conformar com um papel secundário na região, ou atacar. Para os militares japoneses – os quais tinham grande influência sobre o imperador –, a resposta era óbvia. Em dezembro de 1941, além do ataque à esquadra sediada no Havaí, os japoneses atacaram bases estadunidenses e britânicas em vários pontos do Sudeste Asiático. Em meados de 1942, os países do Eixo atingiram o ápice do avanço em três teatros de guerra: Rússia (Stalingrado), Norte da África (El Alamein) e o Pacífico (Midway). Nestes três teatros de guerra, o auge foi sucedido pelo declínio. As batalhas foram decisivas, marcando o início de um *turning point* na guerra. A chamada *Batalha do Atlântico*, entre os *U-Boote* alemães e as marinhas dos Estados Unidos e do Reino Unido, também começou a pender para o lado aliado. Mas ainda faltava muito para o fim.

Em Midway, a Marinha Imperial Japonesa teve perdas catastróficas: quatro porta-aviões foram afundados, contra um estadunidense. Na União Soviética, a *Wehrmacht* só perdeu completamente a iniciativa após a *Batalha de Kursk*, no verão de 1943, quando as divisões blindadas de elite foram contidas e esmagadas pelas divisões russas, e sem nenhuma ajuda do dito *General Inverno*. Também devemos destacar a campanha de bombardeamento estratégico, promovida pela USAAF e RAF, contra as cidades alemãs, a partir de 1943.

Também, a partir daquele ano, os *Três Grandes* – Roosevelt, Churchill e Stálin – coordenaram as ações e começaram a discutir o mundo do pós-guerra, em três conferências: Teerã (1943),

Ialta (fevereiro de 1945) e Potsdam (julho/agosto de 1945). A partir de 1943-4, a vitória aliada já aparecia no horizonte, especialmente quando se comparava quantidade de tropas em ação e produção industrial. Uma das grandes vantagens dos Estados Unidos foi justamente ter o parque industrial a salvo dos ataques inimigos. No caso soviético, foi feita uma operação colossal. As indústrias foram mudadas para além dos Montes Urais – equipamentos e operários –, fora do alcance da *Luftwaffe*. Enquanto isso, a solução germânica para continuar produzindo era montar fábricas subterrâneas.

4. TOTALITARISMO E HOLOCAUSTO

Apesar do termo 'totalitário' ter sido cunhado por Mussolini, há um consenso que a Itália fascista nunca foi totalitária. A discussão sobre totalitarismo começa – na nossa modesta opinião, com um livro da pensadora política Hannah Arendt, *Origens do totalitarismo* (2000), publicado originariamente em 1951. Arendt foi uma das primeiras pensadoras relevantes a colocar Hitler e Stálin na mesma categoria, o que gerou uma avalanche de críticas da esquerda, classificando a autora como 'revisionista'. Para além do debate partidário, podemos apontar duas deficiências sérias da obra. Em primeiro lugar, o texto arendtiano é teleológico. A narrativa do livro é construída como se Hitler e Stálin soubessem, a todo momento, exatamente onde queriam chegar e o que aconteceria em seguida. Em segundo lugar, Arendt praticamente teve acesso apenas aos documentos alemães. Então, ela deduziu, por analogia, que o mesmo processo acontecia na União Soviética. Uma obra que mostra bem esses limites interpretativos, de forma secundária, é a de Ian Kershaw e Moshe Lewin (1997).

Para Arendt, o objetivo essencial de um regime totalitário não é eliminar os indivíduos diferentes, mas sim matar a diferença nas pessoas. O laboratório essencial para se obter esse controle foi o campo de concentração (ARENDT, 2000). Nos campos (*Lager*, em alemão) o prisioneiro era privado de três dimensões: a jurídica, a moral e, finalmente, a individual. O prisioneiro era privado de qualquer direito sob a salvaguarda estatal. Os internos dos campos eram tratados como 'inimigos objetivos', ou seja, eles não haviam cometido qualquer crime previsto anteriormente na legislação, mas sim eram considerados 'portadores de tendências perigosas' pelo que *poderiam fazer* no futuro. A submissão aos caprichos e autoritarismos dos guardas dos campos eliminava a dimensão moral do ser. E, ao ser privado das *personas* jurídica e moral, o ser humano perde a individualidade, ficando restrito à esfera da mera sobrevivência.

O Holocausto promovido pelos nazistas, nas câmaras de gás, foi o passo seguinte de tal desumanização em escala industrial. Assim, a execução com gás *Zyklon-B*, e a cremação aos montes, roubava dos mortos a própria morte, pois, privados das exéquias, o óbito do ser apenas selava o fato de que ele nunca tinha existido. Por outro lado, leituras decoloniais recentes chamam atenção para o fato de que o uso de campos de concentração e as práticas de extermínio já eram praticados pelos europeus extensivamente, durante as conquistas coloniais. A novidade foi praticar tal monstruosidade de modo industrial e contra os próprios europeus e, especificamente no caso nazista, sem qualquer objetivo econômico prático. Outrossim, a dor incomensurável das vítimas clama que tal absurdo jamais deveria se repetir, com qualquer ser senciente, em momento algum.

5. O BRASIL E A AMÉRICA LATINA: DEBATES E PARTICIPAÇÕES

Desde meados da década de 1930, os Estados Unidos trabalharam ativamente para arregimentar os países latino-americanos sob sua liderança, no contexto da Grande Recessão. O principal instrumento de Washington para isso foi o panamericanismo. Em 1936, na Conferência de Buenos Aires, os estadunidenses anunciaram o fim do intervencionismo ao Sul do Rio Grande, inaugurando a assim chamada Política de Boa Vizinhança. Após a invasão da Polônia, em setembro de 1939, até janeiro de 1942, pós Pearl Harbor, a Política de Boa Vizinhança foi amarrada através de três conferências de consulta dos chanceleres continentais: Panamá, Havana e Rio de Janeiro. O país essencial para a estratégia do Departamento de Estado foi o Brasil. Getúlio Vargas, presidente brasileiro, soube aproveitar o momento favorável para negociar o apoio nacional em troca de pedidos pontuais, como a instalação de siderurgia no país, reequipamento das forças armadas e novos investimentos no país. Na feliz expressão de Gerson Moura (1991), os *sucessos* obtidos com a política de barganha de Vargas acabaram por gerar a *ilusão* de que o Brasil, a partir daquele momento, estava entre as grandes potências mundiais e governaria o mundo, ao lado dos Estados Unidos.

A partir das conferências panamericanas, mesmo com alguma resistência da Argentina e, em menor escala, do Chile, os Estados Unidos conseguiram se tornar hegemônicos no continente, em termos políticos e econômicos. Durante a conferência do Rio de Janeiro, em 1942, os diplomatas ingleses perceberam que não era apenas a Alemanha que perderia mercados na América Latina. Essa conferência, aliás, em termos econômicos, marcou a antecipação de muitos aspectos do Acordo de Bretton Woods (1944), em termos continentais. A guerra, finalizada em maio de 1945, na Europa, e agosto de 1945, na Ásia, não entregou um mundo de paz, mas sim preparado para os confrontos seguintes. Cronologicamente, Hiroshima e Nagasaki estão no contexto do encerramento da Segunda Guerra Mundial. Politicamente, foram os primeiros tiros da Guerra Fria.

REFERÊNCIAS BIBLIOGRÁFICAS

ARENDT, Hannah. *Origens do totalitarismo*. São Paulo: Cia. das Letras, 2000.

CLAUSEWITZ, Carl von. *Da guerra*. 3ª edição. São Paulo: Martins Fontes, 2010.

KERSHAW, Ian; LEWIN, Moshe (editors). *Stalinism and Nazism*: dictatorships in comparison. Cambridge: Cambridge University Press, 1997.

MOURA, Gerson. *Sucessos e ilusões*: relações internacionais do Brasil durante e após a Segunda Guerra Mundial. Rio de Janeiro: FGV, 1991.

SEDGWICK, Mark. *Contra o mundo moderno*: o Tradicionalismo e a história intelectual secreta do século XX. Belo Horizonte: Âyiné, 2020.

CAPÍTULO 14
GUERRA FRIA E DESCOLONIZAÇÃO

CELSO THOMPSON[39]
GIOVANNI LATFALLA[40]

INTRODUÇÃO

Guerra Fria e Descolonização. Dois temas que marcaram o pós-guerra e mantêm vestígios de sua importância. A zona fronteiriça entre as Coreias, Sul e Norte, continua separando dois universos marcados por ideologias distintas, o que implica em mudança radical de visão de mundo e deixa claro que esse confronto político e ideológico ainda pode evoluir para atos bélicos levando a uma escalada de violência em uma importante área geopolítica, arrastando, consigo, a China, a Rússia, o Japão e os EUA. Na Europa a divisão da Alemanha deu origem a dois Estados, a República Federal da Alemanha (RFA) e a República

---

[39] Doutor em História Política (UERJ). Mestre em História Antiga e Medieval (UFRJ). Graduado em História (UERJ). Professor aposentado da UERJ.

[40] Doutor em Ciência Política (IUPERJ/UCAM). Mestre em História (USS). Graduado em História (FAFILE). Tenente-coronel da reserva do Exército. Ex-professor de História dos Colégios Militares do Recife, Rio de Janeiro e Juiz de Fora.

Democrática Alemã (RDA), tornando a Europa Central palco privilegiado nas disputas entre os EUA e URSS.

Quanto à descolonização, recordamos que, já antes da Segunda Guerra Mundial, muitos africanos e asiáticos, ainda que representados, em sua maioria, por membros de elites locais, haviam sido formados nos grandes centros europeus e desejavam a independência de seus países. Desde a derrota dos exércitos czaristas frente aos japoneses no início do século XX, ficou claro que os europeus não eram invencíveis. Aliás, o fracasso da Itália na Etiópia, em 1896, assinala um momento importante nessa consciência de resistir ao invasor.

> *"Quando principiou o século XX, o poderio europeu na Ásia e na África mantinha-se no apogeu (...). Sessenta anos depois apenas restavam alguns vestígios do domínio europeu. Entre 1945 e 1960 quarenta países com população de 800 milhões (...) revoltaram-se contra o colonialismo e obtiveram sua independência"* (BARRACLOUGH, 1973, p. 147).

O nosso intuito no presente capítulo é esclarecer que ainda que se possa recorrer ao termo Guerra Fria ou Nova Guerra Fria para tentar uma definição acerca das tensões vivenciadas entre o Ocidente, especificamente pela OTAN e seus competidores, quer se trate da Rússia ou da China, as condições do imediato pós Segunda Guerra Mundial devem ser entendidas o mais próximo possível do seu contexto histórico. É o que faremos aqui.

1. A POLÍTICA INTERNACIONAL DEPOIS DO RECURSO DA BOMBA ATÔMICA

O uso militar da energia nuclear teve suas potenciais restrições afastadas pelas circunstâncias da Segunda Guerra Mundial. Nesse sentido, as informações acerca da capacidade do governo de Berlim chegar a desenvolver a bomba nuclear, com a conquista de meia Europa, incluindo a Noruega e sua reserva de água pesada, alertaram Londres e, principalmente, Washington, para a necessidade imperiosa de vencer a corrida pelas armas nucleares.

As explosões das bombas sobre Hiroshima e Nagasaki, em agosto de 1945, levaram à capitulação dos japoneses e a uma radical mudança do poder mundial. A despeito dos grandes esforços por parte dos soviéticos na contenção da Alemanha nazista, os EUA emergiram como a grande potência mundial. Além de terem o maior PIB, dispunham de um parque industrial de primeira linha, abastecendo de material bélico os aliados contra o Eixo e, durante alguns anos, desfrutaram da condição de únicos detentores da arma nuclear.

A bem da verdade, no início do pós-guerra, americanos, britânicos e russos – então soviéticos – compartilharam os segredos militares que obtiveram como despojo da Alemanha nazista, um estado industrializado caído inteiramente na mão dos vencedores. Um exemplo são os jatos alemães, cujas soluções inovadoras estariam presentes em aparelhos de combate de ambos os lados dos contendores da Coreia em plena Guerra Fria.

No campo diplomático, os anos do imediato pós-guerra pareciam dar espaço para convivência de sistemas político-ideológicos distintos. A criação da ONU abria novas perspectivas de entendimento e a oportunidade de superar erros produzidos pela condução da Sociedade das Nações, que assistiu impotente a ascensão de forças antidemocráticas, notadamente a Itália fascista, a partir de 1922 e, posteriormente, a Alemanha nazista, o III Reich, revanchista, militarista e apologista do racismo voltado principalmente contra os judeus e contra os povos eslavos, cujos territórios eram objeto de cobiça do imperialismo germânico.

Conflito marcadamente ideológico num mundo bipolar em que ganhava relevo a demarcação de áreas de influência. Por contraste com a guerra de 1914-1918, que admitiu à posteriori desdobramentos locais como as guerras entre poloneses e russos ou o confronto entre gregos e turcos, o mundo de 1945 via a imposição de interesses de duas potências, URSS e EUA. O confronto entre Capitalismo e Comunismo tornou rivais e mesmo adversários, países que combatiam um inimigo comum. Torna-se fácil entender o ponto de vista de Stálin expresso ao cabo da Conferência de Yalta, na Crimeia:

> *"Não é difícil permanecer unidos em tempo de guerra, pois existe um objetivo solidário, destruir o inimigo, e que é claro para todos. A tarefa difícil virá após a guerra, quando interesses diferentes dividirão os aliados"* (DELMAS, 1979, p. 30).

Os EUA tinham sua renda anual dobrada desde o início do conflito mundial e seu território permaneceu incólume, o que lhe dava vantagem ao compará-lo com a perda de pelo menos 20 milhões de mortos sofrida pela URSS. Esta, por seu turno, saiu da guerra como líder do socialismo, implantado na grande maioria dos países em que o Exército Vermelho avançou em direção ao centro da Europa. A grande exceção ficou por conta da Iugoslávia, cuja obra foi da resistência local comandada pelo líder Tito, codinome do chefe da guerrilha comunista e controlador vitalício do país até 1980.

Essa bipolarização marcante das relações internacionais se refletiu numa onda de intolerância de ambas as partes, com reflexos planetários Na América Latina desenvolveu-se uma hostilidade em nível governamental, produzindo efeitos no que respeita a ideias de revolução e mesmo de reformas de caráter social. Alguns governos, como o de Trujillo, na República Dominicana, adotaram como estratégia de sobrevivência um anticomunismo que lhes permitiu apoio estadunidense para a manutenção de uma ditadura típica das *"Banana Republic"*.

O Brasil adotou posturas no plano interno e nas suas relações internacionais sensivelmente impactadas pela Guerra Fria. No âmbito interno, uma rápida consequência do alinhamento com a política estadunidense foi a colocação do Partido Comunista Brasileiro (PCB) na ilegalidade em 1947 e, subsequentemente, se verificou a adesão brasileira ao TIAR.

> *"Um dos marcos do alinhamento do Brasil e da América Latina ao bloco de poder liderado pelos EUA, no contexto da Guerra Fria, foi a assinatura do Tratado Interamericano de Assistência Recíproca (TIAR), no Rio de Janeiro, em 2 de setembro de 1947, com a presença, inclusive, do Secretário de Estado norte-americano, Marshall" (CERVO, 2011, p. 291).*

Estamos, portanto, diante dos elementos necessários para contextualizar o princípio do período da Guerra Fria.

2. A DESCOLONIZAÇÃO

O mundo do pós-guerra assinalou o triunfo dos povos da África e Ásia contra o colonialismo europeu. Já durante a Segunda Guerra, no decisivo ano de 1941, no qual o ataque da Alemanha e seus satélites à URSS e, mais tarde, o ataque japonês à base estadunidense de Pearl Harbour, no Havaí, evidenciaram que a luta no *front* europeu e a expansão nipônica em direção ao domínio da Ásia levariam, em algum momento, a uma conflagração mundial, arrastando Estados em diferentes latitudes como Brasil, Canadá e a Nova Zelândia.

Mesmo países com ambições de domínio territorial, como o Japão, souberam explorar o sentimento anticolonialista, de maneira que os japoneses se apresentavam como libertadores num momento em que países como França e Holanda se encontravam sob o domínio militar alemão e o próprio Reino Unido se encontrava numa luta de morte contra a aviação alemã, que submetia as ilhas britânicas a severos bombardeios. Em suma, o único obstáculo real à consolidação do domínio japonês eram os EUA. Isso contribui para entender o porquê de, apesar de a Alemanha declarar guerra aos EUA, em apoio ao império nipônico, este se manteve neutro em relação à URSS, uma vez que os objetivos do império do Sol Nascente os impeliam aos territórios da China e do sudeste Asiático, em direção a Índia, não fazendo qualquer sentido atacar território russo.

Antes de mais nada, cumpre observar que o colonialismo a ser combatido era fruto da expansão burguesa europeia, que via nos territórios afro-asiáticos fornecedores de matérias-primas para a indústria europeia, bem como um mercado consumidor de seus produtos. Logo, o processo de dominação colonial dos séculos XIX e XX foi diferenciado da expansão comercial europeia do início da era Moderna, em que o controle de rotas de especiarias e a busca de metais preciosos dirigiram as energias dos navegadores. Os ibéricos abriram o caminho para a ampliação do conhecimento geográfico, mas o pacto colonial muitas vezes se contentou com a obtenção dos produtos sem ampliar a presença nas terras contatadas.

As potências, principalmente França e o Reino Unido, mas também arrolando Alemanha, Itália, Bélgica e Portugal, partilharam o continente africano na Conferência de Berlim (1885), resultando que uma mesma cultura era submetida a senhores diferentes, ou tribos e reinos inimigos reunidos sob a autoridade do mesmo país europeu.

Intelectuais e ativistas políticos como Aimé Cesaire, Leopold Senghor, Ho Chi Minh e Chou En-lai, dentre outros quadros formados na Europa, despertaram o mundo para a exploração econômica e cultural, que oprimia grande parte dos povos afro-asiáticos. Além da atração intelectual, o que inclui concepções revolucionárias, como o marxismo inspirador de sublevações, os europeus alargaram as fronteiras do conhecimento científico, em geral. Expedições determinando a nascente do rio Nilo constituem exemplo dessa atividade investigadora.

Estadunidenses e soviéticos, interessados em atrair os jovens países para suas respectivas esferas de influência, estimulavam a autodeterminação dos povos. Um dos primeiros países a rejeitar a restauração da dominação dos brancos europeus foi a Indonésia que, logo ao fim da Segunda Guerra Mundial, proclamou sua independência reconhecida pela metrópole, a Holanda, quatro anos mais tarde. "A Holanda é verdadeiramente a única nação europeia que jamais pensou em assumir qualquer responsabilidade moral ou legal para com sua colônia, e que reduziu todo um povo à condição de bestas de carga. (PANIKKAR, 1977, p. 121). Essa avaliação do historiador indiano, Panikkar, parece refletir a evolução da relação entre holandeses e indonésios.

A significativa, ainda que nem sempre reconhecida, participação soviética na derrota do nazismo e a revolução chinesa, que em 1949 implantou o regime comunista e impeliu para a ilha de Taiwan o governo nacionalista, situação que permanece em nossos dias, representaram referenciais de orientação na luta de libertação.

A partir de 1957, ocasião em que a Costa do Ouro britânica se tornou independente e adotou o nome histórico de Gana, muitos países africanos surgiram tanto nos domínios ingleses quanto nos franceses, muito embora nos países do Magrebe, no Norte da África, Marrocos, Tunísia e, sobretudo na Argélia, a libertação tenha sido objeto de conflitos e, no caso argelino, de oito longos anos de guerra ao fim dos quais, em 1962, a França reconheceu a independência do país. Na sequência, o mundo assistiu à repatriação de numerosos franceses e descendentes destes, em geral, opositores da maioria árabe e berbere.

Nos países de língua portuguesa, a incapacidade da Metrópole em manter o controle indireto dos seus territórios por meio de tecnologia avançada e um mercado consumidor pujante, levou a treze anos de guerrilha. Esta luta perdurou até 1974, quando sobreveio a Revolução dos Cravos, que no ano seguinte reconheceu a independência de Angola e Moçambique. A Guiné-Bissau e Cabo Verde já haviam libertado seu território em 1973.

Os africanos, livres do controle direto das metrópoles, não tiveram vida tranquila. "Com a descolonização, muitos países africanos investiram boa parte da receita pública na compra de material bélico e na formação de exércitos" (OLIVER, 1994, p. 263). Os golpes militares foram frequentes, principalmente nesses primeiros tempos. Além das guerras internas e de problemas crônicos de pobreza, doenças e analfabetismo, o continente teve de superar o regime do *Apartheid* na África do Sul, que, durante longo tempo, sujeitou a maioria negra do país ao controle dos brancos, descendentes de ingleses e, a maioria, de holandeses, os bôeres.

Na Ásia, a descolonização tomou impulso a partir de 1947, com a independência dos domínios ingleses na Índia, que se fracionou nos Estados da Índia (de maioria hindu) e do Paquistão (de maioria muçulmana), este último Estado separado geograficamente em duas partes a grande distância e diversidade de etnias, cujo elo era prática da religião muçulmana.[41]

O antigo domínio francês na região da Indochina, após a Segunda Guerra Mundial, sofreu contestações violentas e culminou numa guerra de libertação durante oito anos, em que, apesar do apoio estadunidense, os franceses sofreram o abalo de uma grande derrota, em 1954, levando o Vietnã à divisão em dois países a serem reunificados em 1975, sob o controle comunista, após a saída dos EUA.

Por fim, a ideia de autodeterminação dos povos representou um elo entre as jovens nações com lideranças distintas, como Nasser no Egito, Nehru na Índia ou Sukarno na Indonésia. A conferência de Bandung, na Indonésia, em 1955, estabeleceu objetivos comuns a esses povos na luta contra o colonialismo.

3. DOUTRINA TRUMAN E CONTENÇÃO

Harry Truman tomou posse na presidência dos EUA após Roosevelt falecer, em abril de 1945. Ele admitia que não sabia nada sobre questões internacionais. Em seus 82 dias como

---

41 Em 1971, a parte bengali do Paquistão, com identidade étnica bem definida, deu origem a Bangladesh.

vice-presidente, havia se encontrado, de maneira privada, apenas duas vezes com Roosevelt. Disse que o presidente nunca lhe falara nada "sobre a guerra, sobre assuntos da política externa ou sobre suas intenções para a paz depois da guerra". Também não tinha conhecimento dos assuntos da Conferência de Yalta, ocorrida em fevereiro de 1945, e tampouco sobre o Projeto Manhattan e a bomba atômica (DOBBS, 2015).

A respeito das relações internacionais dos EUA durante o governo Roosevelt (1933-1945), Morgenthau (2003) afirmou que o presidente, nestes doze anos, conduziu praticamente sozinho a política externa. Huntington (1996) escreveu sobre o afastamento dos secretários civis Henry Stimson (Guerra), Frank Knox (Marinha), dos assuntos estratégicos ligados à guerra. O mesmo aconteceu com o Secretário de Estado, Cordell Hull.

A situação teve que ser mudada no pós-guerra, devido às divergências com Moscou nas partilhas da Alemanha e Áustria, e com a implantação do sistema soviético na Europa Oriental. Em um discurso feito em 1946, ele deu início a uma política de contenção, conhecida como Doutrina Truman:

> *"Um modo de vida baseia-se na vontade da maioria, distinguindo-se pelas instituições livres, governo representativo, eleições livres, garantias de liberdade individual, liberdade de palavra e religião, e ausência de opressão política. O segundo modo de vida baseia-se na vontade de uma minoria imposta pela força à maioria. Vale-se do terror e da opressão, de uma imprensa controlada, de eleições forjadas e da supressão da liberdade pessoal (BALFOUR, 1981, p. 71)*

A política dos EUA seria de *"ajudar os povos livres e manter suas instituições contra movimentos agressivos que buscam impor-lhes regimes totalitários".* Em 1948, os EUA criaram o Plano Marshall para ajudar na recuperação econômica dos Estados europeus envolvidos na guerra e impedir o avanço do comunismo sobre os mesmos. A oferta de ajuda foi feita também à URSS e aos outros países socialistas, que a recusaram. Este plano foi o alicerce para a recuperação econômica dos países europeus ocidentais.

Stálin resolveu agir com mais rigor e determinou o bloqueio terrestre da cidade de Berlim, em junho de 1948, gerando grande tensão. Os aliados ocidentais tiveram que abastecer a cidade por uma ponte aérea durante vários meses, mas no fim o governo soviético desistiu de manter o bloqueio. A tensão continuou no ano seguinte com os aliados ocidentais criando a Organização do Tratado do Atlântico Norte (OTAN), bloco militar liderado pelos EUA. O congênere do bloco soviético, o Pacto de Varsóvia, foi criado em 1955.

Em 1949, além da fundação da Alemanha Ocidental, ocorreu o fim do monopólio nuclear dos EUA, quando a URSS detonou a sua primeira bomba atômica, fruto de intensa espionagem dentro do território estadunidense. A partir daí, a corrida armamentista foi acelerada com um grande desenvolvimento em todos os setores, particularmente nas armas de destruição em massa. No início da década de 1960, Raymond Aron escreveu:

> *"Logo após a guerra, a partilha da Alemanha e a sovietização da Europa Oriental criaram um clima de conflito permanente. Os vencedores não podiam chegar a um acordo sobre a distribuição dos territórios e a competição ideológica: o uso da propaganda impunha um estilo violento à oposição dos dois universos ideológicos. Em 1948 e 1950, os estadistas e os povos não tinham ainda compreendido perfeitamente que a ausência de paz (no sentido que tinha a palavra no século*

> *XIX) não significa a probabilidade de guerra. O Pacto do Atlântico e o Pacto de Varsóvia foram assinados, e os dois blocos, soviético e atlântico, foram formados para conduzir a guerra fria numa época que se temia "a guerra quente". Hoje, continuam a ser instrumentos da guerra fria embora tenham por objetivo evitar a guerra quente". (ARON, 2002, p. 486).*

4. MURO DE BERLIM E CRISE DOS MÍSSEIS

A morte de Stálin, em 1953, foi importante para aliviar as tensões entre as duas superpotências. Com a ascensão de Nikita Kruschev ao poder na URSS, e Dwight Eisenhower, nos EUA, foram feitas tentativas de aproximação entre os dois países. É a fase que dá início a Coexistência Pacífica.

Um ponto importante deste período foi a cisão que ocorreu entre a China, de Mao Tsé-Tung, e a URSS. Em 1949, os soviéticos haviam apoiado os comunistas durante a revolução que culminou com a conquista do governo. Devido às diferenças entre os dois países, ao aumento das tensões e a alguns choques militares, a URSS chegou a possuir uma enorme quantidade de tropas e aviões na fronteira com a China (KENNEDY, 1989).

Além da corrida armamentista, uma característica da Guerra Fria que não pode ser esquecida foi a intensa espionagem entre todos os atores nela envolvidos. Um dos casos mais conhecidos foi a derrubada de um avião estadunidense U-2 sobre o território soviético, tendo o seu piloto, F.G. Powers, sido capturado e levado a julgamento pelas autoridades de Moscou. Posteriormente, ele foi trocado em Berlim pelo gênio da espionagem, Rudolf Abel, aprisionado pelos EUA. A troca ocorreu na *Glienicke Brücke*, ponte que separava as bandas Oriental e Ocidental de Berlim.

Em 1961, a Alemanha Oriental, em uma única noite, ergueu o Muro de Berlim, isolando a parte ocidental da cidade. O alto número de alemães orientais que estavam saindo para a parte ocidental procurando melhores condições de vida levou o governo da RDA a tomar tal medida. A partir da sua construção ele foi sendo aprimorado para atingir o seu objetivo. O Muro de Berlim foi o maior símbolo da Guerra Fria.

Neste mesmo ano, com o apoio da CIA, emigrados cubanos tentaram invadir Cuba. O fracasso da operação na Baía dos Porcos respingou no governo Kennedy. Mas este não seria o único problema com Cuba. Um ano depois, Kruschev ordenou a instalação de mísseis nucleares nos domínios de Fidel Castro, em resposta à instalação de artefatos atômicos em países da OTAN, notadamente a Turquia. Um avião U-2 descobriu as rampas de lançamento em território cubano, fazendo o governo Kennedy decretar o bloqueio naval da ilha. O risco de um conflito nuclear atingiu, provavelmente, o seu nível mais alto. A solução encontrada foi a seguinte: a URSS retirou os mísseis de Cuba e os EUA se comprometeram a não invadir a ilha e a retirarem mísseis da Turquia. As superpotências teriam, mais cedo ou mais tarde, que procurar um acordo sobre o controle de armas atômicas.

5. A DÉTENTE

No final dos anos de 1960, o governo Nixon resolveu adotar uma nova abordagem em relação à URSS. Neste período os dois países possuíam problemas graves: os EUA, atolados na Guerra do Vietnã, e a URSS, em conflito na fronteira com a China. De acordo com Kissinger (1994, p. 779):

> "A ideia era destacar as áreas em que a cooperação era possível, e usar esta cooperação como influência modificadora da conduta soviética nas outras áreas, em que os dois países estavam em forte debate subsequente, era o que o governo Nixon entendia pela palavra détente."

Com relação à URSS, Kennedy (1989, p. 381) afirmou sobre este período que:

> "(...) não foi surpresa, portanto, que com o agravamento das relações sino-soviéticas, Moscou não só tenha mostrado interesse em conversações sobre limitação de armas nucleares, como também tivesse intensificado o processo de melhorar as relações com países como a República Federal da Alemanha".

A fase ficou conhecida como um período de flexibilização na relação entre as superpotências, inclusive com a assinatura dos planos SALT (*Strategic Arms Limitation Talks*), em 1972. Houve um congelamento por cinco anos no desenvolvimento e produção de armas estratégicas e o controle sobre mísseis intercontinentais e lançamentos de mísseis balísticos de submarinos. Em uma análise sobre a *détente* em 1976, Kissinger (1994, p. 816) disse:

> "A força soviética apresenta-se instável; as fraquezas e frustrações do sistema soviético saltam aos olhos e estão claramente documentadas. A despeito do aumento inevitável do seu poder, a União Soviética está

> *muito atrás de nós e dos nossos aliados, em qualquer avaliação global de força, militar, econômica, tecnológica; seria loucura extrema da União Soviética desafiar as democracias industriais. E a sociedade soviética não jaz mais insulada das influências e atrativos do mundo exterior, ou impérvia à necessidade de contatos externos".*

Foram palavras proféticas.

6. ANOS 1980 E A "SEGUNDA GUERRA FRIA"

O governo do presidente Ronald Reagan, iniciado em 1981, foi muito diferente do anterior, de Jimmy Carter. Reagan era um realista, além de ser fortemente contrário ao comunismo, enquanto Carter era um idealista. Seu governo foi marcado pelo endurecimento em todos os níveis com a URSS e os gastos militares tiveram um substancial aumento:

> *"Reagan recuperou sistemas de armas que haviam sido abandonadas por Carter, como o bombardeiro B-1, e iniciou a disposição do míssil MX, o primeiro míssil novo americano, intercontinental baseado em terra, em uma década. As duas decisões estratégicas que mais contribuíram para terminar a Guerra Fria, foram o dispositivo da OTAN, com os mísseis americanos de alcance intermediário, na Europa, e o empreendimento americano da Iniciativa de Defesa Estratégica (IDE)." (KISSINGER, 1994, p. 848).*

Conhecido como "Guerra nas Estrelas", o programa armamentista de Reagan era baseado em um considerável aumento das despesas militares, algo que os soviéticos não podiam acompanhar. É importante salientar que, mesmo antes deste programa, os gastos dos EUA com a Defesa eram muito maiores do que os gastos soviéticos.

Além da difícil situação econômica, nos meados dos anos de 1980 a URSS passou por várias mudanças em seu governo, com as mortes de Brejnev, em 1982, e seus sucessores, Andropov, em 1984, e Tchernenko, em 1985. Neste mesmo ano chegou ao poder Mikhail Gorbatchev.

Gorbatchev procurou realizar mudanças na URSS com a *Perestroika* e a *Glasnost*. A primeira, ligada a uma profunda reestruturação na área econômica, inclusive com o direito à propriedade privada. Já a *Glasnost*, ou transparência política, visava liquidar a burocracia estatal, alterar a mentalidade social e criar uma vontade política de realizar as reformas.

> *"Gorbatchev compreendeu que a União Soviética não seria capaz de sustentar o curso no qual vinha insistindo, mas ele subestimou a fragilidade do sistema soviético. Seus apelos por reforma – glasnost (abertura) e perestroika (reestruturação) – liberaram forças desorganizadas demais para empreenderem uma reforma genuína e desmoralizadas demais para continuarem a exercer uma liderança totalitária, de um modo muito parecido com o que Kennan previra meio século antes".* (KISSINGER, 2015, p. 314).

7. QUEDA DO MURO E DESMANTELAMENTO DA UNIÃO SOVIÉTICA

O enfraquecimento da URSS fez com que sua influência declinasse no bloco que até então dominava. Diferente das intervenções do Pacto de Varsóvia que havia atuado com rigor na Alemanha Oriental, em 1953, na Hungria, em 1956, e na Tchecoslováquia, em 1968, Moscou nada fez para impedir que o bloco soviético se esfacelasse.

> *"Em meio a um agravamento contínuo da crise de provisão de material em casa, à medida que o velho sistema econômico era interrompido por reformas confusas incapazes de dar à luz um novo, seguiu-se à retirada do Afeganistão o mesmo movimento na Europa Oriental. Lá, os regimes do Pacto de Varsóvia nunca haviam experimentado muito apoio nativo, com seus povos se rebelando sempre que tinham oportunidade. Em 1989, encorajadas pela nova conjuntura, erupções políticas aconteciam uma atrás da outra: em seis meses, Polônia, Hungria, Alemanha Oriental, Tchecoslováquia, Bulgária e Romênia..."* (ANDERSON, 2015, p. 100 e 101).

Quanto à queda do Muro de Berlim, em junho de 1987, o presidente Reagan em visita a Berlim Ocidental já havia pedido a sua derrubada:

> *"Secretário-geral Gorbachev", clamou Reagan em frente ao Portão de Brandeburgo, "se está interessado na paz, se está interessado na prosperidade da União Soviética e da Europa Oriental, se está interessado na liberalização, venha aqui a este portão, senhor*

Gorbatchev, abra este portão, senhor Gorbatchev, derrube este muro" (TAYLOR, 2009, p. 454).

Durante mais de dois anos o governo alemão oriental foi se enfraquecendo (TAYLOR, 2009) até não ter mais condições de impedir o que a maioria de sua população queria: a liberdade. Na noite de 9 de novembro de 1989, o Muro de Berlim deixou de existir.

Já a situação da URSS continuou a se deteriorar. Em agosto de 1991, Bóris Iéltsin, então presidente da Rússia, conseguiu impedir um golpe que visava a volta ao socialismo e a derrubada do então enfraquecido Gorbatchev. Este veio a renunciar em dezembro daquele ano. Foi assinado o acordo de Minsk, que marcou o fim da URSS e a criação da Comunidade dos Estados Independentes (CEI), posteriormente substituída pela Federação da Rússia na prática comandada, desde 1999, por Vladimir Putin.

8. CONSIDERAÇÕES FINAIS

A nova ordem surgida após a Segunda Guerra Mundial evidenciou a supremacia dos EUA e URSS, os grandes vitoriosos do conflito. Antigos Estados como o Reino Unido e a França saíram muito enfraquecidos no pós-guerra, tendo enormes dificuldades na manutenção dos seus impérios coloniais.

A partir daí, EUA e URSS travaram uma intensa disputa ideológica na procura por aliados, ao mesmo tempo em que disputaram uma intensa corrida armamentista que levou ambos a possuírem arsenais de armas atômicas mais do que suficientes para destruir o planeta. Os enormes gastos da Guerra Fria foram os responsáveis, em grande parte, pela derrocada da URSS nos anos de 1990.

Podemos concluir que o alinhamento a qualquer uma das superpotências do período da Guerra Fria não representou garantia de resolução dos problemas dos países emergentes do colonialismo, uma vez que regimes marcados pela corrupção continuaram a explorar essas populações. Daí a ideia de um Terceiro Mundo, forjada a partir da I Conferência Afro-Asiática, em Bandung, em 1955.

REFERÊNCIAS BIBLIOGRÁFICAS

ANDERSON, P. *A Política Externa Norte-Americana e seus teóricos*. São Paulo: Boitempo, 2015.

ARON, R. *Paz e Guerra entre as Nações*. Brasília: Editora Universidade de Brasília; São Paulo: Imprensa Oficial do Estado de São Paulo, 2002.

BALFOUR, M. *The Adversaries: America, Russia, and the Open World, 1941-1962*. London: 1961.

BARRACLOUGH, G. *Introdução à História Contemporânea*. Rio de Janeiro: Zahar, 1973.

CERVO, A. L. *História da Política Exterior do Brasil*. Brasília; Ed UNB, 2011.

DELMAS, C. *Armamentos Nucleares e Guerra Fria*. São Paulo: Perspectiva, 1971.

DOBBS, M. *Seis Meses em 1945:* Roosevelt, Stalin, Churchill e Truman: da Segunda Guerra Mundial à Guerra Fria. São Paulo: Companhia das Letras, 2015.

HUNTINGTON, S. P. *O Soldado e o Estado*. Teoria e Política das Relações entre Civis e Militares. Rio de Janeiro: Biblioteca do Exército, 1996.

KENNEDY, P. *Ascensão e Queda das Grandes Potências*. Transformação Econômica e Conflito Militar de 1500 a 2000. Rio de Janeiro: Campus, 1989.

KISSINGER, H. A. *Diplomacia*. Rio de Janeiro: Livraria Francisco Alves Editora, 1999.

_____. *Ordem Mundial*. Rio de Janeiro: Objetiva, 2015.

MORGENTHAU, H. *A política entre as Nações*. São Paulo: Imprensa Oficial do Estado/Editora Universal de Brasília, 2003.

OLIVER, R. *A experiência africana*. Rio de Janeiro; Zahar, 1994.

PANIKKAR, K. M. *A Dominação Ocidental na Ásia*. Do século XV aos nossos dias. Rio de janeiro; Paz e Terra, 1977.

TAYLOR, F. *Muro de Berlim*. Um Mundo Dividido 1961-1989. Rio de Janeiro: Record, 2009.

CAPÍTULO 15
A (DES)ORDEM INTERNACIONAL PÓS-GUERRA FRIA

PABLO DE REZENDE SATURNINO BRAGA[42]

INTRODUÇÃO

Este capítulo oferece uma leitura panorâmica sobre a política internacional contemporânea, partindo de um acontecimento-chave que simbolizou o fim da Guerra Fria: a queda do muro de Berlim. O ocaso da bipolaridade ideológica estimulou várias teorias sobre como se organizaria o "novo" sistema internacional, com destaque para o "Fim da História". Nesta perspectiva teórica, a nova ordem seria regida pelos valores liberais e sob a liderança das democracias liberais, e as organizações internacionais teriam um papel fundamental na garantia da estabilidade sistêmica. O 11 de Setembro colocou abaixo não apenas as torres gêmeas, mas também transformou em ruínas as narrativas proféticas do liberalismo ocidental. A doutrina da "Guerra ao Terror" foi estruturada como fio condutor

---

[42] Professor da graduação em Relações Internacionais do Ibmec e pesquisador da Fundação Alexandre de Gusmão (FUNAG). Doutor em Ciência Política pelo Instituto de Estudos Sociais e Políticos (IESP/UERJ) e mestre em Relações Internacionais pela PUC-Rio.

da política externa dos Estados Unidos da América e reconfigurou a geopolítica internacional. A invasão do Iraque liderada pelos EUA em 2003, sem autorização do Conselho de Segurança da Organização das Nações Unidas, abalou a legitimidade do multilateralismo e frustrou as expectativas de um sistema internacional regido pelo respeito ao direito internacional. A ascensão do Sul Global redesenhou o tabuleiro geopolítico, e o colapso financeiro de 2008 atingiu as economias desenvolvidas do Ocidente e confirmou a maior capacidade de expressão do poder das potências emergentes, especialmente com a criação do BRICS. A influência do ciberespaço nas Relações Internacionais ficou latente com o efeito dominó de protestos, conhecidos como a Primavera Árabe. Na esteira das revoluções, no entanto, guerras civis, intervenções internacionais e ascensão de grupos terroristas provocaram a maior crise de refugiados desde a Segunda Guerra Mundial. Neste cenário, a retórica anti-globalista ganhou força, o que se verifica nos eventos impactantes do ano de 2016, os quais reverberam hoje e desestabilizam o sistema internacional: o Brexit e a vitória de Trump. E o Fim da História parece ter se transformado na estória de um fim.

1. O FIM DA GUERRA FRIA E A NOVA ORDEM INTERNACIONAL: A PROFECIA DO "FIM DA HISTÓRIA"

A disciplina das Relações Internacionais (RI) tem a sua consolidação dentro das ciências sociais vinculada às teorias e conceitos sobre a ordem internacional. As rupturas sistêmicas que rearranjam a distribuição de poder são objetos fundamentais da reflexão das RI, e tais eventos modificam também a produção de conhecimento no campo. As teorias de transição hegemônica lançam luz sobre essa problemática, com diversificadas interpretações sobre as mudanças das dinâmicas de poder internacional (GILPIN, 1981; KENNEDY, 1989). Ao longo da história, essas rupturas de ordem ocorreram majoritariamente por conflitos militares, em especial pela ascensão de um poder emergente que, em geral, entra em conflito com o Estado hegemônico, naquilo que Graham Allison (2017) chamou de "Armadilha de Tucídides". O fim da Guerra Fria catalisou novos olhares sobre o sistema internacional, especialmente porque se tratou de uma evidente mudança da ordem internacional, porém sem a ocorrência de uma guerra entre potências. Por isso, não há um marco normativo ou jurídico tal como o Congresso de Viena de 1815, que pôs fim às guerras napoleônicas, ou o Tratado de Versalhes de 1919, após a Primeira Guerra Mundial. A discussão sobre o fim da Guerra Fria é definida por dois acontecimentos cruciais no período entre 1989 e 1991: a queda do muro de Berlim e o colapso da União das Repúblicas Socialistas Soviéticas (URSS).

Neste interregno, o ditador Saddam Hussein autorizou a invasão do Kuwait pelo Iraque em 2 de agosto de 1990, e a operação "Tempestade no Deserto" foi aprovada pela resolução 678 pelo Conselho de Segurança (CS) da Organização das Nações Unidas (ONU), adotada no dia 29 de novembro de 1990 (ONU, 1990). Com base no capítulo VII da Carta da ONU, a resolução autorizou o uso de "todos os meios necessários" contra o Iraque, e sinalizou para a nova realidade geopolítica: EUA e URSS, juntos com os outros membros do CS, aprovaram uma intervenção militar e habilitaram a segurança coletiva multilateral. Quando George H.W. Bush, o "Bush pai", anunciou a aurora de uma "nova ordem mundial" em seu discurso anual ao Congresso, a operação dos capacetes azuis expressou boa parte das expectativas desta nova ordem. Com esses eventos que demarcam o fim da Guerra Fria, a literatura das RI apresentou várias teses sobre a lógica de funcionamento da ordem internacional que estaria por vir.

O ocaso da URSS, diferentemente do que apontavam algumas perspectivas do *mainstream* das RI, em especial o neorrealismo, não ocorreu pelo enfrentamento militar entre as duas superpotências. O socialismo real sucumbiu à competitividade do capitalismo, e o bloco socialista se fragmentou. O fim da URSS é a comprovação empírica do fim da Guerra Fria, cujos sinais já eram claros desde a queda do muro de Berlim. A ruptura da ordem internacional, desta vez sem uma guerra sistêmica, se transformou em insumo para diversos entendimentos sobre a configuração de uma nova ordem internacional. Maria Regina Soares de Lima é categórica: "o evento em si de uma grande potência voluntariamente abrindo mão da condição de superpotência é praticamente inédito na história das relações internacionais" (LIMA, 1996, p. 1).

Dentre várias chaves de leitura, a tese que ganhou mais espaço nas discussões acadêmicas e políticas foi sobre o "Fim da História" (1992), elaborada pelo cientista político estadunidense Francis Fukuyama. O teórico sacramentou a vitória da democracia liberal como modelo de organização das sociedades após a derrocada do socialismo real. Os Estados gradativamente se adequariam a esse modelo de governança, de forma que aqueles que não fossem democráticos não seriam plenamente integrados. A democracia liberal seria, portanto, um elemento de socialização dos Estados no sistema internacional. Se a democracia liberal confirmaria sua prevalência política, a economia de livre mercado seria a interface econômica da nova ordem. Em suma, o liberalismo, com suas tradições políticas e econômicas, teria vencido a batalha da história. E em relação ao sistema internacional, as organizações internacionais seriam o baluarte da defesa do liberalismo, em especial quanto à defesa do livre comércio e do respeito ao Direito Internacional Público. Por isso, a operação militar da ONU para conter o Iraque era um exemplo crucial: seria inadmissível um ato de flagrante violação da soberania de um Estado por outro, e a ONU agiria prontamente para definir esses limites, uma vez que não haveria mais entraves ideológicos ao funcionamento do CS. E a liderança dos EUA seria o farol que iluminaria os princípios liberais, servindo como bússola do comportamento dos Estados. Os anos 1990 colocariam a profecia do "Fim da História" em teste.

2. OS ANOS 1990

Os primeiros anos da década de 1990 apontavam para uma nova onda de democratização, em especial das ex-repúblicas soviéticas e países que estavam sob a zona de influência da URSS. Pela primeira vez na história, por conta dos processos de democratização que ocorreram com o fim da bipolaridade, em especial na Europa Oriental e na África Subsaariana, mais pessoas viviam no mundo em regimes democráticos do que regimes autoritários (DIAMOND, 2020). A tendência, conhecida como a terceira onda de democratização (HUNTINGTON, 1994), reforçou a tese do Fim da História. Porém, não pode se sustentar por muito tempo. Um evento a desafiou logo no despertar da nova ordem: o genocídio de Ruanda em 1994.

A inoperância do CS em agir para evitar a escalada da violência em um conflito na periferia do sistema internacional, em especial com o papel da delegação dos EUA em postergar qualquer ação mais contundente da ONU, foi um choque de realidade. (MITCHELL & MASSOUD, 2009). As operações de paz da ONU seriam instrumentos fundamentais para a garantia da paz e segurança internacionais, principalmente quando eventos domésticos, como guerras civis ou genocídios, pudessem produzir efeitos desestabilizadores regional e globalmente. No entanto, a comunidade internacional assistiu atônita à morte de quase um milhão de pessoas em um intervalo de 100 dias. Definitivamente, a ordem internacional liberal não passou na sua primeira prova de fogo. Ainda assim, a natureza doméstica do conflito poderia ser considerada uma dinâmica em que o sistema de segurança coletiva precisaria de ajustes para ser operacionalizado. A questão de Ruanda não se tratava da mesma situação da invasão iraquiana contra o Kuwait, uma vez que não era uma violação da soberania de outro Estado. Não diminuindo a gravidade do genocídio, mas havia ainda uma margem de manobra retórica para situar o caso como um evento fora dos padrões de atuação clássica do multilateralismo.

A construção de esquemas de cooperação internacional, integração regional e livre comércio estimularam as interpretações otimistas sobre a globalização e a nova ordem pós-Guerra Fria. A criação de organismos internacionais, com destaque para a Organização Mundial do Comércio (OMC) em 1995, os diversos processos de integração regional, como a União Europeia (UE) e o Mercosul, e os tratados de livre comércio, como o NAFTA[43] eram todos elementos que fortaleciam a tese do fim da História: instituições internacionais amparadas por valores liberais e promovendo os valores liberais e o comércio global. O êxito multilateral não foi suficiente para evitar um dos pontos de tensão mais importantes: a relação entre capitalismo e democracia, e as crises dos mercados emergentes nos anos 1990 explicitaram tal complexidade.

As crises financeiras dos países emergentes nos anos 1990 (começando pelo México em 1994 e depois passando pelo Leste e Sudoeste asiático, Federação da Rússia, Brasil e Argentina) evidenciaram o escasso repertório dos governos para suportar a especulação financeira e a fuga de capitais, em especial com os

---

43 Tratado Norte-Americano de Livre Comércio.

remédios ineficazes da política cambial. Vários países, incluindo o Brasil, realizaram expressivas contrações de empréstimos junto ao Fundo Monetário Internacional (FMI) para resolver os problemas de balança de pagamentos.

As reformas neoliberais e condicionalidades macroeconômicas vinculadas aos empréstimos do FMI para socorrer países em estado de insolvência deram a tônica da lógica de funcionamento do sistema financeiro internacional nos anos 1990. O aumento da desigualdade e do desemprego tornaram-se lugar comum, e o efeito dominó das crises cambiais na América Latina e na Ásia potencializaram as críticas à globalização neoliberal. As revoltas de Seattle contra a OMC, o FMI e o Banco Mundial em 1999 reverberavam a indignação da sociedade civil global quanto à desigualdade global. Dos protestos seriam semeadas as sementes do movimento altermundialista e as crescentes críticas às instituições financeiras internacionais. Esses abalos, ainda que significativos, estariam previstos na teoria de Fukuyama, pois seriam efeitos colaterais e parte da permanente busca por equilíbrio entre democracia e capitalismo (1994, p. 289.). Portanto, havia espaço para a interpretação de que essas eram crises que fazem parte do processo e não estariam interrompendo o destino do "Fim da História". Porém, a profecia não resistiria ao maior atentado terrorista da história e à crise financeira de 2008.

3. O 11 DE SETEMBRO E O CHOQUE

Os ataques terroristas perpetrados pelo grupo Al-Qaeda contra os EUA em 11 de setembro de 2001 representam, nas palavras de Baudrillard (2002), o ato inaugural do século XXI. A doutrina da "Guerra ao Terror" construída pelo governo dos EUA em resposta aos atentados se tornou um enfrentamento muito além das disputas geopolíticas dos Estados. A democracia liberal e os valores ocidentais estariam sob ameaça, e o inimigo foi identificado de acordo com os critérios definidos pelos EUA, por mais questionáveis e insuficientes que estes fossem. A defesa jurídica seria embasada na "guerra preventiva", uma interpretação distorcida do artigo 51 da Carta da ONU, que versa sobre legítima defesa. Esse malabarismo retórico foi adotado para as guerras do Afeganistão, em 2001, e do Iraque, em 2003. No caso da Guerra do Afeganistão, a resolução 1.368 (ONU, 2003) aprovada pelo CS um dia depois dos ataques aos EUA abriu a possibilidade da invocação da legítima defesa, embora a resolução não especificasse um país agressor. A Operação "Liberdade Duradoura" contou com o apoio da Organização do Tratado do Atlântico Norte (OTAN). E posteriormente a legitimidade da intervenção foi complementada pelo mandato da ONU que instituiu no Afeganistão a *International Security Assistance Force* (ISAF) pela resolução 1.386 de 20 de dezembro de 2001 (ONU, 2001).

A guerra do Iraque, na esteira da intervenção no Afeganistão, evidenciou o caráter unilateral da Guerra ao Terror. Não havia, neste caso, nem a maquiagem da legitimidade de resoluções do CS e nem o apoio da OTAN. E mais do que isso, o distanciamento do 11 de Setembro diminuiu o efeito da comoção internacional que praticamente legitimava a guerra do Afeganistão. Pelo contrário: no dia seguinte aos primeiros ataques dos EUA, uma série de protestos de espraiou pelas sociedades civis em várias partes do mundo contra a operação militar liderada pelos EUA.

O apoio diplomático também foi precário, de forma que França e Alemanha, membros da OTAN, contestaram a legitimidade da guerra. O CS nem votou o projeto de resolução na reunião de emergência convocada para discutir a invasão do Iraque em 16 de março de 2003. A vitória militar contra o governo de

Hussein foi rápida, mas o desafio da reconstrução do país demonstrou ser muito mais complexo. Os EUA, de fato, não se preparam para construir um novo Estado (ALI, 2003).

O paralelo com a operação Tempestade no Deserto aprovada pelo CS em 1990 é revelador das expectativas e frustrações sobre o mundo pós-Guerra Fria. Tratava-se do mesmo Iraque e do mesmo ditador que o governava, Saddam Hussein. Porém, as circunstâncias eram completamente distintas. Os EUA iniciaram um bombardeio para a derrubada do governo de Hussein sob falsas alegações e utilizando a Guerra ao Terror como justificativa da ação. A invasão recebeu apoio de alguns poucos aliados, dentre eles o Reino Unido sob a liderança do primeiro-ministro trabalhista, Tony Blair. Ao arrepio do direito internacional público, a coalizão invadiu um país que não havia desrespeitado a soberania de nenhum Estado. Com a invasão do Iraque, a ONU passou pelo episódio mais vexatório de sua história, e o multilateralismo, que seria o arranjo diplomático mais próximo da democracia no sistema internacional, entrou em crise, ignorado pelo Estado que supostamente seria seu maior fiador.

A Guerra ao Terror contribuiu para que outra teoria sobre a ordem mundial pós-Guerra Fria ganhasse espaço nas discussões políticas: O choque das civilizações, de Samuel Huntington (1996). O autor apostava que no pós-Guerra Fria prevaleceria a lógica de disputas culturais entre os Estados, que resultariam em relações potencialmente conflitivas entre oito civilizações principais[44]. O potencial choque ocorreria, principalmente, entre as civilizações Ocidental e Islâmica. A teoria do "choque das civilizações" serviu quase como sustentação teórica da Guerra ao Terror pela percepção geral sobre do conflito entre o islamismo e o Ocidente (DUTRA, 2015), por mais que a fundamentação

---

44 São as civilizações Ocidental, Islâmica, Latino-Americana, Sino-Confuciana, Hindu, Eslavo-Ortodoxa, Japonesa e Africana.

conceitual e os exageros da obra fossem muito criticados por várias correntes acadêmicas.

A análise política de Huntington, destaca Wanderley Guilherme dos Santos, condena países a fatalidades históricas das civilizações (SANTOS, 2004). Os seus critérios são dispersos: aspectos culturais, religiosos, étnicos e raciais são usados de forma quase aleatória para definir as civilizações. Ainda que o "choque das civilizações" tivesse sustentação precária e permeada de estereótipos e produzisse um "choque da ignorância" (SAID, 2001), seu potencial de simplificar o significado do 11 de Setembro foi relevante. No limiar, as intervenções contra o Afeganistão e o Iraque eram anunciadas como uma defesa dos valores ocidentais e da democracia liberal. Tratava-se de uma releitura do "Destino Manifesto", uma obrigação moral dos EUA como defensor da civilização ocidental.

A Guerra ao Terror produziu uma crise do multilateralismo e um sentimento crescente de antiamericanismo ao redor do mundo. E com a crise financeira de 2008, o declínio da hegemonia dos EUA ganhou uma dimensão material ainda mais expressiva.

4. A CRISE FINANCEIRA DE 2008

A implosão do sistema financeiro a partir da quebra do Lehman Brothers foi um divisor de águas e catalisou as críticas que ocorriam desde os protestos de Seattle em 1999. A prevalência da ortodoxia neoliberal foi marcada pela forte atuação das instituições financeiras internacionais estimulando o modelo de mercados desregulados, privatizações, flexibilização de legislações trabalhistas e livre comércio. O *crash* bancário de 2008 expôs a insustentabilidade do modelo anglo-americano de capitalismo financiado e desregulamentado. A queda de Wall Street foi para o "fundamentalismo de mercado" o que a queda do Muro de Berlim foi para o comunismo (STIGLITZ, 2009).

A crise de 2008 foi desencadeada por uma crise operacional do neoliberalismo: sua origem está na crescente desigualdade, desemprego e diminuição do poder de compra das classes mais baixas. A disponibilização e contração dos empréstimos *subprimes* que criaram a bolha é um retrato da política de créditos para suprir a escassez de renda do trabalhador e dar seguimento à política de expansão de créditos e lucros financeiros. Krugman (2009) explica que o fundamentalismo de mercado produziu uma crença quase cega à hipótese do mercado eficiente e autorregulável, que passou a ser aplicada até mesmo para os mercados financeiros. O colapso do sistema financeiro atingiu o centro do capitalismo internacional. Diferente das crises periféricas e cíclicas, o mundo assistiu a um evento que atingiu as economias desenvolvidas, e permitiu um campo de atuação mais propositivo para potências emergentes do Sul Global.

Iniciativas inovadoras, como os BRICs[45] são resultados efetivos dessas articulações diplomáticas do Sul Global, que questiona o monopólio ocidental na definição das normas, o processo decisório e o funcionamento das principais instituições internacionais. Essa reconfiguração da balança de poder produz também leituras sobre o declínio da hegemonia dos EUA, em um "Mundo Pós-americano" (ZAKARIA, 2008). Além da Ascensão do Sul Global, o ano de 2008 ficou marcado pelo reavivamento

---

45 O acrônimo BRICs foi criado pelo economista Jim O'Neill, do grupo financeiro Goldman Sachs, em um estudo de 2001, no qual aponta que Brasil, Rússia, Índia e China serão as principais economias do mundo até 2040. Posteriormente, a partir de 2009, os países passaram a organizar encontros de cúpula anuais e, em 2011, a África do Sul foi convidada para ser parte do grupo.

das rivalidades nacionalistas, em especial com as tensões da Rússia com os EUA. A crise na Geórgia e a operação militar da Rússia em defesa dos movimentos separatistas na Ossétia do Sul e na Abecásia provocaram o que seria, na perspectiva realista de Robert Kagan, o "Retorno da História" (2008).

Por todas essas questões, o 11 de Setembro e a crise financeira de 2008 são os marcos do fracasso da tese do "Fim da História", uma vez que trouxeram à tona seus mais profundos paradoxos. A Guerra ao Terror tornou claro que o multilateralismo seria um instrumento seletivo a depender da escala de poder dos Estados, e não um *modus operandi* do sistema internacional; e a maior crise financeira desde 1929 reforçou que os objetivos sociais da democracia liberal, qual sejam, a expansão da cidadania e a inclusão social, caminham em direção oposta à lógica de funcionamento do modo de produção e da especulação financeira. Os generosos pacotes salvacionistas aprovados pelos Estados potencializaram a indignação das sociedades civis, em especial o *Ocuppy Wall Street*.

Cada vez mais ficou flagrante que a ideia de uma globalização que produziria uma aldeia global e cosmopolita era uma fábula, bem como denunciou o geógrafo brasileiro Milton Santos (2004). A esperança ainda residia na expansão do uso da internet e das mídias sociais, que alimentaram as utopias da globalização como um caminho para a maior representatividade e democratização. A Primavera Árabe, em 2010, traduziu essa utopia – e as suas frustrações.

5. O CIBERESPAÇO, A PRIMAVERA ÁRABE E A GUERRA DA SÍRIA

Uma das perspectivas mais importantes desta interpretação utópica da globalização do pós-Guerra Fria atrelava a emancipação das sociedades civis à expansão do uso comercial da internet, tal como no grito libertário de James Barlow sobre o ciberespaço, em 1996. Seria a rede mundial um espaço próximo da "ágora grega", que produziria um efeito democratizador nos sistemas políticos, uma vez que abriria espaços de representatividade e fala a parcelas da população que foram historicamente excluídas. Foi a Primavera Árabe, desencadeada na Tunísia em outubro de 2010, que mais alimentou essa utopia. A mídia social "Facebook" foi o espaço de articulação da sociedade civil de países que viviam sob o jugo de regimes autocráticos no mundo árabe. E tal como as peças de um jogo de dominó, ditadores que se perpetuavam por décadas no poder foram caindo pela pressão popular, a começar por Ben Ali na Tunísia e Hosni Mubarak no Egito. Os eventos alimentavam a expectativa de uma nova onda de democratização inundaria o mundo árabe, do norte africano ao Oriente Médio. No entanto, os resultados foram bem distantes disso.

Grosso modo, as revoltas da Primavera Árabe produziram, no máximo, pequenas reformas que preservaram regimes, como nos casos do Líbano, do Marrocos, ou processos de democratização que não se sustentaram, como na Tunísia e no Egito. Outros casos tiveram destinos ainda piores. Na Líbia, a eclosão de uma guerra civil produziu grande pressão geopolítica sobre o governo de Muammar Kadafi. A resolução 1.973 do CS em 2011 (ONU, 2011) autorizou as forças da OTAN, em ação que foi muito criticada como mais uma estratégia de "mudança de regime" liderada pelo Ocidente. O caso mais desastroso foi a Síria, do ditador Bashar al-Assad.

Após as revoltas, Assad reprimiu violentamente os protestos. Os grupos rebeldes se armaram e o país implodiu em uma guerra civil com efeitos internacionais. Ao contrário de Kadafi, isolado, o regime de Assad se articulou com importantes aliados, especialmente a Rússia, que possui na Síria sua única base aeronaval no Mediterrâneo, e o Irã, regime que compartilha a interpretação xiita do Islã (Assad é alauita, religião que se considera uma variante do xiismo). Nessa lógica, o grupo libanês Hezbollah, satélite iraniano, fortaleceu as posições do governo de Assad no sul de seu território. As forças rebeldes contra o regime de Assad se articularam regionalmente, com o apoio financeiro da Arábia Saudita (em franca disputa pela hegemonia regional com o Irã) e dos EUA, que ainda não se envolvia diretamente nos conflitos.

A complexa teia de coalizões ficou ainda mais confusa quando o Estado Islâmico (EI) declarou o seu califado em território sírio, em 29 de junho de 2014. Os jihadistas chocaram o mundo pela barbaridade de suas práticas e execuções públicas, e colocaram o terrorismo em um patamar de violência global nunca visto. O gráfico abaixo retrata não apenas essa escala, mas o fracasso da "Guerra ao Terror" em seu objetivo anunciado de erradicar os ataques terroristas:

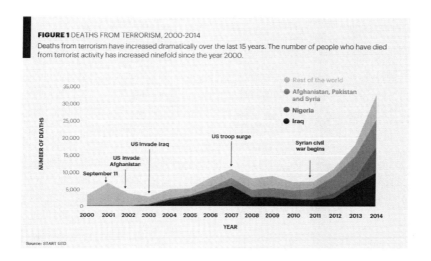

Com o EI realizando ataques terroristas na Europa, o Ocidente passou a atuar diretamente, com ataques aéreos de França e EUA contra as bases do grupo terrorista, sem consentimento do regime de Assad. Uma precária trégua entre as diversas frentes da guerra foi arquitetada para o combate ao grupo extremista, o inimigo em comum de todos. O quadro geopolítico ficou ainda mais complexo, pois os EUA passaram a armar as milícias curdas Unidades de Proteção ao Povo (YPG) para combaterem o Estado Islâmico na fronteira nordeste da Síria. A aliança contrariou a Turquia, que reprime o movimento de emancipação nacional curdo em seu território. Apesar de a Turquia ser membro da OTAN, os EUA mantiveram a estratégia de apoio aos rebeldes curdos. A Turquia, por seu lado, gravitou em direção à aliança russo-síria.

Com a complexidade do tabuleiro geopolítico, a guerra da Síria se transformou em uma guerra mundial de baixa intensidade, dado este mosaico de forças. O resultado da guerra foi a maior crise de refugiados e deslocados internos desde a Segunda Guerra Mundial (ACNUR, 2015). A guerra da Síria e suas consequências retratam, portanto, o cenário da caótica ordem internacional pós-Guerra Fria.

6. CONSIDERAÇÕES FINAIS

As hipóteses interpretativas sobre as novas dinâmicas do sistema internacional pós-Guerra Fria gravitaram em torno das questões sobre a unipolaridade e multipolaridade geopolítica, e tiveram como fio condutor a crença na hegemonia do liberalismo. A partir da obra que mais provocou debate no mundo acadêmico e político nos anos 1990, o Fim da História, este capítulo procurou confrontar essas profecias liberais com os fatos empíricos, demonstrando o gradativo enfraquecimento das premissas que as sustentariam. Se os abalos dos anos 1990, em especial o genocídio em Ruanda e as crises nas periferias do capitalismo, não foram suficientes para refutar por completo a tese de Fukuyama, no século XXI os desdobramentos do 11 de Setembro, com a doutrina da Guerra ao Terror e a crise financeira de 2008 estimularam leituras distintas, como o Choque das Civilizações, o Retorno da História e o Mundo Pós-americano.

A Primavera Árabe não produziu uma nova onda de democratização, e o caso extremo da Síria confirmou a dificuldade da liderança dos EUA, em especial com o posicionamento da Rússia em defesa do regime de Assad. Esse é o cenário global que desemboca nos eventos de 2016, os quais provocam profundos questionamentos sobre as bases de fundamentação da ordem internacional liberal, uma vez que o Brexit e a eleição de Donald Trump nos EUA atingem o âmago do principal projeto de integração regional e a principal democracia do mundo. A pauta contra direitos, principalmente dos imigrantes, inspirou as campanhas pelo Brexit e de Trump, e projetaram o ceticismo quanto à globalização e ao papel dos EUA como fiador desta ordem liberal. Os marcos apontados desmontam por completo a capacidade explicativa das perspectivas teóricas e apenas tornam opacas as interpretações tentativas do pós-Guerra Fria. Talvez a única conclusão seja a multiplicidade destas interpretações, e a reflexão de que no século XXI vivemos em uma verdadeira desordem mundial.

REFERÊNCIAS BIBLIOGRÁFICAS

ACNUR, Relatório 2105. Disponível em: https://www.acnur.org/portugues/2015/12/18/relatorio-do-acnur-confirma-aumento-mundial-do-deslocamento-forcado-no-primeiro-semestre-de-2015/. Acesso em 27 de maio de 2022.

ALI, Tariq. *Bush na Babilônia*: a recolonização do Iraque. Rio de Janeiro: Record, 2003.

ALLISON, Graham. *Destined for War*: Can America and China Escape Thucydides's Trap? New York: Houghton Mifflin Harcour, 2017.

BAUDRILLARD, Jean. *Power Inferno*. Paris: Galilée, 2002, p. 63-83.

DIAMOND, Larry Democratic regression in comparative perspective: scope, methods, and causes, *Democratization*, n. 28, v. 1, p. 22-42, 2020.

DUTRA, Walkiria Zambrzycki. Guerra ao Terror: A (des)construção de uma resposta estratégica de combate ao terrorismo. *Revista Estudos Políticos*. v. 6 n. 1, 2015.

FUKUYAMA, F. *O fim da história e o último homem*. Rio de Janeiro: Rocco, 1992.

GILPIN, Robert. *War and Change in World Politics*. Cambridge, Cambridge University Press, 1981.

HUNTINGTON, Samuel. *A terceira onda*: a democratização no final do século XX. São Paulo: Ática, 1994.

HUNTINGTON, Samuel. The Clash of Civilizations and the Remaking of World Order – Simon & Schuster, 1996.

KAGAN, Robert. *The Return of History and the End of Dreams*. Londres: Atlantic Books, 2008.

KENNEDY, Paul. *Ascensão e Queda das Grandes Potências*. Rio de Janeiro, Editora Campus, 1989.

KRUGMAN, Paul. Como os Economistas Puderam Errar Tanto? *Econômica*, Rio de Janeiro, v. 11, n. 2, p. 15-35, dezembro 2009.

LIMA, Maria Regina Soares de. Teses Equivocadas sobre a Ordem Mundial Pós-Guerra Fria. *Dados*: Rio de Janeiro, v. 39, n. 3, 1996.

MITCHELL David; MASSOUD, Tansa G. Anatomy of Failure: Bush's Decision-Making Process and the Iraq War. *Foreign Policy Analysis*, vol. 5, n. 3, p. 265-86, 2009.

ONU. Resolução 678 de 1990. Ver resolução em: https://digitallibrary.un.org/record/102245. Acesso em 19 de maio de 2022.

ONU. Resolução 1.386 de 20 de dezembro de 2001. Ver resolução em: https://www.un.org/ga/search/view_doc.asp?symbol=S/RES/1386(2001). Acesso em 25 de maio de 2022.

ONU. Resolução 1.368 de 2003. Resolução disponível pelo link: https://www.un.org/en/ga/search/view_doc.asp?symbol=S/RES/1368(2001). Acesso em 25 de maio de 2022.

ONU. Resolução 1.973 de 2011. https://www.un.org/securitycouncil/s/res/1973-%282011%29. Acesso em 27 de maio de 2022.

SAID, Edward. *Clash of Ignorance*, The Nation, October 22, 2001.

SANTOS, Wanderley Guilherme dos. *Não ao Fracasso*. Veja 25 anos: Reflexões para o Futuro, p. 148-155, 1993.

SANTOS, Milton. *Por uma outra globalização*. Rio de Janeiro: Ed. Record, 2004.

STIGLITZ, J. *Wall Street's toxic message*. Vanity Fair, july 2009. Disponível em: http://www.vanityfair.com/politics/features/2009/07/third-world-debt200907. Acesso em 26 de maio de 2022.

ZAKARIA, Fareed. *The post-American world*. Nova York. W.W. Norton & Company, 2008.

CAPÍTULO 16
O "EIXO-SUL" NO CONTEXTO ATUAL DAS RELAÇÕES INTERNACIONAIS

GLAUBER CARDOSO CARVALHO[46][47]

INTRODUÇÃO

O chamado Eixo-Sul não se constituiu um fenômeno autônomo na história das relações internacionais. Agrupados sob conceitos geográficos, usados em sua origem para demarcar oposição, não somente localização, países distintos foram qualificados, quantificados e novamente rotulados como um pacote funcional. Se há Norte, há Sul. Se há Leste, há Oeste.

---

[46] Professor de Relações Internacionais e Economia da Universidade Estácio de Sá. Doutor (2018) e Mestre (2013) em Economia Política Internacional (IE-UFRJ). Graduado em Relações Internacionais (Unesa). Possui especialização em Comércio Exterior (Unesa) e MBE em Análise Internacional (UFRJ). É editor da Revista Diálogos Internacionais e ex-Coordenador Executivo do Centro Internacional Celso Furtado. E-mail: glauberccarvalho@gmail.com.

[47] Agradeço ao professor Marco Antonio Quiniao Manquian pela fecunda troca de ideias e sugestões bibliográficas que contribuíram para que este trabalho viesse a ser realizado.

Os rótulos sempre funcionaram muito bem para que as correntes principais da história reunissem e consolidassem o que bem entendessem. Se havia um Primeiro Mundo, bem delineado dentre as economias capitalistas que alcançaram certo grau de avanço econômico; havia seu competidor, o Segundo Mundo, aquele opositor, no campo soviético, que lhe respondia com a pressão necessária para o avanço de ambos, e, fora disso, todo o "resto", de que bem trata Amsden (2009), que foi reunido em um grande Terceiro Mundo.

Não foi criado, desta forma, por significar alguma coisa a mais do que agrupar países sem qualificação imediata. Não eram industrializados, apesar de alguns estarem muito mais avançados que outros; nem desenvolvidos, apesar do capital financeiro já circular com alta rentabilidade em diversos; nem estavam nos padrões de renda (ARRIGHI; SILVER; BREWER, 2003); ou perfilaram-se ideologicamente ao confronto bipolar da Guerra Fria; alguns eram muito pobres, outros miseráveis e outros localizados em poços de petróleo. Geograficamente, eles estavam deslocados do centro. Entre eles, o Terceiro Mundo não estava, por vezes, nem próximo. Um observador atento poderia ter mencionado um quarto ou quinto mundo para completar uma divisão mais arejada, mas certamente esse foi um daqueles tipos de problemática "menor".

Este capítulo tem como objetivo traçar as grandes linhas da política internacional desta problemática considerada menor, destes lugares considerados secundários. Países que são agrupados em partes ou continentes para a eficiência da análise, unificados e homogeneizados em suas particularidades. Jogar luz à questão do "Eixo-Sul" de hoje, nos espaços da América Latina, da África, e de partes da Ásia e da Oceania, neste compêndio da História das Relações Internacionais, se torna cada vez mais relevante para procurar delinear respostas aos movimentos internacionais, tanto quanto para consolidar a percepção de que vivemos em tempos de transição, com questões cada vez mais vividas em tempo real, mas com consequências nem sempre imediatas, previsíveis ou claras.

1. SUL GLOBAL COMO CATEGORIA

O que é o Eixo Sul, que não o próprio Sul Global? Ou ainda, o Eixo Sul é o próprio Terceiro Mundo da Guerra Fria? Como vimos argumentando, as literaturas nacional e internacional em torno das transformações da periferia refletem sobre mudanças de perspectivas e atuações dos países ao Sul do mundo de forma distinta. Embora reconheçam a primazia da agenda do chamado Terceiro Mundo da ordem bipolar anterior, conteúdo e forma das ações têm revelado formas diferentes de tratamento e análise dos motores, causas e consequências do desenvolvimento dos países envolvidos.

A formação do Terceiro Mundo não representou uma ação política ativa, mesmo considerando as múltiplas iniciativas desde Bandung, em 1955, mas sim foi eminentemente reativa. O rótulo foi dado a todos os que estavam, como sempre pensaram, formando uma alternativa, uma terceira via.

Foi, portanto, a formação da Guerra Fria que fez a distinção do Terceiro Mundo, e o surgimento de uma ideia-força de que os países que não precisavam escolher necessariamente entre capitalismo ou socialismo, enquanto pudessem manter comércio aberto e projetos indistintos com ambas as esferas. No não-alinhamento foram aproximados sem ter de fato uma história em comum, e, ao mesmo tempo, dentro de toda uma estrutura de poder que procurará organizar seus projetos nacionais em torno de um período de crescimento geral (HOBSBAWM, 1995).

Mas quão autônoma era essa via, se (primeiro, não tinha outra) mantinha a dependência dos quadros de um avanço capitalista gradual? Nos moldes dos investimentos externos diretos, das multinacionais e do capital financeiro que iria se adensando nos trinta anos pós-Segunda Guerra Mundial, e que deram frutos em uma progressiva reorganização da produção em massa, cada vez mais dirigida para os países periféricos, ao final deste período.

O padrão de investimento das multinacionais estava presente nos anos 1970 e 1980, vai ser levado como um momento ápice de engajamento dos Estados nacionais, que na periferia, diferente do centro, foram os agentes que estiveram a frente do processo de acumulação primária e de empreendimentos necessários para o desenvolvimento, aqui, lido como projetos de industrialização (PREBISCH, [1949]2011; MAZZUCATTO, 2020).

Será nesse momento, também, que o processo de retomada da hegemonia norte-americana sentenciará aos demais países periféricos e dependentes; estes cujos processos se desenrolavam com longos empréstimos e que tiveram no choque de juros do FED, em 1979, não só o estopim do que os arrastou para o fundo em uma década de crise da dívida e de inflação, mas algo que, ao mesmo tempo, os aproximou enquanto renovação das dificuldades (TAVARES, 1999 [2019]).

De fato, nesse segundo tempo, em um contexto de crise sistêmica, desde os anos 1970, ou 1980 (ARRIGHI; SILVER; BREWER, 2003; HARRIS, 1986; ARNOLD, 1993; FIORI (Org.), 1999), as mesmas economias que ajudaram a solidificar o discurso e a funcionalidade geoestratégica de um mundo sempre dividido, vão imputar duas grandes tendências que naquele momento se perpetuariam. Primeira, de manter os países pobres, incapazes de articulação nas mudanças da ordem que estavam se processando, garantindo a manutenção do espaço histórico de ofertantes de matérias-primas na divisão internacional do trabalho, tomasse o rumo que fosse. Segunda, de ter elevado os padrões de competitividade e feito com que alguns poucos conseguissem realizar um *catch up* mínimo dos países mais avançados, gerando no final da Guerra Fria, no desmonte do Terceiro Mundo, centros regionais de demanda e crescimento, com um centro de demanda baseado, sobretudo, no crescimento chinês, que embora não autônomos em sua grandeza, pareciam representar algo novo, com aspectos de mais igualdade e de ser mais inclusivos que a ordem anterior (FERNANDEZ; LAUXMANN; TREVIGNANI, 2014).

Quando chegamos neste debate sobre desenvolvimento, fica mais clara a afirmação de que não há um lugar comum ou um rótulo que possa ser dado, seja no campo econômico, político, cultural, militar ou social que englobe todos os países que hoje são identificados, por oposição, ao Sul Global.

Bourquia e Sili (2021, p. 11) nos explicam que enquanto o Terceiro Mundo estava ligado às ideias de modernização e tomada de posição, em sua inadequação, quando deixa de existir a competição bipolar, a possibilidade de cooperação Sul-Sul passa a ficar restrita às mudanças e limites econômicos e sociais promovidos, sobretudo no avançar do novo século.

> *The term Global South intrinsically refers to marginalized territories across the globe in contrast to the Global North, and eliminates the existence of the Third World category. According to Boaventura de Souza Santos (2010), the Global South refers to the people and places that have suffered the experience of colonialism by Europe, and/or marginalization and domination by the global super powers. The South is not geographically defined, it is a metaphor that refers to the excluded and marginalized people and places.*

Nesse contexto, Brown e Ainley (2012, p. 292) vão explicar que é a estratificação do próprio Sul uma de suas características principais. Dentre os países que tiveram capacidade de administrar a triangulação entre o capital nacional, internacional e o Estado, a promoção de diferentes estímulos e formas de desempenho vão completar a desarticulação de qualquer iniciativa.

Ou seja, Sul Global passou a ser usado como um conceito que reúne aleatoriamente e indistintamente seus membros. Para alguns autores é apenas um desenrolar do Terceiro Mundo, conforme menciona Giaccaglia "*Cabe recordar que el denominado Sur Global venía desarrollando un rol de creciente importancia internacional desde sus orígenes como "Tercer Mundo"* (2016, p. 26).

É exatamente compreendido este lugar de metáfora que apresenta De Sousa Santos (2010), citado acima, que nossa história se distingue. Repensar o processo do que nos desune é entender que a narrativa vem das mesmas origens do avanço do capitalismo, que insiste em determinar que há um caminho único para o bem-estar de todas as populações e que passam pela obediência às determinações que nações ditas avançadas, civilizadas, no Norte, desenvolvidas, industrializadas, enfim, em etapas supostamente superiores de crescimento.

> *Con la emergencia de la globalización contrahegemónica, el Sur Global comenzó a dudar de estas ideas demostrando, de formas sorprendentes, que el Norte Global y su dominación imperial sobre el Sur – ahora intensificada por el capitalismo global neoliberal – era en efecto la fuente primaria de las más violentas violaciones de derechos humanos: millones y millones de personas condenadas al hambre y la malnutrición, a la pandemia y la degradación ecológica de sus vidas. (DE SOUSA SANTOS, 2010, p. 86)*

O século XXI demonstrou que houve um processo de intensificação do processo de crescimento, até pelo menos a crise americana de 2008. Na sequência, a pressão competitiva levou a uma série de alterações globais. Nos campos da política, países ditos emergentes se rearticularam em torno de processos cooperativos e, em termos regionais, no incentivo à promoção de novos regionalismos. No campo econômico, a China emergiu isoladamente para além do convite para sua própria região (BRESSER-PEREIRA, 2012), estendendo sua demanda para a África e América Latina, exercendo uma sombra à posição dos Estados Unidos como parceiros. As movimentações militares, no campo estratégico, no campo tecnológico, nos investimentos. As oportunidades neste mundo novo permanecem assimétricas. Cada qual com sua própria trajetória.

2. A MIRAGEM DE UMA AMÉRICA INTEGRADA

O final do século XX desmontou o ideal de América Latina conforme o México se aproximou dos Estados Unidos no circuito do regionalismo aberto proposto pelo NAFTA – *North American Free-Trade Agreement*. Desagregado o México, os países da América Central não se solidificavam ao grupo do Sul que despontava com mais propriedade em diferentes estratégias de desenvolvimento nas tentativas de superação das diversas crises de contágio que chegaram à região (Brasil entrou em crise em 1999, Argentina, 2000/2001).

A resposta da América do Sul teve três características principais, primeira, foi baseada na convergência entre líderes da região, que, apesar de manter o processo, inicialmente, no nível das vontades na tomada de decisão, vai gerar um simbolismo grande quando foram eleitos novos governos que subiram ao poder em campo contrário ao processo herdado da década de noventa (SILVA, 2011, SADER, 2009, EMERSON, 2014).

A segunda característica que deriva desta é que os líderes deram sequência a uma inédita conversação autônoma da presença norte-americana ou europeia. A despeito das práticas econômicas e comerciais internas, no plano regional passava a existir uma convergência sobre a integração e mais, sobre sua profundidade. Mantida no nível intergovernamental, gerou, conforme Sarti (2011, p. 184), "uma dinâmica ágil entre os Estados, e, nessa década [2000], promoveu o diálogo como ferramenta fundamental da democracia no continente".

A terceira característica da resposta pela integração autônoma será o papel protagonista que o Brasil vai exercer. Não há dúvida de que com a subida de Lula e Amorim como, respectivamente, presidente e chanceler, houve uma efetiva reformulação em torno das prioridades da política externa brasileira (VISENTINI, 2005; 2015; VIGEVANI, 2011). Começando com a própria formação do seu quadro executivo, que era completado com especialistas como Marco Aurélio Garcia, um assessor-professor diretamente ligado aos estudos sul-americanos, e Samuel Pinheiro Guimarães, como chefe do Itamaraty (CARVALHO, 2021a). Além do reforço do processo decisório em si, a proposição de uma política externa ativa e altiva, indicavam o reforço de uma política para a região como um processo de superação das dificuldades que a evolução do neoliberalismo impunha às sociedades.

Neste ponto, o Brasil não estava sozinho nesta virada de página, o eixo Brasil-Argentina, com a ascensão de Nestor Kirshner (ou o tripé, composto pela Venezuela de Hugo Chávez, na integração ampliada) será primordial para o aquecimento da onda que levará à formação de uma institucionalidade maior que a inciativa do Mercosul que vigia desde 1991 com idas e vindas. Adiciona-se à essa expectativa de liderança do Brasil uma variação entre desconfiança e apoio dos países menores, visto um processo de crescimento com um ciclo de valorização dos preços das commodities que percorrerá a primeira década do século (WEHRNER, 2014).

Esse processo avançou algumas etapas que foram aos poucos, ao mesmo tempo, aprofundando a integração, a Comunidade Sul-Americana de Nações – Casa, assinada em 2004 como um acordo entre Mercosul e Pacto Andino, foi renomeada em União das Nações Sul-Americanas – Unasul, em 2007. (CARVALHO, 2021) As propostas inovadoras estabeleciam um lugar periférico e contra-hegemônico de uma cooperação que projetavam ações na infraestrutura, via inclusão da Iniciativa para a Infraestrutura Regional Sul-Americana – IIRSA; na renovação dos marcos da segurança coletiva regional na formação de um Conselho de Defesa; e, de forma pioneira, um Banco do Sul. Nas palavras de Sarti (2021)

> *O que se quer destacar aqui é que, nas primeiras décadas do século XXI, se esboçou um projeto de poder que pressupunha uma integração ampliada – de natureza política, econômica, cultural, geopolítica e social. Esse modelo constituiu a estratégia coletiva adotada por governantes da maioria dos Estados sul-americanos de inserir a região no sistema global a partir de sua autonomia, bem como de promover o desenvolvimento econômico-social e cultural de seus povos. Um projeto inovador, cuja natureza política se traduziu em uma escolha orientada para a redução das assimetrias e para a superação do lugar de periferia do sistema ao qual a região esteve atada desde seus primórdios. (p. 24)*

Nessa projeção, foi com o fortalecimento do Eixo-Sul que o Brasil tomou um lugar na vanguarda desse processo, sobretudo depois da crise de 2008 que interrompeu uma trajetória de crescimento da economia mundial. Visentini explica que como um país com grande crescimento e projeção global, o Brasil diversificou sua agenda de política externa "com as alianças de geometria variável no âmbito Sul-Sul e Norte-Sul e Parcerias Estratégicas (China e UE). A isso se soma a intensa e vantajosa Cooperação Sul-Sul com a África e Oriente Médio, bem como a integração sul-americana." (VISENTINI, 2015, p. 138).

A crise interna no Brasil perduraria com o Impeachment da presidenta Dilma Rousseff, eleita e reeleita após Lula, e a retomada de uma agenda neoliberal que aguardava lateralmente desde a década de noventa para retornar ao poder. Na Venezuela a morte de Chávez vai enfraquecer a narrativa de equilíbrio e dar poder a setores diversos, se bem continuidade política do general, Maduro, representava outro modelo político e social de governabilidade e negociação, por isso, será contestado interna e externamente. Forças de direita vão retirar do poder o kirchnerismo na Argentina. Estava desfeita parte da aliança que representava a força do processo do começo do século.

A crise de 2008 irrompeu em um momento muito inicial do nosso processo de integração ampliada, ainda que tenha atingido as sociedades de forma distinta. Houve a partir daí uma mudança de ênfase, com diversos países abrindo-se para outros arranjos fora da região. Enquanto enfatizava a necessidade de ampliar a cooperação com o Sul-Global, demonstrava o fôlego curto do intergovernamentalismo e do voluntarismo, deixando cada vez mais claras, tanto as desigualdades dos processos de desenvolvimento, quanto as fraquezas do processo de integração, absorvidas de seus próprios membros (GUIMARÃES, 2006).

Ao mesmo tempo em que a América do Sul não logrou um projeto de integração que indicasse uma ampliação da sua identidade como região, ela tem realizado uma abertura e ampliação do comércio internacional com o Sul-Global, sobretudo com a China, que já ultrapassa os Estados Unidos como principal parceiro comercial da maioria dos países da região.

3. A ÁFRICA E SUAS RECONEXÕES GLOBAIS

O enquadramento africano ao processo de surgimento do Sul-Global vem de dois processos históricos singulares: o primeiro, decorrente do movimento das independências que desde a década de 50 e 60 se instauraram como lutas ou movimentos, que, ao mesmo tempo, remodelarão o antigo mundo colonial; o segundo é o próprio processo internacional da Guerra Fria, cuja pressão para incorporação do debate Norte-Sul fará jus a toda uma repercussão nas organizações internacionais.

Chegado ao seu fim, a bipolaridade desfeita, a promessa do desenvolvimento não foi cumprida depois de anos de crises internacionais, crises de dívida e falta do apoio externo e, isso tudo em meio à necessidade de aplicação dos ajustes das organizações de financiamento, alinhadas ao neoliberalismo, com abertura e liberalização. A resposta africana também tinha sido iniciar a promoção de uma espécie de integração, mas as fragilidades de um continente espoliado constantemente levaram a uma desorganização de algumas economias já precárias pela crise, um passo para a "tribalização" de conflitos internos, genocídios, rivalidades (VISENTINI, 2015).

Há, contudo, uma percepção clara de que o século XXI trouxe uma mudança para a África, que envolveu um processo de crescimento, uma estabilização estratégica que promoveu a expansão do ideal democrático (SARAIVA, 2008; VISENTINI, 2014; 2015; SANTOS, 2021, OLIVEIRA, 2021). Visentini (2014, p. 41) argumenta que apesar de "um dos fenômenos mais marcantes das Relações Internacionais Contemporâneas [ser] o fato de a África haver-se tornado objeto de uma nova corrida mundial, como no fim do século XIX", não será a Europa que promoverá a indução do processo, mas os próprios países do Sul-Global. Dessa forma,

> *[...] China, a Índia e, logo, o Brasil passavam a interagir com maior intensidade econômica e política com o continente africano. E foram seguidos por outras potências emergentes como Turquia, Irã, Rússia, Arábia Saudita, Emirados Árabes Unidos e Malásia, entre outras. (VISENTINI, 2014, p. 41)*

Cabe verificar que a despeito desta corrida ter a frente novos jogadores, pelo menos desde o estabelecimento do FOCAC (Fórum de Cooperação China-África), em 2006, há uma repetição histórica na forma, objetivo e conteúdo dos interesses, com consequências socioeconômicas ainda não calculadas.

> *Many African perspectives primarily concern themselves with the economic and political consequences of China's strategies to secure a supply of energy and raw material, develop markets, and create economic partnerships and political alliances with individual African countries. (CHUEN, 2008, p. 13)*

Os recursos naturais são parte determinante da entrada da China no continente africano, cujo auxílio tem sido absorvido de diversas formas, sobretudo no campo da não reprodução de "demandas e condicionalidades políticas" costumeiramente impostas pelo Ocidente. Feita via construção de infraestrutura, mas de forma mais pujante com a aceleração da demanda por petróleo e demais produtos, via importação, a parceria sino-africana vai se fortalecendo (VISENTINI, 2014, p. 46).

Nayyar (2014) argumenta que a ascensão da China e mesmo da Índia, de uma forma geral, não é exatamente positivo a médio prazo para os projetos de desenvolvimento industrial para os países do Sul Global. Seu processo de demanda de bens primários e oferta de manufaturas renova os padrões coloniais, com o aprofundamento da visão das vantagens comparativas e manutenção de um modelo primário-exportador.

Ainda assim, socialmente os indicadores foram muito positivos até a pandemia. A OCDE (2018, p. 48) estimava que seis países (Argélia, Egito, Maurícias, Marrocos, Seychelles e Tunísia) haviam eliminado a extrema pobreza e mesmo "os países africanos não ricos em recursos naturais têm sido notavelmente bem-sucedidos na redução das taxas de pobreza, de 57% para 37%."

Na onda da primeira década do XXI, a África foi representada pela África do Sul no setor emergente da política internacional alavancada pelo acrônimo BRICS (STUENKEL, 2020). Ainda que os países por trás desde termo revelem diferenças maiores do que semelhanças, o fato é que estão ligados por serem líderes regionais, com expectativas de crescimento e representativos da diversificação e multipolaridade para onde o mundo parecia se encaminhar.

A crise de 2008, vinda novamente do centro cíclico principal, a economia estadunidense, reenquadrou o mundo em nova estratégia. Expôs o estabelecimento de uma nova conjuntura para o Sul. O BRICS foi sendo desfeito, conforme a crise retirava poder de coordenação e, menos do que cooperação, todos exerciam pressão competitiva no sistema internacional da segunda década. A África desponta nesse cenário como polo de disputa internacional (VISENTINI, 2015) e palco de exercício de futuras estratégias geopolíticas globais, mas mais do que isso, com completo potencial para exercer, como um continente múltiplo e diverso, a agência própria de um caminho que tome proveito de todo o amadurecimento político, institucional, econômico e social (CHERU, SHAW, CORNELISSEN, 2012).

4. A OCEANIA PERIFÉRICA E SUA ABERTURA PARA A ÁSIA

O continente asiático é um mundo em si, do qual China, Japão, Coreia do Sul, Índia, Paquistão são apenas os mais mencionados na mídia Ocidental, seja pelo comércio, seja pela cultura jovem atual, seja por conflitos fronteiriços. Ao mesmo tempo, quando falamos da Oceania, Austrália e a Nova Zelândia são sempre os países chaves da região. O que os índices de crescimento e desenvolvimento desses países revelam, em ambos os continentes é que existem também áreas sombras e periféricas.

Conforme Albano (2019, p. 32), o continente da Oceania é dividido em quatro regiões: a primeira é a Austrália e Nova Zelândia, considerada uma região desenvolvida; as outras três são Melanésia; Micronésia e Polinésia, que possuem indicadores de países subdesenvolvidos, muitas vezes, equivalente aos países africanos. Diante disso, apesar de comumente esquecida, essa parte da Oceania se conecta ao chamado Sul Global diante de uma série de características comuns: partem de um processo de especialização produtiva em matérias-primas e no setor marítimo, visto formarem um arquipélago, terem sido ou ainda manterem relações coloniais com países desenvolvidos e ainda suportarem uma integração precária à cadeia global de valor. (p. 46)

É neste ponto que podemos encontrar uma intercessão com todo o conjunto de argumentos que vimos tratando neste capítulo, com as questões relacionadas ao eixo Sul nesta segunda década do século XXI: a ascensão da China e a competição estratégica pelo mundo que tem ocorrido em um possível desenvolvimento de uma futura transição hegemônica. Se não está claro o tempo necessário para esse movimento a nível global, diversos autores concordam que regionalmente as mudanças da economia chinesa já foram suficientes para rearticularem processos econômicos ao redor do mundo. (STUENKEL, 2018)

A região do Pacífico Sul tem sido local valorizado pela localização e de acesso. Assim como rota alternativa de suprimentos de energia para a China diante de um Golfo Pérsico mais cheio a cada dia. Seguindo essa visão, Wesley (2021) descreve o relacionamento dos líderes das ilhas como estímulo de um processo competitivo, mas mais do que isso, os pequenos assumiram em boa parte a agência desses processos e não aceitaram ter que negociar escolhendo um dos lados. Manter os laços abertos, com Pequim ou com Washington, seria colher os frutos de uma barganha e aproveitar o jogo de poder para ganhos para a região.

Mantida a ideia de que há uma abertura dos líderes e economias das ilhas para as iniciativas chinesas (e até mesmo para uma competição), também se adiciona à análise de entrada dessa potência, não qualquer preocupação com processos locais de desenvolvimento, comerciais ou políticos, mas em uma relação maior com sua ação global e futura de projeção de poder hegemônico (WESLEY-SMITH, 2013).

***

Ao longo deste capítulo nos conduziram três perspectivas, a primeira procurou localizar respostas no contexto das formulações conceituais que promoveram o então Terceiro Mundo para "Sul Global", revisitando bases e antecedentes no contexto histórico das forças e tensões vindas do final da Guerra-Fria. Percebemos que apesar do uso generalizado, o termo está longe de ter um significado específico, podendo abranger desde uma longa tradição de articulação autonomista ou uma faixa "política" que descreve hoje um interesse em torno da competição pela atratividade da parceria com a China.

A segunda é nosso olhar para a importância das rearticulações do poder, das finanças, das identidades periféricas, contestatórias ou conservadora, que tomou lugar na América Latina, na África, e, brevemente, em partes da Ásia e da Oceania. Ou seja, mesmo no século XXI, essa região já viveu um momento de altos e baixos que adveio igualmente da fragilidade da sua formação, quanto da falta de organização socioeconômica para o desenvolvimento nacional.

Por fim, lidos ou não como parte de uma transição maior da ordem internacional, concluímos que há uma heterogeneidade estrutural inconvergente entre os países destacados. Assim, mesmo os fenômenos que aumentam os limites de aproximação econômica e política pela identificação das vias de uma ação conjunta, seja na região, via integração, seja na plataforma internacional, via fluxos do comércio, estão crescendo conectados a pressão competitiva e as tensões por distintos caminhos de desenvolvimento, com redesenho das assimetrias – sobretudo diante de uma nova revolução industrial e de um novo desempenho tecnológico, que requer novos produtos e materiais; de novos movimentos do capital, que continuará a criar crises esporádicas nos mais vulneráveis; e, ao mesmo tempo, uma revolução nos compromissos, agendas e mecanismos das políticas externas dos Estados, com uma pauta ampla e futurista, e talvez um pouco descolada da realidade imediata da maioria dos povos deste lado geográfico.

REFERÊNCIAS BIBLIOGRÁFICAS

AMSDEN, Alice. A ascensão do "resto": os desafios ao Ocidente de economias com industrialização tardia. São Paulo: Ed. UNESP, 2009.

ALBANO, Gleydson. Oceania subdesenvolvida no mundo globalizado: tensões de uma região desarticulada. *Revista GeoSertões*, v. 4, n. 8, p. 27-48, maio 2020. Disponível em: <https://cfp.revistas.ufcg.edu.br/cfp/index.php/geosertoes/article/view/1380>. Acesso em: 22 abr. 2022.

ARNOLD, Guy. *The end of the Third World*. New York: Palgrave, 1993.

ARRIGHI, G., SILVER, B.; BREWER, B. Industrial convergence, globalization, and the persistence of north-south divide. *Studies in Comparative International Development*, v. 38. n. 1, p. 3-31, 2003.

AUC/OECD. *Dinâmicas do desenvolvimento em África 2018: Crescimento, emprego e desigualdades*, AUC, Addis Ababa/OECD Publishing, Paris, 2018. https://doi.org/10.1787/9789264306301-pt.

BOURQIA, Rahma; SILI, Marcelo. A Kaleidoscope of Ideas for Rethinking Development in the Global South. In: _____; _____. *New Paths of Development. Perspectives from the Global South*. Switzerland: Springer Nature, 2021.

BRESSER-PEREIRA, Luiz Carlos. *Depois da crise. A China no centro do mundo?* Rio de Janeiro: FGV, 2012.

BROWN, Chris; AINLEY, Kirsten. *Compreender as relações internacionais*. Lisboa: Gradiva, 2012.

CARVALHO, Glauber. *A política externa brasileira em disputa: agentes e mecanismos do processo decisório na era Lula*. Rio de Janeiro: Fólio Digital, 2021a.

CARVALHO, Glauber. As idas e vindas do processo de integração regional na América do Sul: a Unasul e a bonança entre tempestades. In: SARTI, Ingrid (Org.) *Sul Global e integração regional:* a política externa brasileira (2003-2016). Rio de Janeiro: UFRJ, 2021.

CHERU, Fantu; CORNELISSEN, Scarlett; SHAW, Timothy M. (Eds.) *Africa and International Relations in the 21st Century*. UK: Palgrave Macmillan, 2012. (International Political Economy Series)

CHUEN, Luk Tak. Regulating China? Regulating globalisation? In: GUERRERO, Dorothy-Grace; MANJI, Firoze (Eds.) *China's New Role in Africa and the South: a search for a new perspective*. Nairobi (Kenya): Fahamu and Networks for Social Justice, 2008.

DE SOUSA SANTOS, Boaventura. *Para descolonizar Occidente: más alla del pensamiento abismal*. Buenos Aires: Consejo Latinoamericano de Ciencias Sociales CLACSO; Prometeo Libros, 2010.

EMERSON, G. Strong presidentialism and the limits of foreign policy success: explaining cooperation between Brazil and Venezuela. *International Studies Perspectives*, v. 16, n. 4, p. 1-16, 10 maio 2014.

FERNÁNDEZ, Victor Ramiro, Carolina, Lauxmann, and Manuel, Trevignani. 2014. Emergencia del Sur Global. Perspectivas para el desarrollo de la periferia latinoamericana. *Economia e Sociedade*, Campinas 23, n. 3 (52): 611-643, dez. 2014.

FIORI, J. L. (Org.) *Estados e Moedas no desenvolvimento das nações*. Petrópolis: Vozes, 1999.

GIACCAGLIA, Clarisa. Poderes medios emergentes y orden internacional: hacia un manejo colectivo de los asuntos mundiales. LECHINI, Gladys (Org.) *Poderes emergentes y Cooperación Sur-Sur: perspectivas desde el Sur Global*. 1a ed. Rosario: UNR Editora. Editorial de la Universidad Nacional de Rosario, 2016.

GUIMARÃES, Samuel Pinheiro. Mudança na estratégia de inserção do Brasil. *Cadernos do Desenvolvimento*. Ano 1, nº 2, p. 61-118. Rio de Janeiro: Centro Internacional Celso Furtado de Políticas para o Desenvolvimento, 2006. p. 78.

HARRIS, Nigel. *The End of the Third World. Newly Industrializing Countries and the Decline of an Ideology*. Harmondsworth, Middlesex: Penguin Books, 1986.

HOBSBAWN, Eric. *A era dos extremos: o breve século XX. 1941-1991*. São Paulo: Companhia das Letras, 1995.

MAZZUCATO, Mariana. *O estado empreendedor: desmascarando o mito do setor público x setor privado*. São Paulo: Portfolio-Penguin, 2014.

NAYYAR, Deepak. *A corrida pelo crescimento. Países em desenvolvimento na economia mundial.* Rio de Janeiro: Centro Celso Furtado / Contraponto, 2014.

OLIVEIRA, Alana. A política externa brasileira para Sul Global: o caso do Oeste africano. In: SARTI, Ingrid (Org.) *Sul Global e integração regional:* a política externa brasileira (2003-2016). Rio de Janeiro: UFRJ, 2021.

PREBISCH, Raúl. [1949] *O Manifesto Latino-Americano.* Rio de Janeiro: Contraponto: Centro Internacional Celso Furtado, 2011.

SADER, Emir. *A nova toupeira:* os caminhos da esquerda latino-americana. São Paulo: Boitempo, 2009.

SANTOS, Fabio Luis Barbosa dos. Integração regional no Sul Global: Brasil, África do Sul e Índia. *Economia e Sociedade [online].* 2021, v. 30, n. 2, pp. 393-414. Disponível em: <https://doi.org/10.1590/1982-3533.2021v30n2art05>. Acesso em: 22 Abril 2022.

SARAIVA, J. F. S. A África na ordem internacional do Século XXI: mudanças epidérmicas ou ensaios de autonomia decisória? *Revista Brasileira de Política Internacional*, Brasília, p. 87-104, Jan-Jun 2008.

SARTI, Ingrid. A arquitetura política e os desafios da institucionalidade na integração sul-americana. In. CERQUEIRA FILHO, Gisálio. *Sulamérica, comunidade imaginada: emancipação e integração.* Niterói: EdUFF, 2011. p. 184.

SARTI, Ingrid. O Sul e a política externa brasileira na era Lula. In: _____ (Org.) *Sul Global e integração regional:* a política externa brasileira (2003-2016). Rio de Janeiro: UFRJ, 2021.

SILVA, Fabrício Pereira. *Vitórias na crise:* trajetórias das esquerdas latino-americanas contemporâneas Rio de Janeiro: Ponteio, 2011.

STUENKEL, Oliver. *O mundo pós-ocidental: potências emergentes e a nova ordem global.* Rio de Janeiro: Zahar, 2018.

STUENKEL, Oliver. *The BRICS and the Future of Global Order.* Maryland: Lexington Books, 2020.

TAVARES, M. C.; MELIN, L. E. Pós-escrito 1997: A reafirmação da hegemonia norte-americana. In: TAVARES, M. C.; MELO, H. P. *Maria da Conceição Tavares: vida, ideias, teorias e política.* São Paulo: Fundação Perseu Abramo, 2019.

VIGEVANI, Tullo; CEPALUNI, Gabriel. *A política externa brasileira: a busca da autonomia, de Sarney a Lula.* São Paulo: Unesp, 2011.

VIZENTINI, Paulo. *Relações internacionais do Brasil: de Vargas a Lula.* 2. ed. São Paulo: Fundação Perseu Abramo, 2005.

VIZENTINI, Paulo. África e as Potências Emergentes: O Sul e a Cooperação Profana. *Austral: Revista Brasileira de Estratégia & Relações Internacionais*, Rio Grande do Sul, v. 3, n. 5, p. 41-68, Jan-Jun 2014.

VIZENTINI, Paulo. *O caótico século XXI.* Rio de Janeiro: AltaBooks, 2015.

WEHNER, Leslie. Role Expectations as Foreign Policy: South American Secondary Powers' Expectations of Brazil As A Regional Power. *Foreign Policy Analysis* (2014), 0, 1-21

WESLEY, Michael. Oceania: Cold War Versus the Blue Pacific. In: TELLIS, Ashley J.; SZALWINSKI, Alison; WILLS, Michael. *Strategic Asia 2020: US-China Competition for Global Influence.* Washington: NBR, 2020.

WESLEY-SMITH, Terence. "China's Rise in Oceania: Issues and Perspectives." *Pacific Affairs*, vol. 86, n. 2, 2013, p. 351–72, http://www.jstor.org/stable/43590665. Accessed 27 Apr. 2022.

CAPÍTULO 17
PROJEÇÕES DO PRESENTE-FUTURO OU A HISTÓRIA DO "TEMPO PRESENTE"

JOSÉ LUIZ NIEMAYER DOS SANTOS FILHO[48]

INTRODUÇÃO: UMA GUERRA NA EUROPA NO SÉCULO XXI

O conflito russo-ucraniano completou um ano. Em fevereiro de 2022, na madrugada do dia 24, precisamente às 01h e 01min da manhã pelo horário de Brasília, a Rússia invadiu a Ucrânia, estabelecendo uma situação de guerra real na Europa em pleno século XXI. Este ato de guerra por parte da Rússia se constitui num *path dependence*, uma mudança de trajetória clara nas relações internacionais contemporâneas desde o término da Guerra Fria, entre os anos 1980 e 1990, marcada pela queda do Muro de Berlim, em 1989, e pela dissolução da antiga União Soviética (URSS), em 1991.

A 'Guerra da Rússia', como já está sendo chamada a ação militar do governo do Presidente Vladimir Putin, é o evento

---

[48] Doutor em Ciência Política – USP. Pós-doutorado pelo IFCH/Unicamp. Coordenador da Graduação em Relações Internacionais e Professor do Programa de Mestrado em Administração do Ibmec/RJ. É Coordenador Técnico da Pós-Graduação em Negócios Internacionais do Ibmec/RJ.

geoestratégico mais importante deste século. Percebe-se que este início de século XXI tem sido marcado por eventos de caráter sistêmico no plano da segurança internacional, como os atentados de 11 de setembro, as consequentes invasões norte-americanas ao Afeganistão, em 2001, e ao Iraque, em 2003, a tentativa de anexação pela Rússia de regiões da Geórgia, em 2008, e da Crimeia, em 2014, e, como um 'desfecho' para estes primeiros vinte anos conturbados, tem-se a invasão militar de um país soberano no continente europeu.

Quais são os pontos de maior gravidade nesta guerra conflagrada em pleno território europeu e como eles impactam nos cenários futuros das relações internacionais no curto e no médio prazo, principalmente com relação à tríade[49] Estados Unidos-Rússia-China?

Nesta introdução, em um primeiro plano destes cenários prospectivos e analisando o tipo de ação militar deflagrada pelo governo russo contra o território ucraniano a partir de fevereiro de 2022, pode-se afirmar que ocorreu uma movimentação militar de perfil de guerra total, com a utilização de todas as Armas – Exército, Força Aérea e Marinha russa –, das Forças Armadas russas e com uma mobilização militar impressionante por parte do governo russo.

---

49 Um dos autores que se utilizou do conceito de 'tríade' no campo da História das Relações Internacionais e dos Estudos Estratégicos foi o teórico e ex-Conselheiro de Segurança Nacional na administração Carter, Zbigniew Brzezinski; como, por exemplo, no livro de sua autoria 'The geostrategic triad: living with China, Europe, and Russia', publicado pelo Center for Strategic and International Studies, de Washington, DC, em 2006. Neste capítulo a expressão 'tríade' será utilizada para análise da conjuntura deste início de século XXI e para os cenários construídos acerca dos chamados Centros de Ruptura, principalmente com relação ao triângulo estratégico e analítico formado por EUA, Rússia e China.

A ação militar russa na Ucrânia não se limitou a uma atuação em áreas separatistas pró-Rússia, ou a uma invasão específica via Bielorrússia, ou mesmo a uma projeção de poder na península da Crimeia. Não. Entre avanços e recuos perpetrados ao longo de mais de um ano de uma guerra fratricida entre povos-irmãos, a mobilização e a logística militar russa se desenrolaram de maneira rápida e buscando eficácia total no ataque, invasão e potencial dominação do território ucraniano, embora hoje esteja claro que este objetivo não foi alcançado.

Este perfil da guerra da Rússia contra a Ucrânia aponta para dois cenários, ainda não completamente nítidos. Ou o objetivo estratégico russo é limitado e claro: se resume atacar, invadir e buscar dominar a Ucrânia? Ou a administração Putin se utilizará da influência sobre a Ucrânia para novas projeções de poder com relação ao seu espaço regional ou mesmo no plano sistêmico, questionando a ordem internacional atual? E uma questão derivada: qual é o interesse da China e sua autonomia estratégica neste contexto de Guerra na Ucrânia e olhando para o futuro?

1. O DECLÍNIO DOS EUA?

A guerra convencional e localizada, deflagrada em 24 de fevereiro de 2022 entre Rússia e Ucrânia, demonstra um processo de perda relativa de influência e poder por parte dos Estados Unidos da América (EUA) nas relações internacionais e projeta um novo cenário estrutural para o sistema internacional atual? Pensa-se que sim. Todavia, outros movimentos nas placas tectônicas internacionais ocorridos nas últimas décadas devem ser considerados para uma maior compreensão de uma possível perda de poder relativo por parte dos EUA.

Depois da Guerra Fria, com a dissolução da URSS formalizada com a assinatura de Carta de Paris em novembro de 1991, os EUA exerceram o poder na arena internacional em uma perspectiva do conceito de uni-multipolaridade[50] elaborado por Samuel Huntington. Muitos acreditaram, inclusive, em uma *Pax Americana* capitaneada pelo "grande irmão do Norte". O fim da Guerra Fria concretizou, assim, um ambiente uni-multipolar quando uma superpotência atua acima de uma hierarquia multipolar da política internacional, na qual outras potências buscam uma ascensão ou uma reinserção no sistema.

Nesta tentativa de questionar uma ordem pretensamente uni-multipolar, além da ascensão chinesa, que será tratada adiante, tem-se conjunturalmente o caso mais específico da Rússia, que desde a ação militar na Geórgia em 2008, passando pela anexação da Crimeia, em 2014, atinge o ápice desta agenda na atual guerra com a Ucrânia. Como mencionado, alguns eventos das últimas duas décadas foram aos poucos erodindo esta posição uni-multipolar estadunidense: os atentados de 11 de Setembro de 2001; as consequentes ações militares de grande porte no Oriente Médio, principalmente a chamada Segunda Guerra do Golfo, em 2003; a crise econômico-financeira de 2008; e, também, os movimentos de '*stop and go*', carregados de contradições estruturais e verificados nos embates entre Republicanos e Democratas com relação à política externa norte-americana, e claramente consumados na agenda internacional alternativa de Donald Trump, marcada pelo nacionalismo e isolacionismo.

A comparação com a tríade do período da Guerra Fria, a saber, EUA, União Soviética e China, com o mesmo desenho do poder internacional neste início do século XXI, é importante para a resposta sobre um declínio da América. A China, no

---

50 Cf. HUNTINGTON, Samuel P. *A superpotência solitária*. In: "Política Externa", Vol. 8, No. 4, Mar/Abr/Mai, pp. 12-13.

período do conflito bipolar, foi uma peça importante no xadrez de Washington, como visto claramente na visita de Nixon a Mao Tsé-Tung, em 1972. Assim, a China manteria uma posição passiva-estratégica durante a Guerra Fria, e isto interessava aos EUA, principalmente por auxiliar na contenção à autonomia estratégica da antiga URSS.

Hoje, exatamente durante a Guerra na Ucrânia, a China se coloca como o principal agente de estabilidade nas relações internacionais. Além de ser a grande locomotiva da economia global, a China parece fomentar uma ordem multipolar, orientada pragmaticamente por interesses, sem maiores intervenções na ordem interna dos países. Opera, portanto, como um antagonista estratégico dos EUA, apontando para a construção de uma nova ordem mundial.

A China subiu de *status* nas últimas décadas, seja pela importância geopolítica em zonas de ruptura – que serão analisadas mais adiante –, seja pela sua pujança econômica inquebrantável e ininterrupta, ou mesmo pelo olhar estratégico de suas lideranças no tempo e no espaço. Por outro lado, a antiga URSS se desfez e a Rússia diminuiu sua autonomia estratégica nos últimos anos. Moscou perdeu poder relativo com relação aos EUA e à China.

Mas o início do século XXI, em paralelo aos eventos mencionados anteriormente e que envolveram diretamente os EUA, acabou sendo um contexto de retomada de uma agenda russa na parte leste da Europa. A guerra com a Geórgia em 2008 – tentativa de anexação da Ossétia do Sul por parte da Rússia –, a anexação da Crimeia em 2014 e a guerra de invasão e tentativa de domínio da Ucrânia neste início do ano de 2022 mostra que a Rússia de Putin – ou que 'Putin da Rússia' –, possui um projeto geoestratégico singular a ser desenvolvido. Trata-se de um projeto de poder que confronta as ambições do Ocidente, principalmente no Leste da Europa.

Desta feita, vê-se que os vértices da relação triangular à época da Guerra Fria se moveram de uma tal forma que os EUA, a um só tempo, perderam influência sistêmica diretamente com relação à China e permitiram o recrudescimento do poder russo no continente euro-asiático. Estes eventos, processos e movimentos estruturantes repercutem sobremaneira na percepção dos países e da comunidade internacional acerca do predomínio norte-americano na cena internacional neste início de século XXI e no futuro papel deste país no sistema internacional.

2. A NOVA ASSERTIVIDADE DA RÚSSIA DE PUTIN

A história da Rússia é marcada por seus líderes e pela relação de destaque destes líderes com a política russa e suas respectivas instituições no tempo e no espaço. Seja no período dos czares e mesmo durante toda a era da antiga URSS, os processos políticos de formação do poder na Rússia foram marcados e institucionalizados por lideranças que se sustentaram ou pelo seu caráter tradicional, como no caso dos Czares, ou por um caráter racional legal das estruturas do Estado, simbolizado, imanado e retroalimentado *na* ou *pela* figura do líder à época. No período soviético, mesmo os líderes relativamente mais fracos em comparação às principais figuras que chegaram ao poder com a Revolução Russa, estes se deixaram sequestrar pela estrutura estatal e governaram como se ela fossem.

Assim sendo, a menção neste subtítulo à 'Rússia de Putin' faz todo o sentido. Afinal, Vladimir Putin **é** uma liderança que repete simbolismos e procedimentos já observados em outros líderes que marcaram momentos cruciais da história política russa. Ainda sobre um perfil-padrão das lideranças máximas da historiografia política russa, um dos mais importantes biógrafos de Stalin, Robert Service, comenta sobre o líder que sucedeu a Lenin como:

> "(...) Stalin jogou com os interesses nacionais russos e foi pintado como não muito diferente dos antigos imperadores. Ele supostamente pretendia alcançar os objetivos inalcançados pelo maior dos Romanov. Esse desejo se refletiu na política externa de expansão para o oeste. Na URSS, isso adquiriu a forma de privilégios aos russos étnicos em cargos, educação e status. Stalin foi retratado como um expoente do imperialismo russo tradicional."[51]

Este mesmo texto – desconsiderando a antiga URSS e substituindo o nome 'Stalin' por 'Putin' –, não caberia em uma futura biografia do atual Comandante Supremo das Forças Armadas da Federação Russa na guerra de invasão, ocupação e tentativa de dominação da Ucrânia, iniciada em 24 de fevereiro de 2022? Pois é! Talvez a Revolução de 1917 não tenha alterado tão profundamente todos os aspectos da vida sociopolítica russa como pretenderam Lênin e seus contemporâneos.

A nova assertividade da Rússia é um movimento quase esperado para um Estado com uma estrutura de decisão política centrada no perfil singular de seus líderes, tanto os do passado como o do presente, como o do atual Presidente da Federação Russa, membro do Partido Comunista, ex-Agente da KGB e ex-Diretor do Serviço Federal de Segurança (FSB), Vladimir Vladimirovitch Putin. Desde que assumiu o poder central na Rússia, no final de 1999, com a renúncia de seu antecessor, Boris

---

51 Cf. SERVICE, Robert. *Stalin: uma biografia*. Rio de Janeiro: Record, 2022, pag. 25.

Yeltsin, Putin governa de maneira autocrática um sistema político que se autoconvence como democrático; e administra um modelo econômico burocratizado e patrimonialista que se apresenta como capitalista.

Assim, embora haja uma crescente oposição interna à liderança de Putin, cujo principal rosto é o de Alexei Navalni, parece que cada vez mais se perceberá a Rússia imantada na figura de Putin. Se for certo que o sucesso russo no conflito com a Ucrânia pode ampliar ainda mais o poder de Putin, mesmo um eventual fracasso não parece conduzir à sua deposição de líder supremo da Rússia.

3. QUAL CHINA?

A China contemporânea é um país central para a compreensão das relações internacionais. Uma máquina de produção econômica, o maior canteiro de obras de infraestrutura do planeta e um agente sistêmico estratégico no contexto das redes de comércio exterior, logística, investimento direto e fluxos financeiros. Independente de quando a economia chinesa superar a economia estadunidense, o papel da China no sistema internacional atual e nos cenários que se avizinham é a principal variável a ser considerada neste início de século XXI.

Desde o fim da Guerra Fria em 1991, passando pelo contexto uni-multipolar centrado nos EUA, passando por outros eventos fluidos aqui já mencionados e que acabaram por reestruturar o sistema de Estados sob a ótica de um multilateralismo continuamente em construção, a China observa a arena da alta política e atua decisivamente na estrutura econômica internacional. Um Estado muito forte e provedor, com liberdade econômica privada planejada a partir dos interesses estatais, uma noção de interesse nacional inquebrantável e uma agenda cada vez mais sólida no campo estratégico-militar e da segurança internacional fazem da China o ator internacional mais competitivo dos EUA.

A posição chinesa e o aprofundamento desta relação competitiva com os EUA configuram uma nova Guerra Fria? Mais centrada no domínio das tecnologias de ponta, nas cadeias de interdependência complexa e nas zonas geopolíticas e geoestratégicas de influência? Trata-se, como colocado recentemente pelo Professor Lier Pires Ferreira: 'uma Guerra Fria 5G'[52].

Não se pode afirmar que um novo conflito bipolar, com uma mudança em um dos polos de poder, esteja já cristalizado, mas a cada vez mais altiva e estruturante presença chinesa na arena internacional induz a ideia defendida por muitos autores de um declínio e de uma ascensão relativa e respectiva dos EUA e da China. Para autores como Graham Allison, que atuou como Conselheiro do Departamento de Defesa nas administrações Reagan, Clinton e Obama, EUA e China estão inseridos na chamada 'Armadilha de Tucídides', quando uma potência em ascensão questiona a supremacia da superpotência dominante; no limite, escalando tal situação até mesmo para uma hipótese de guerra entre os rivais[53].

Sobre a lógica da 'Armadilha de Tucídides' poder estar espelhando a relação EUA-China em muitos referenciais de análise e nestes primeiros vinte anos deste século XXI, destaca Allison:

---

52 Cf. PIRES FERREIRA, L. *Direito, política e segurança internacionais: uma análise da guerra russo-ucraniana à luz do realismo*. In: BARSOZA, H. H.; MELLO, C. M.; SIQUEIRA, G. S. (Coord. Geral). TIBÚRCIO, C.; RIBEIRO, M. R. S.; MACEDO, P. E B. (Coord. Acadêmica). Direito Internacional – o futuro do Direito. Rio de Janeiro: Processo, 2022.

53 Cf. ALLISON, Graham. *A caminho da guerra: Estados Unidos e China conseguirão escapar da armadilha de Tucídides?* Rio de Janeiro: Intrínseca, 2020.

> *"Enquanto outros identificaram uma série de causas que teriam contribuído para a Guerra do Peloponeso, Tucídides foi direto ao ponto. Ao destacar 'a ascensão de Atenas' e o 'consequente temor instilado em Esparta', ele identificou o principal motivo na raiz de uma das guerras mais catastróficas e desconcertantes da história. Intenções à parte, quando uma potência em ascensão ameaça desbancar a dominante, o estresse estrutural resultante transforma o choque violento em regra, não em exceção. Aconteceu em Atenas e Esparta no século V a.C., entre Alemanha e a Grã-Bretanha há um século, e quase levou União Soviética e Estados Unidos às últimas consequências nas décadas de 1950 e 1960.'*[54]

A estratégica intermediação da China na atual Guerra na Ucrânia, atuando como agente estabilizador na relação entre Rússia e EUA e aliados da OTAN, sobrepassa a própria guerra convencional e limitada no território ucraniano. Na verdade, ela evidencia que o papel da potência asiática na esfera internacional **é** hoje variável absoluta do cenário futuro de curto, médio e longo prazos.

Desta feita, ainda que não tenhamos uma 'nova Guerra Fria 5G', há, sim, uma novíssima e cada vez mais preponderante presença e ação sistêmica chinesa no contexto internacional em todos os campos do poder. Certamente, a tensão da Rússia com as potências ocidentais, EUA adiante, tende a aprofundar a relação sino-russa, projetando cada vez mais o urso russo para os braços do dragão chinês. Logo, em qualquer cenário, é certo que cada vez mais a China terá papel pivotal na (re)configuração da ordem internacional.

---

54 Cf. ALLISON, Graham, ibidem, pag. 15.

4. A UNIÃO EUROPEIA E O PAPEL DA OTAN NO PÓS-GUERRA FRIA

A União Europeia (EU) é um marco histórico do processo de integração regional. Desde 1957, com o Tratado de Roma, os europeus vêm percorrendo, com base institucional, força política e eficácia, os caminhos da integração do continente.

Todo o processo de integração regional passa por quatro fases marcantes: a de formação de uma Zona de Livre Comércio, de uma União Aduaneira, de um Mercado Comum e, por fim, de uma União. A UE já passou pelas quatro etapas com excelentes resultados. Mas há questões estruturais, internas e externas, à lógica de formação do bloco europeu que precisam ser analisadas.

A principal delas, à luz dos temas da agenda de segurança internacional, é o papel da Política Externa de Segurança Comum (PESC) da União Europeia nos grandes temas que evolvem a Europa, tanto na sua parte Ocidental como na região Leste, cada vez mais incorporando países que antes faziam parte da esfera de influência russa. Essa incorporação é tão ou mais relevante quando nos fixamos nos últimos eventos graves ocorridos em solo europeu, por exemplo, os conflitos na antiga Iugoslávia no final do século XX, os atentados terroristas ocorridos na Europa nos primeiros anos do novo século, e as três ações bélico-militares promovidas pela Rússia nos últimos anos, a recapitular: a tentativa de anexação de territórios da Geórgia em 2008, a anexação da Crimeia em 2014, e a própria guerra de invasão e de ocupação na Ucrânia.

Neste caso fica clara uma questão: qual tem sido e como será a conivência estratégico-militar entre a Organização do Tratado do Atlântico Norte (OTAN), liderada pelos EUA, com a estrutura da PESC, formada também pelo conjunto dos países europeus, mas sob forte influência e liderança de países-potência como França, Itália e Alemanha?

As duas estruturas têm características diferentes. A estrutura da PESC, quando voltada às questões de política externa da EU, já vem sendo processada pelo bloco no bojo da institucionalização do próprio modelo 'de União' *do* e *para* o bloco. Todavia, as questões que envolvem temas de segurança e defesa são mais sensíveis e acabam sempre percebidas, vislumbradas e operacionalizados sob uma perspectiva também da OTAN. Vide o caso mencionado aqui de tentativa de influência e potencial anexação por parte da Rússia da região da Ossétia do Sul, pertencente à Geórgia: a OTAN foi, neste caso, mobilizada para a defesa militar da soberania da Geórgia em 2008.

Mesmo com os EUA e a maioria dos países que hoje formam a UE sendo aliados tradicionais, é sempre importante para uma análise conceitual da história das relações internacionais considerar estes dois centros de poder com agendas muito próprias em todos os campos do poder internacional. Muitas vezes de maneira implícita, ou, em certos casos, mais ostensiva, explícita, refundam-se pontos ambivalentes de concepção do que seja e de como devem agir no sistema internacional os norte-americanos e europeus.

Sobre a pertinência desta ambivalência percebida entre EUA e Europa, o professor e teórico de Harvard, Robert Kagan, em trabalho escrito no início deste século, já apontava que algumas contradições poderiam ser percebidas e aprofundadas no decorrer do século XXI entre esses atores centrais, EUA e União Europeia, esta última como um agente unitário no sistema, e vaticinava: "(...) americanos são de Marte e europeus são de Vênus..."[55].

A crítica do ex-Secretário de Defesa dos EUA, Donald Rumsfeld, dias depois dos atentados de 11 setembro de 2001, de que existiria uma 'velha Europa' e uma 'nova Europa',

---

55 Cf. KAGAN, Robert. *Of Paradise em Power: America and Europe in the New World Order*. New York: Alfred A. Knopf, 2003, p. 3.

mencionando como o primeiro grupo aqueles países europeus que não tiveram uma participação direta na agenda de 'Guerra ao Terror' lançada por Washington, como França e Alemanha, é uma informação importante a ser avaliada. Mesmo a consecução da saída da Inglaterra da União Europeia anos depois, no processo denominado BREXIT, também é um elemento que aponta para opções e escolhas entre aliados preferenciais dos EUA e aqueles que permanecem eurocêntricos nos seus direcionamentos.

E o mais relevante como informação para esta abordagem: existe e está em andamento o Projeto 'Bússola Estratégica'[56], desenvolvido pelos ministros das Relações Exteriores e da Defesa da EU, com forte participação de França e Itália, e que se constitui no documento que mais aponta para uma possível criação de uma estrutura de Segurança e Defesa europeia sem a participação dos EUA.

> *"(...) A União Europeia avalia criar uma força militar conjunta do bloco de até 5.000 soldados até 2025, com o objetivo de intervir rapidamente em uma série de crises e diminuir a dependência dos EUA, de acordo com um projeto. A Força de Capacidade de Destacamento Rápido da EU deve ser composta por unidades terrestres, marítimas e aéreas, segundo o documento confidencial de 9 de novembro visto pela agência Reuters. (...) França e Itália, duas das potências militares da EU, saudaram o projeto. (...) 'Necessitamos de mais rapidez, robustez e flexibilidade para realizar todo tipo de tarefa militar de gerenciamento de crises', diz o projeto, chamado de 'Bússola Estratégica'."*[57]

---

56 Cf. O GLOBO. "UE avalia criação de força de ação rápida, sem ajuda dos EUA, até 2025", jornal O Globo, Caderno 'Mundo', 17/11/2021, pag. 22.

57 Cf. O GLOBO, ibidem, pag. 22.

Todo este contexto, agentes e processos apontam para uma crise de legitimidade do papel da OTAN com relação à agenda de segurança regional e internacional *na e da* União Europeia? Só o tempo dirá.

Como um pesaroso laboratório destas predições do futuro tem-se hoje guerra atual na Ucrânia; uma ação militar de total responsabilidade por parte do Estado russo e com muitos desdobramentos futuros. Um destes desdobramentos pode vir a ser a cristalização de uma agenda de segurança e defesa comum europeia, com uma maior autonomia estratégica com relação à estrutura da OTAN.

5. CONSIDERAÇÕES FINAIS

Ao se analisar alguns dos principais centros de ruptura no sistema internacional atual, como o caso de Taiwan; o posicionamento instável da Coreia do Norte; 'o laboratório de poder' de algumas potências na guerra civil da Síria; o já perene conflito entre Israel e o mundo árabe; entre outras hipóteses de guerra, percebe-se que estas têm algo em comum: pelo menos duas das três potências da tríade EUA-Rússia-China se encontram presentes e são agentes estratégicos para a transformação de uma hipótese de guerra para um cenário de guerra convencional limitada, guerra convencional sistêmica ou mesmo uma guerra nuclear, não necessariamente nesta ordem de escalonamento.

Sobre a tríade mencionada, temos hoje um cenário internacional marcado pela continuidade da Guerra na Ucrânia; com a Rússia indicando baixa probabilidade de um cessar-fogo e se sentindo ameaçada pelos EUA e pela estrutura da OTAN que fornecem apoio ao governo de Kiev; e com a China em uma posição de intermediação estratégica, mas muito mais próxima de Moscou. Qual será o próximo passo do Governo russo? Existe a possibilidade de um acordo de paz no curto prazo ou a Rússia viverá um novo Afeganistão?

Com o auxílio mais direto da OTAN no fornecimento de meios militares mais robustos à Ucrânia, uma constante nos últimos meses, uma narrativa contundente do Presidente Putin de utilizar a opção nuclear foi arrefecida recentemente, mas não deixa de pairar sobre o contexto estratégico global. Ainda que na forma retórica, esta conseguiu ser mais incisiva do que as utilizadas pelas lideranças soviéticas em muitos momentos específicos de tensão aberta durante a Guerra Fria.

Deve-se lembrar que durante a Segunda Guerra Mundial, mais precisamente no dia 1 de outubro de 1939, Winston Churchill profetizou quando lhe perguntaram sobre qual seria o interesse real da Rússia/URSS no sistema à época: 'Não posso prever para os senhores a ação da Rússia. É uma charada, envolta em mistério, dentro de um enigma. Mas talvez haja uma chave. Essa chave é o interesse nacional russo'[58]. Assim, o que fará, no limite, Vladimir Putin?

E sobre a ação da China no contexto internacional sob essas condições descritas? O que prever? E qual será a escolha(s) dos EUA, com a superpotência passando por um processo de relativização de sua estrutura de poder? Particularmente no período Joe Biden, as ações estratégicas dos EUA parecem claudicantes.

Estas são questões-chave na conjuntura internacional atual, percebido o Sistema Internacional como um contexto marcado pela fluidez, competição e contração e, ainda, indicando cenários muito mais prováveis no campo do conflito do que da cooperação. A este processo de codificação realista do sistema internacional

---

58 Cf. WIKIPÉDIA, Portal: Segunda Guerra/Citações/1.

atual somam-se novas ameaças à instável ordem global, como as 'agendas' de grupos terroristas, catástrofes ambientais, migrações forçadas, pandemias, guerras civis, conflitos étnicos e separatistas.

Com relação a algumas destas ameaças, cabe também ressaltar nestas 'Considerações Finais' se há algum papel estratégico que o Brasil possa cumprir. Como um dentre outros potenciais agentes de estabilização do sistema internacional a partir de uma ótica de *soft power*, o país poderia, sim, contribuir com políticas afirmativas de conservação do meio ambiente, oferta de energia mais limpa, produção de alimentos dentro da estrutura mundial da segurança alimentar, recepção de levas de imigrantes e aumento de suas parcerias nos variados processos de cooperação técnica internacional. Atuaria como um 'país pivô'[59] nestas searas.

Todavia, para este posicionamento de inserção internacional propositiva e civilizatória do País é fundamental que a Política Externa Brasileira (PEB) seja formatada sob bases responsáveis e críveis nos seus objetivos a atingir. Como costumava ser desde Rio Branco e até um passado bem recente. Essa é a expectativa que se tem no contexto do governo Lula, que agora se inicia.

Por falar em governo Lula, para além dos temas abordados acima, as primeiras movimentações empreendidas pelo velho-novo presidente da República são alvissareiras. A primeira dimensão importante diz respeito à valorização da América Latina – e particularmente da América do Sul –, Caribe inclusive, na agenda da PEB. Por extensão, espera-se também a valorização do Sul-Global nas preocupações brasileiras, com particular destaque para os BRICS, cujo processo de ampliação começa a ser posto em marcha. Igualmente, o Brasil sinaliza a vontade de reconquistar espaços político-diplomáticos perdidos na África e na Ásia durante os

---

[59] Cf. CHASE, Robert, HILL, Emily & KENNEDY, Paul (editors). *The pivotal states: a new framework for U.S. policy in the developing world*. New York: W.W. Norton & Company: 1999.

governos Temer e Bolsonaro, recuperando a dimensão pragmática e multilateralista que há décadas pauta a PEB, sem, contudo, descuidar das relações com a Europa – em especial Portugal – e os EUA, sempre centrais nas preocupações estratégicas do Brasil.

Voltando ao contexto sistêmico atual, com ameaças fluidas de toda ordem, contraído no que diz respeito às potências centrais estarem mais focadas na defesa dos seus interesses nacionais; competitivo, vide que temos uma guerra convencional com probabilidade de se transformar em um conflito de perfil nuclear; e fragmentado, típico dos períodos da história onde prevaleceu o conceito do Realismo estrutural; verifica-se que nos temas da Alta Política o Brasil tem pouco a oferecer. Da mesma maneira que outros países de força mediana.

Assim, a solução para as questões da alta política internacional passa, hoje, decididamente, pela ação das grandes potências, sem prejuízo da interlocução com potências médias, de alcance regional, como Brasil, África do Sul, Coreia, Egito, Índia, Indonésia, Japão, México e Nigéria. De todo modo, não há como negar a centralidade complexa e estruturante da tríade EUA-China-Rússia. É com essa certeza que continuamos atentos às realidades globais e aos câmbios sistemáticos na ordem internacional.

REFERÊNCIAS BIBLIOGRÁFICAS

ALLISON, Graham. *A caminho da guerra: Estados Unidos e China conseguirão escapar da armadilha de Tucídides?* Rio de Janeiro: Intrínseca, 2020.

BRZEZINSKI, Zbigniew. *The geostrategic triad: living with China, Europe, and Russia.* Washington, DC, Center for Strategic and International Studies, CSIS Press, 2006.

CHASE, Robert, HILL, Emily & KENNEDY, Paul (editors). *The pivotal states: a new framework for U.S. policy in the developing world.* New York: W. W. Norton & Company: 1999.

HUNTINGTON, Samuel P. *A superpotência solitária.* In "Política Externa", Vol. 8, No. 4, Mar/Abr/Mai, pp. 12-25.

KAGAN, Robert. *Of Paradise and Power. America and Europe in the New World Order.* New York: Alfred A. Knopf, 2003.

O GLOBO. "UE avalia criação de força de ação rápida, sem ajuda dos EUA, até 2025", jornal O Globo, 'Caderno Mundo', 17/11/2021, pag. 22.

PIRES FERREIRA, L. *Direito, política e segurança internacionais: uma análise da guerra russo-ucraniana à luz do realismo.* In: BARSOZA, H. H.; MELLO, C. M.; SIQUEIRA, G. S. (Coord. Geral). TIBÚRCIO, C.; RIBEIRO, M. R. S.; MACEDO, P. E. B. (Coord. Acadêmica). Direito Internacional – o futuro do Direito. Rio de Janeiro: Processo, 2022.

SERVICE, Robert. *Stalin: uma biografia.* Rio de Janeiro: Record, 2022.

WIKIPÉDIA, Portal: Segunda Guerra/Citações/1.

ORGANIZADORES

LIER PIRES FERREIRA
Pós-Doutor em Direito – Universidade de Salamanca, USAL, Espanha. Doutor em Direito – UERJ. Mestre em Relações Internacionais - PUC/RJ. Bacharel em Direito – UFF. Bacharel e Licenciado em Ciências Sociais – UFF. Advogado. Professor Titular do Ibmec e do CP2. Pesquisador do GEDIPP/UERJ e do LEPDESP/UERJ-ESG. Membro da Comissão de Direito Internacional da OAB/RJ. Comentarista de política no Jornal do SBT/RJ. Palestrando em diferentes eventos acadêmicos, no Brasil e no exterior. Autor, dentre outras obras, de "Estado, Globalização e Integração Regional" e "Direito Internacional, Petróleo e Desenvolvimento". Coautor das obras "Sociologia em Movimento", "Sociedade em Movimento" e "Moderna Plus – Ciências humanas e sociais aplicadas".

RENATO SALGADO MENDES
É doutor em Ciência Política (UFF), mestre em Relações Internacionais (UFF) e formado em Jornalismo (UFRJ). É professor do curso de relações internacionais do Ibmec-RJ há 13 anos. Também conhecido como Renato Galeno, foi jornalista de O Globo e comentarista de assuntos internacionais da GloboNews. É colaborador do Canal Um Brasil. Sua principal área de estudos acadêmicos é nacionalismo, patriotismo e identidades coletivas.

RICARDO BASILIO WEBER
Pós-doutorado em Ciência Politica (UFF) Doutor em Política Internacional (PUC-RIO), Mestre em Ciência Política (UFF), Bacharel em Ciências Sociais (UERJ). Doutorando em Direito, Negócios e Instituições (UFF). Foi professor e coordenou cursos de graduação no Ibmec-RJ e no IUPERJ-UCAM

AUTORES

Beatriz Rodrigues Bessa Mattos
Doutora em Relações Internacionais pelo Instituto de Relações Internacionais da Pontifícia Universidade Católica – IRI/ PUC-Rio. Pesquisadora Visitante do Programa Mistra Geopolitics, pelo Departamento de Estudos Temáticos da Universidade de Linköping, Suécia – TEMA/ LiU. Pesquisadora Sênior da Plataforma Socioambiental do Centro de Estudos e Pesquisa BRICS – BRICS Policy Center e Co-Coordenadora do projeto de Pesquisa "Governança Policêntrica no Sul Global". Professora Assistente do curso de Relações Internacionais da Universidade Veiga de Almeida – UVA. Mestre em Relações Internacionais e Ciência Política pelo Instituto Universitário de Pesquisa do Rio de Janeiro da Universidade Cândido Mendes – IUPERJ/UCAM.

Bernardo Kocher
Graduado em História pela Universidade Federal Fluminense (1983) e Doutor em História Social (1997) pela mesma instituição. É professor de História Contemporânea do Departamento de História da UFF e do seu Programa de Pós-Graduação. Atua nas áreas de História das Relações Internacionais, Economia Política Internacional e outros temas contemporâneos. Desenvolve pesquisas relacionadas com as seguintes problemáticas: Oriente Médio, Terceiro Mundo, Globalização e Política Externa Brasileira. Organizou a coletânea "Globalização: atores, ideias e instituições" (Mauad, 2011). Analista de questões internacionais com presença em meios de comunicação impresso, televisivo e digital.

Celso Péricles Fonseca Thompson
Professor aposentado da UERJ. Graduação em História pela UERJ, Mestrado na área de História Antiga e Medieval pela UFRJ e Doutorado em História Política pela UERJ.

Christiane Itabaiana Martins Romeo
Doutora e Mestre em Ciências Políticas IUPERJ, atual IESP/UERJ. Graduada em Ciências Sociais UFF. Graduada em Direito PUC-RIO. Atualmente é professora do IBMEC-RJ e da EPGE/FGV-RJ.

Delmo de Oliveira Torres Arguelhes

Doutor em história das ideias (UnB) e fez estágio pós-doutoral em estudos estratégicos (UFF). É pesquisador associado sênior do Núcleo de Estudos Avançados do Instituto de Estudos Estratégicos da Universidade Federal Fluminense (NEA/INEST – UFF). Autor de *Sob o céu das valquírias: os conceitos de honra e heroísmo dos pilotos de caça na Grande Guerra (1914-1918)* [CRV, 2013].

Eduardo Rizzatti Salomão

Possui pós-graduação em Filosofia e é doutor em História Social pela Universidade de Brasília (UnB). Professor de História da carreira do magistério do Quadro Complementar de Oficiais do Exército, integra o Corpo Permanente da Escola Superior de Guerra (ESG). Sua produção dedica-se ao estudo de movimentos religiosos, rebeliões e temáticas ligadas à história brasileira, à religiosidade e ao universo militar.

Gilberto de Souza Vianna

Professor visitante IESP-UERJ. Pós-Doutorado em História Política UERJ, Doutor em História Social pela UFRJ. Adjunto do Centro de Estudos Estratégicos Cordeiro de Farias da Escola Superior de Guerra, Professor Universitário. Foi membro do Conselho Consultivo e gestor do IBRAM – Ministério da Cultura (2016). Fundador do LEPDESP (Laboratório de Estudos e pesquisa em defesa e Segurança Pública).

Giovanni Latfalla

É Tenente-coronel da reserva do Quadro Complementar de Oficiais do Exército Brasileiro. Possui doutorado em Ciência Política pelo IUPERJ e Mestrado em História, pela USS. É pós-graduado *Lato Sensu* em Conhecimentos Militares pela EsAO, História Militar Brasileira, pelo DEP/UNIRIO, e em História do Brasil e História Contemporânea pela FAFILE. Foi professor de História dos Colégios Militares do Recife, Rio de Janeiro e Juiz de Fora.

Glauber Cardoso Carvalho

Professor de Relações Internacionais e Economia da Universidade Estácio de Sá. Doutor e Mestre em Economia Política Internacional (IE-UFRJ). Possui especialização em Comércio Exterior (Unesa) e MBE em Análise Internacional (UFRJ). É graduado em Relações Internacionais (Unesa) e editor da Revista Diálogos Internacionais e ex-Coordenador Executivo do Centro Internacional Celso Furtado. E-mail: glauberccarvalho@gmail.com

IBERÊ MORENO
É mestre e doutor em História pela PUC-SP, mestre em Comunicação Social pela Universidade Metodista de São Paulo e Graduado em Relações Internacionais pela PUC-SP. É professor de História da Universidade Anhembi Morumbi nos cursos de Relações Internacionais, Economia e Comunicação.

JOSÉ LUIZ NIEMEYER DOS SANTOS FILHO
Graduado em Economia – PUC/SP. Doutor em Ciência Política – USP. Pós-doutorado pelo IFCH/Unicamp. Coordenador da Graduação em Relações Internacionais e Professor do Programa de Mestrado em Administração do Ibmec/RJ. É Coordenador Técnico da Pós-Graduação em Negócios Internacionais do Ibmec/RJ. Pesquisador FAPERJ. Ex-Coordenador da Graduação em Relações Internacionais do Ibmec/DF e do Ibmec/MG. Desenvolveu Projetos e Pesquisas com o Prof. Dr. Braz de Araújo (NAIPPE/USP) e com o Prof. Dr. José Augusto Guilhon Albuquerque (NUPRI/USP). Foi Professor Visitante da Univ. de Coimbra e da Univ. de Calgary, além de Consultor da Jane´s Information Group, de Londres. A área de pesquisa principal envolve a problemática da Segurança e da Defesa Nacional.

LEONARDO PAZ NEVES
Professor no Departamento de Relações Internacionais da Faculdade Ibmec e pesquisador do Núcleo de Prospecção e Inteligência Internacional (NPII) da Fundação Getúlio Vargas (FGV). Foi Coordenador de Estudos e Debates do Centro Brasileiro de Relações Internacionais (CEBRI), atuou junto à Seção de Assuntos Civis do Centro Conjunto de Operações de Paz do Brasil (CCOPAB) e foi Coordenador Executivo do Grupo de Análise de Prevenção de Conflitos Internacionais (GAPCon/UCAM). Doutor pelo Instituto de Economia da Universidade Federal do Rio de Janeiro (URFJ). Publicou livros como "O CEBRI e as Relações Internacionais no Brasil" tendo este recebido o Troféu Cultura Econômica do Jornal do Comércio em 2014.

LUIZ FELIPE BRANDÃO OSÓRIO
É vice-diretor do Instituto de Ciências Humanas e Sociais (ICHS) e professor do curso de Relações Internacionais e do Programa de Pós-Graduação de Ciências Sociais em Desenvolvimento, Agricultura e Sociedade (CPDA) da UFRRJ. É autor do livro Imperialismo, Estado e Relações Internacionais, publicado pela editora Ideias & Letras. E-mail para contato: luizfelipe.osorio@gmail.com

Marcelo da Costa Maciel
Doutor em Ciência Política pelo antigo Instituto Universitário de Pesquisas do Rio de Janeiro (IUPERJ). Professor do Departamento de Ciências Sociais da Universidade Federal Rural do Rio de Janeiro (UFRRJ). Docente Permanente dos Programas de Pós-Graduação em Ciências Sociais e Filosofia da UFRRJ. Colaborador das obras *Curso de Ciência Política* e *Curso de Teoria Geral do Estado* (Elsevier, 2009). E-mail de contato: marcelocmaciel@ufrrj.br.

Mariana Bernussi
É doutora pelo Programa de Pós-Graduação em Relações Internacionais San Tiago Dantas (UNESP/UNICAMP/PUC-SP) e mestre e graduada em Relações Internacionais pelo IRI-USP. É professora de Relações Internacionais no IBMEC-SP e pesquisadora do Núcleo de Estudos Transnacionais da Segurança (NETS/PUC-SP).

Pablo de Rezende Saturnino Braga
É doutor em Ciência Política (IESP/UERJ), mestre e bacharel em Relações Internacionais (PUC-Rio). Atua como Professor da Ibmec e Analista de Relações Internacionais da FUNAG, além de ser pesquisador associado do IESP/UERJ.

Pedro H. Villas Bôas Castelo Branco
Doutor em Ciência Política pelo IESP-UERJ, antigo IUPERJ. Mestre em Direito pela PUC-RJ. Professor do IESP-UERJ e do PPGD-UVA. Coordenador do Laboratório de Estudos Políticos de Defesa e Segurança Pública (LEPDESP), centro de pesquisa firmado em regime de colaboração entre o IESP-UERJ e a ESG. Autor ou organizador, dentre outras obras, de "Retratos da Pandemia" e O Rio Sob Intervenção Federal.

Victor Yamasaki Bernardo
Graduado e mestre em História pela Universidade Federal Fluminense (UFF). Atualmente é bolsista da Capes no doutorado de Ciência Política do Instituto de Estudos Sociais e Políticos da Universidade do Estado do Rio de Janeiro (IESP-UERJ).